普通高等职业教育“教学做”一体化教材

新编21世纪
高等职业教育精品教材
经贸类通用系列

金融营销实务

主 编 安贺新 梁 枫

JINRONG YINGXIAO SHIWU

中国人民大学出版社
· 北京 ·

图书在版编目（CIP）数据

金融营销实务/安贺新，梁枫主编. -- 北京：中国人民大学出版社，2022.10
新编21世纪高等职业教育精品教材. 经贸类通用系列
ISBN 978-7-300-30843-2

Ⅰ.①金… Ⅱ.①安… ②梁… Ⅲ.①金融市场一市场营销学一高等职业教育一教材 Ⅳ.①F830.9

中国版本图书馆CIP数据核字（2022）第132924号

普通高等职业教育“教学做”一体化教材
新编21世纪高等职业教育精品教材·经贸类通用系列
金融营销实务
主编 安贺新 梁 枫
Jinrong Yingxiao Shiwu

出版发行	中国人民大学出版社		
社　　址	北京中关村大街31号	**邮政编码**	100080
电　　话	010－62511242（总编室）		010－62511770（质管部）
	010－82501766（邮购部）		010－62514148（门市部）
	010－62515195（发行公司）		010－62515275（盗版举报）
网　　址	http：//www.crup.com.cn		
经　　销	新华书店		
印　　刷	北京昌联印刷有限公司		
开　　本	787 mm×1092 mm　1/16	**版　　次**	2022年10月第1版
印　　张	13.5	**印　　次**	2024年12月第3次印刷
字　　数	310 000	**定　　价**	38.00元

前言

改革开放40多年来，我国金融市场不断开放，各种金融机构在全国各地如雨后春笋般地涌现出来。特别是伴随着金融机构业务综合化改革的深入和互联网金融的发展，金融行业的竞争日趋激烈，金融营销已经成为金融机构获得竞争优势和可持续发展的最有效“武器”，是金融行业从业人员必须具备的理念和技能。为此，我们从培养高等职业应用型人才的目标出发，以金融营销的实务程序为线索，精心设计教材的内容体系，系统地反映金融营销实务的理念与方法，力求生动、通俗易懂、实用。

本书积极发挥教材培根铸魂的重要作用，做到知识传授与品德修养相互促进的高度统一。本书以习近平新时代中国特色社会主义思想为指导，全面融入党的二十大精神，在进行相关知识阐释的过程中，始终把提高学生的思想道德素质与专业素养融为一体，培养学生诚实守信、爱岗敬业等优秀品质。

本书的内容主要包括金融营销概述、金融营销环境分析与市场调研、金融营销的客户、金融STP战略、金融产品策略、金融产品定价的方法与策略、金融产品分销策略、金融产品促销策略、金融企业人员管理策略、金融企业客户关系管理、互联网金融营销等十一个项目。每个项目均设计安排了学习目标、案例导入、案例链接、素养提升、项目小结、教学一体化训练、职业技能训练等栏目，使本书内容新颖，突出知识的系统性和实用性，强化了学生实践能力和职业素养的培养。

金融营销是一门实践性、应用性非常强的学科，与市场上同类教材相比，本书具有如下特点：

1. 系统性。本书体系、结构、层次设计合理，具有较强的系统性。

2. 完整性。本书涵盖了金融营销活动的主要过程及相应内容，因而具有内容完整的特点。

3. 实务性。本书无论从体例安排上，还是从内容的角度，都体现了实务性的特点。全书内容有效地联系金融营销的实际，并结合我国的现实情况，力求有一定的基础理论，又便于实际操作，注重学生实践能力的培养。

4. 前瞻性。本书内容精练，充分吸取了金融营销的最新理论和实践成果。本书对金融营销的新趋势——互联网金融营销等进行了研究，对金融企业创新服务手段及方式具有启发意义，充分体现了前瞻性的特点。

5. 适用性。本书特别针对高等职业院校课程量的设置以及高等职业院校培养学生实务操作水平的要求，因而非常适合作为高等职业院校金融学专业、经济管理类专业的教材和参考资料。此外，本书具有很强的实践性，兼顾了实际工作者的需要，适用于不同层次、不同领域的金融业务管理人士自学和培训。另外，为配合教师教学，本书还配备内容丰富的教学课件。

本书由中央财经大学商学院安贺新教授和山西财经大学金融学院梁枫老师主持编写，参加编写的人员还有王一萌、李锦秀、张雨、张旭、邓萌、苏安楠、张博一、汪榕等。本书在编写过程中，参考了大量的书籍、文献和网络资料，在此对这些资料的作者一并致谢。

金融营销是一门涉及面广、实践性很强的综合性课程，由于编者水平有限，书中难免存在不足之处，敬请同行专家和广大读者批评指正。

编者

目录

项目一

金融营销概述

知识目标

1. 掌握金融营销的含义及特征。
2. 熟悉金融营销的组合策略。
3. 了解金融营销的发展历程及未来趋势。

能力目标

1. 能够运用金融营销的基本原理分析金融企业实施金融营销的意义。
2. 能够针对不同应用场景分析其所对应的营销策略组合。
3. 能够结合当前金融业发展状况分析金融营销面临的挑战和未来发展趋势。

素养目标

1. 能够理解金融营销对于金融企业服务社会的重要性。

2. 能够认识到金融营销的开展必须受到金融监管的约束，才能更好地防范金融风险，以及保障金融消费者的合法权益。

案例导入

用心服务就能赢得客户

2018 年 5 月 2 日，工行淄博高新支行远景储蓄所收到了客户送来的感谢锦旗，锦旗上面写着“服务亲善，不胜感谢”。这锦旗的后面有一个平常而感人的故事。

4 月 28 日，临近下班，该网点急匆匆地来了三位客户——李先生及家人推着一位年过八旬的老大爷，该网点大堂经理见状赶忙迎上去帮忙将老大爷推进网点，并亲切询问需要办理什么业务，经过了解得知客户李先生想为老父亲申请一张新卡，有一笔保险资金需要转入，已经去过好几个网点都说办不了一类账户，还需要客户李先生父亲本人亲自到网点。客户李先生说："因父亲年事已高并且身体不好，多次到其他网点办理业务受阻，今天到该网点碰碰运气。"

由于临近节假日下班，客户较多，该笔业务办理起来也比较复杂，该网点负责人了解情况后，立即安排机动柜员上柜为其办理，并为客户送上茶水。经过查询后发现客户在2005年已办理了银行卡挂失，但挂失申请书已丢失，一直未去挂失银行处理，由于业务升级，原先办理的挂失业务与现在的挂失业务不同，客户账户密码也忘记，柜员输入挂失申请书编号后系统无法处理，这就给复杂的业务又增加了难度。为了不让客户再跑一趟，该网点运营主管及柜员积极联系分行业务处理中心共同寻找解决办法。该网点主任王蒙与客户谈心，减缓客户的焦躁心理。经过多次沟通交流，最终为李大爷办理了解挂及补卡业务。

转眼已过下午五点，现金押运车也来到了网点，柜员及运营主管抓紧结账、清点现金、封包将现金送走。李先生一家为耽误网点的准时下班深表歉意，该网点主任王蒙却依然和颜悦色地向他们解答着各类问题。李先生一家深受感动，为该网点的服务竖起了大拇指，李先生当即表示将其自营企业的资产业务陆续转入该网点，而且，节后一上班，李先生就代表家人将锦旗送到了储蓄所。

资料来源：王媛．工行淄博高新支行：用心服务就能赢得客户［EB/OL］.（2018-05-05）［2021-12-01］. http：//zibo. sdchina. com/show/4297835. html.

【感悟】

在金融业竞争日益激烈的环境下，只有真正将服务理念融入日常工作之中，从客户的需求出发，提供贴心服务，从细节温暖客户，才能赢得客户的信赖，进而获得金融服务营销的成功。

任务一　金融营销的含义及特征

市场营销是一项对于企业生存和发展具有重要意义的管理活动。金融营销产生于工商企业的市场营销之后，是市场营销在金融领域的延伸。金融营销的应用有助于金融企业应对复杂多变的市场环境，满足不同客户的需求，从而在竞争中立于不败之地。

一、市场营销和金融营销的含义

（一）市场营销的含义

金融营销概念的出现晚于市场营销的概念，因此，理解金融营销的内涵需要先了解市场营销的含义。

1910年，执教于美国威斯康星大学的拉尔夫·斯达·巴特勒教授在其出版的《市场营销方法》一书中首先使用市场营销（Marketing）作为学科名称，之后逐步形成了市场营销学体系。关于市场营销概念的阐释，以美国市场营销协会（American Marketing Association，AMA）的定义和著名市场营销学家菲利普·科特勒的定义最具代表性。

美国市场营销协会曾多次修订其对市场营销的定义。2013年，AMA将市场营销定义为："市场营销是在创造、沟通、传播和交换产品中，为顾客、客户、合作伙伴及整个社会带来价值的一系列活动、过程和体系。"

菲利普·科特勒在《营销管理》（第15版）中从社会和管理的不同视角对市场营销进行了定义。从社会视角，菲利普·科特勒将市场营销视为一个社会过程，在这个过程中个人和团体可以通过创造、提供和与他人自由交换有价值的产品与服务来获得自己的所需所求。从管理的角度，市场营销则是指选择目标市场并通过创造、传递和传播卓越顾客价值来获取、维持和增加顾客的艺术和科学。

从上述定义可以看出，市场营销具有十分丰富的内涵，其中包含了客户（顾客）需求的满足对于市场营销的重要性。

（二）金融营销的含义

市场营销在金融企业中的应用，最早出现在银行业。1958年，在美国银行家协会（American Bankers Association）会议上，首次公开提出了银行营销的理念，市场营销理论与实践在金融业逐渐得到发展和应用。金融企业与工商企业一样以盈利为经营目标，同样要面对激烈的市场竞争，通过运用营销手段和策略，金融企业能够更好地为客户提供金融产品和服务，合理满足客户需求，从而实现其经营目标并获得持续发展。

结合对市场营销含义的理解，可以将金融营销定义为：金融企业以市场需求为导向，以客户为基础，通过创造与提供金融产品和服务以满足客户多样化需求，并最终实现自身经营目标的一种管理过程。能否成功地运用营销策略，对于金融企业的经营和发展至关重要。

金融营销的基本构成要素包括金融营销的主体、金融营销的客体和金融营销管理过程。金融营销的主体是从事金融业务的各类金融企业，包括商业银行、保险公司、证券公司、基金管理公司、信托投资公司、期货公司、金融租赁公司等，由于不同类型的金融企业业务经营的特征不同，在开展营销活动时所采取的方式往往亦有所差异。金融营销的客体是金融产品与服务，金融产品和服务不同于一般企业所提供的产品，具有无形性、流动性、收益性、风险性等特征，金融产品和服务往往还具有不可分割的特性，使得金融营销活动的开展有别于一般工商企业。金融营销的管理过程较为复杂，通常包含调查研究、制订计划、目标实施、评估与控制四个阶段。

二、金融营销的特征

金融营销是市场营销应用的分支领域之一，因此，金融营销既具备市场营销的一般共性，同时由于金融企业在业务经营和风险管理等方面具有特殊性，金融营销还呈现出其独有的一些特征。

（一）注重服务营销

金融企业通过为广泛的客户群体提供无形的产品和服务来获取经济利益，与有形商品相比，金融产品和服务难以被客户所感知，因此，金融企业更加注重服务营销，通过加强客户关系管理、提供个性化服务、做好服务场所和环境的有形展示与设计、重视客户关怀、优化服务流程、拓展应用场景等方式，提升客户体验，增加客户黏性。

（二）加强品牌营销

对于金融企业来说，品牌是其产品和服务的标识，也是金融企业综合实力和竞争力的体现。在客户面对无差异的同类产品和服务时，往往更加注重产品和服务背后的品牌因素。因此，实施品牌营销战略对于金融企业来说意义重大。创造深入人心的品牌，获得由此带来的品牌效应，需要经过长期的努力和不断积累客户口碑，更要注重提升服务质量，这样才能形成吸引客户的独特品牌，提升客户的忠诚度。

❖案例链接

贵阳银行发布全新品牌形象——贵于行·爽于心

从默默无闻的地方银行到中西部首家A股上市城商行；从“爽爽的银行·成就您的爽爽人生”到“贵于行·爽于心”……在“十三五”圆满收官、擘画“十四五”开局之年，贵阳银行将迎来24岁生日。在这重要的里程碑式时刻，贵阳银行以全方位的品牌升级为自己“庆生”。

不忘初心、笃行致远。从成立到成长、从挑战到跨越，贵阳银行始终坚守“服务地方、服务中小、服务城乡居民”的初心，以“价值金融创造者”为使命，紧扣稳健牌、打好创新牌与服务牌，在区域市场实现“跟跑者”到“领跑者”的转变。并在发展中积极推进地域文化与品牌建设的有机融合，打造了“爽爽的银行·成就您的爽爽人生”品牌口号，相继推出爽得宝、爽银财富、爽快贷等，用“爽”品牌与地方、与企业、与客户共“筑”辉煌。

立足新发展阶段、贯彻新发展理念、构建新发展格局。2021年2月1日，贵阳银行发布了全新的品牌——“贵于行·爽于心”，新品牌将原“爽”品牌升华，赋予“价值”“服务”“科技”“文化”等内涵，坚持“以客户为中心”，以诚相待、以质取胜，进一步提升品牌价值力和影响力。同步发布的子品牌——“爽盈门”则通过厚植服务理念，建设涵盖健康医疗、子女教育、商旅出行、品质社交、艺术鉴赏、法律税务咨询等权益生态。

资料来源：贵阳银行发布全新品牌形象——贵于行·爽于心 [EB/OL].（2021-02-02）[2021-12-08]. https://www.bankgy.cn/portal/zh_CN/home/news/notice/20210202gg.html.

案例评析：品牌营销的关键在于塑造能够打动客户的优质品牌，品牌营销也需要不断创新，赋予品牌新的内涵。而品牌营销的成功依赖于是否真正做到“以客户为中心”，是否提供了满足客户需求的高质量产品与服务。

（三）重视金融营销创新

金融业务的易模仿性导致了金融产品存在同质化现象，并对金融营销提出了更高的要求，这使金融企业在开展金融营销时必须重视创新，不断改善产品和服务，优化营销管理模式，以适应不断变化的客户需求和经济技术环境的发展，从而提升自身竞争力。

※案例链接

汽车金融如何以调研实现创新营销？

北京现代汽车金融（以下简称“北现金融”）是由原中国银监会批准成立的汽车金融公司。2018年，北现金融通过英国标准协会（BSI）权威评估认证，成为国内首家获得“质量管理体系——ISO9001：2015”认证证书的汽车金融企业。

除了不断推进质量管理水平与国际接轨，打造优质客户体验、寻求创新型的营销手段是北现金融始终坚持的服务理念。为此，北现金融携手众言科技（旗下品牌“问卷网”和“倍市得”）开展线上满意度调研，以促进汽车金融产品更精准、服务更高效。

依托倍市得专业级问卷调研能力，项目从申贷、审贷、放款、还款等环节开展在线调研。针对各环节定向、精准投放问卷，助力北现金融多维度、准确感知用户体验；为了不断强化金融服务品牌影响力以及客户认可度、忠诚度，项目以倍市得多年数据洞察经验为支撑，从真实的客户体验数据中挖掘营销机会并提出优化建议，从而形成品牌竞争优势。

资料来源：覆盖城市350+，服务客户180万+，北京现代汽车金融以调研为手段寻求营销创新［EB/OL］.（2020-07-24）［2021-12-05］. https://www.sohu.com/a/409407366_120488581.

案例评析：金融营销要以客户为中心，以更好满足客户需求为开展营销的出发点。只有了解客户的真实需求，并对应优化业务流程、改进服务，才能提高市场占有利率，获得客户的认可。

（四）营销人员的专业性

金融产品和服务的专业性以及金融需求的多样化，要求金融营销人员必须具备相关领域扎实的专业知识，以熟练处理营销服务中的各种问题，解答客户的疑问，或者充当客户的投资顾问等。金融企业的竞争在很大程度上是营销服务人员素质的竞争。只有高素质的营销人员，才能提供高质量的服务，从而赢得客户的信赖。

（五）监管环境严格

金融安全是经济稳定发展的重要基础，是国家安全的重要组成部分。鉴于金融企业的特殊性，在开展业务经营和营销活动时，面临着严格的监管约束，以防范金融营销所伴随的风险和治理不当营销宣传等金融营销乱象，从而维护金融体系的健康发展和稳健运行，保障金融消费者的合法权益。

※案例链接

多方合力防范金融直播营销风险

2020年10月28日，银保监会发布《关于防范金融直播营销有关风险的提示》，提醒社会公众甄别、防范金融直播营销风险。银保监会消费者权益保护局提示，社会公众应注意甄别金融直播营销广告主体资质，选择正规金融机构和渠道购买金融产品；认真了解金融产品或服务重要信息和风险等级，防范直播营销中可能隐藏的销售误导等风险；树立科学理性的金融投资、消费观念。

金融机构通过开展实时在线讲解，打破了时间和空间限制，更好地互动和获客；消费者通过观看直播，能清晰直接地筛选产品资讯，更便捷地获取服务。但是，由于金融行业专业属性和特点的原因，金融直播营销潜藏着大量风险。目前，已暴露的风险主要包括营销主体是否具有专业资质，营销过程中是否隐藏诈骗风险，是否存在销售误导等。

特别是一些直播平台开设账号没有门槛限制，有些无资质的主体"鱼目混珠"，非专业人士自我包装为"理财专家""保险专家"等，无金融从业资质的"科技公司""咨询公司"以投资虚拟货币、外汇、网络理财为名非法或超范围开展金融营销，夸大或虚假宣传产品信息，误导、欺骗消费者，甚至潜藏非法集资风险。

防范金融直播营销风险，维护行业健康生态，需要各方齐心协力。

消费者应树立科学的消费观、投资观，掌握金融常识，知悉金融消费或投资风险，审慎评估自身实际需求和风险承受能力，量力选择适当的金融产品，避免因为受到煽动、蛊惑而冲动消费、盲目投资。

监管机构应及时监督、披露风险信息，还应建立健全事前预防、事中监控、事后追责的管控机制。全流程管控包含直播营销在内的金融机构营销宣传或销售行为，要求金融机构将网络直播营销宣传管理纳入金融消费者权益保护工作，并严格落实。

银行、保险公司等金融机构应强化主体责任意识，增强合规经营意识，加强对直播营销等金融营销宣传或销售行为（含金融广告行为）的事前审核、事中监控、事后报备管理。强化对业务合作方和员工参与直播营销金融产品的培训、教育和监督。设置应急处置和责任追究机制，确保直播行为和宣传信息合规、准确、可追溯。

此外，行业协会和媒体应发挥自身作用。有针对性地开展金融知识普及和教育宣传活动，提升消费者金融素养和防风险能力。特别是行业协会需切实起到桥梁作用，疏通行业堵点，形成全行业的协同效应。

资料来源：李建菲．多方合力防范金融直播营销风险［N］．经济日报，2020-11-05（4）．

案例评析：在金融企业积极开展营销活动的同时，不能忽视金融营销带来的风险，需要消费者、监管机构、金融企业、行业协会等各方共同努力，防范风险，这样才能形成金融行业的良性发展。

任务二　金融营销组合策略

金融营销组合策略是在金融企业选定目标市场之后，综合运用各种可能的市场营销策略和手段，以达到预期的营销目标，并获得经济效益。20 世纪 60 年代，美国营销学家杰罗姆·麦卡锡在《基础营销》一书中提出了 4P 营销组合策略，即产品（Product）、价格（Price）、分销（Place）和促销（Promotion）。随后，菲利普·科特勒进一步发展了以 4P 为核心的营销组合方法。4P 营销组合策略的提出，对营销理论和实践产生了深远的影响。20 世纪 80 年代，美国学者布姆斯和比特纳在传统的 4P 理论的基础上提出了一个适用于服务业的扩展的营销组合，被称为服务营销组合的 7P 理论。7P 营销组合策略中，增加了人员（Participant）、过程（Process）和有形展示（Physical Evidence）。7P 营销组合策略在金融企业中得到了广泛的应用。

一、产品

产品是金融营销的客体，是金融企业满足客户需求的载体和开展营销活动的基础。金融企业需要动态把握客户需求，合理进行产品的市场定位，并不断改进产品、开发新产品和提供新服务，以提高产品的竞争力，适应市场需求的变化。在金融产品的设计方面，可以采取多元化、差异化策略，以满足不同层次客户的需求。

❖**案例链接**

众安在线以用户为核心实现数字化增长

随着国民消费习惯逐渐向线上迁移，不同人群对保险的多元化需求亟待满足。众安在线作为国内首家互联网保险公司，依托科技深度赋能保险创新，深度挖掘用户需求并实现产品升级，获得了市场认可。

根据众安在线发布的数据显示，2020 年 1 月 1 日至 12 月 31 日，公司原保费收入达到 167.03 亿元，较上年同比增长 14.13%。在互联网医疗与保险相互融合发展的风口下，众安在线及时把握创新机遇，以百万医疗险为切入点连接医疗健康与保险服务，探索“互联网医院十保险”的新业务模式。在最新上线的尊享e生2021版百万医疗险中，用户不仅可获得高达百万的保障服务，还能通过“众安互联网医院”小程序随时随地获得一对一视频问诊、图文咨询、健康资讯等增值服务，进一步提升用户黏度。同时，为实现定制化保险的目标，尊享e生2021版百万医疗险还面向60周岁至70周岁的老年群体和慢性病人群开放了相关的保障服务，填补市场空白的同时又完善了众安大健康生态布局。

在百万医疗险全价值链上，众安在线始终坚持以科技赋能保险，发挥创新实力实现差异化发展。由众安孵化的暖哇科技已经打通了全国28个省份超过1 000家医院的数据，并与超过15个省市的医保和卫健委平台达成合作，在承保与理赔方面提供科技支持。2020年上半年，暖哇科技通过智能化风控助力众安在线实现风控减损8 500万元，为健康生态减少赔付支出约3%。除此之外，科技赋能也在保险产品创新升级环节提供推动力，通过数据驱动精准把握用户的个性化保险需求，从而更好地打造多元化的保障产品。众安在线基于用户视角打造一站式的完善服务，从低频的保险保障切入高频的医疗健康领域，成为其在市场差异化竞争中脱颖而出的优势之一。

资料来源：2020年原保费收入同比增长14% 众安在线以用户为核心实现数字化增长[EB/OL].(2021-02-03)[2021-12-07]. http://biz.ifeng.com/c/83YZUY4x9N7.

案例评析：只有适应客户需求，坚持以客户为中心，不断创新优化核心产品，寻求差异化发展，才能抓住机遇，获得市场认可。

二、价格

价格影响着金融企业的利润，也影响着客户对金融产品和服务的购买心理，是金融营销的关键要素之一。金融产品和服务的定价需要考虑多种因素，包括营运成本、市场环境、资金成本、产品的价格弹性、竞争者的价格策略等，此外，还要遵守有关金融法规和制度，并接受监管部门的监督和管理。

三、分销

分销也被称为渠道，是指金融企业将产品和服务传递给客户的方式。传统的分销渠道主要是网点销售，需要金融企业设立更多的分支机构并配置更多的人员来延伸服务。随着互联网的兴起和科技手段的发展，金融企业的分销渠道更加多元化，电话银行、网络银行、手机银行、电商平台、网络直播等多种营销方式突破了时间和物理网点的限制，能够更方便地触达客户。

四、促销

促销是金融企业通过各种方式激发消费者的需求，从而促进产品和服务销售的行为。金融企业应制定合理的促销策略，通过多种形式将其产品和服务的信息及时向客户传递，并引起客户的注意和兴趣，进而使客户产生购买欲望，最终达成交易。促销的手段通常包括广告宣传、营销人员面对面推销、电话直销、有奖销售、公关促销等。

五、人员

金融营销人员需要直接面对客户，只有具备丰富的专业知识和精湛的服务技巧，才能精准把握客户需求，解答客户的专业咨询，与客户进行良好沟通，并赢得客户的信任。高素质的人员对于金融企业树立可信任的专业形象非常重要。营销服务人员的专业技能、职业素养、精神风貌、工作态度、仪容仪表等直接影响着金融服务的质量和客户的评价。

◈案例链接

《2021 中国保险中介市场生态白皮书》发布

2021 年 11 月 30 日下午，北京大学汇丰商学院风险管理与保险研究中心与台湾保险行销集团保险资讯研究发展中心联合发布了《2021 中国保险中介市场生态白皮书——以人为本 平衡发展》（以下简称《白皮书》）。《白皮书》呈现了在保险行业向高质量迈进之大背景下保险营销群体所展现的新趋势；建立了基于个人、客户和公司的精英平衡发展三环模型，来解释 IDA（国际龙奖）精英群体的成功经验；首次从“大五人格”、婚育状况、之前职业等维度，描绘了保险营销员群体“以人为本”的发展路径。

台湾保险行销集团梁天龙董事长在致辞中表示，《白皮书》调研项目历时近一年，双方从架构思索、问卷设计、数据解读、议题剖析等方面相互配合，从线上线下收回有效问卷共计 16 056 份，是一次具有历史意义的创新合作。《白皮书》多维度刻画出我国保险营销员的群体画像，进一步展开对保险中介市场生态的探讨，从长期主义、高质量转型、专业化等角度为保险中介市场的未来发展提供了指引。

雎岚教授介绍了《白皮书》的主要内容和成果。她指出，伴随着保险行业以及保险中介市场转型步伐的加快，位于行业“前线”的保险营销员群体展现出“专业化提升加速”“传统获客渠道有序回归”“职业发展愈久弥香”的新特征。为了加深对 IDA 精英群体的成功经验的理解，她从“IDA 精英的个人修炼”“客户服务”“公司/团队支援”三个维度分析了 IDA 精英平衡发展三环模型。同时，她根据“大五人格”理论，详细解说个人性格特征、婚育状况以及职业路径对保险营销工作的影响，并针对绩优营销员群体做出进一步的分析。雎岚教授强调，优秀保险营销人才的修炼与成长，离不开坚韧的生存力、专业的竞争力、人本的发展力，以及平衡的持续力。

资料来源：https：//baijiahao. baidu. com/s? id＝1717945489950000336&wfr＝spider&for＝pc.

案例评析：金融营销的效果很大程度上取决于营销人员。金融营销人员在推荐金融产品时，需要将客户利益放在首位进行考量，从而与客户建立良好的长期关系。

六、过程

金融产品的销售和金融服务的提供需要一定的过程才能实现，这个过程是金融企业和客户共同参与和互动的过程，客户在这个过程中的感受非常重要。良好的客户体验有助于增加客户黏性，糟糕的客户体验则可能导致客户的流失。过程是服务的提供和运作系统，金融企业设计合理的服务流程和营销过程有助于提升客户体验，促进交易的达成。

七、有形展示

有形展示是指金融企业用来进行服务传递的、与客户互动的以及有利于服务执行或传播交流的环境要素。有形展示主要包括服务场景（内部设施和外部设施）以及宣传手册、员工着装、网站页面等其他有形物。客户往往通过对有形展示的感受来对无形服务进行评价。如果金融企业能够对有形展示进行有效设计与利用，则有助于缩小客户预期服务与实际感知服务之间的差距，从而增加客户满意度。

任务三　金融营销的发展历程及未来趋势

随着金融市场和金融体系的不断发展，金融营销的理念与实践也经历了从萌芽到逐渐成熟完善的不断演进和创新的过程。在每一个发展阶段，对于金融营销的理解、评价和应用等方面都有所变化和突破。

一、金融营销的发展历程

（一）金融营销的萌芽阶段（20 世纪 50 年代中后期）

金融领域中对于市场营销的应用相对较晚，这与早期的金融业处于相对市场优势地位有关，金融产品与服务经常出现供不应求的状况，因而金融企业缺乏营销和服务意识。

但随着金融业竞争日趋激烈，一些银行开始意识到营销的必要性，并借鉴工商企业的做法，在储蓄等一些竞争较为激烈业务上采用了广告宣传等促销手段，来吸引更多的客户。

1958年，金融营销理念在美国银行家协会会议上被首次公开提出，金融业不需要营销的观念逐渐被扭转，更多的金融企业开始运用营销手段来改善经营，由此揭开了金融营销理论与应用的序幕。

（二）金融营销的初步发展阶段（20世纪60年代）

经过萌芽阶段之后，在20世纪60年代，金融营销获得了一定的发展。但由于长期以来，金融业发展以产品导向为主，金融产品的独特性也使金融营销的开展存在困难，而且很多金融企业并未充分认识到营销的重要性，这使这一阶段金融营销的发展比较缓慢。

在这一阶段，促销是金融营销的主要手段，营销人员通过广告宣传、人员推销等方式来促进产品销售，但由此带来的优势很容易被模仿，并不具有持续性。为了提高客户的忠诚度，以银行为代表的金融企业开始注重提升服务质量，进行员工培训，推行“微笑”服务，改善营业场所的布局等，为客户营造良好的氛围。金融企业整体的服务水平有了一定的提高。

（三）金融营销的快速发展阶段（20世纪70年代至80年代）

进入20世纪70年代以后，金融营销的应用更加广泛。金融企业更加重视金融营销，逐渐设立起营销部门，营销人员的数量也不断增加。为避免由于易模仿性带来的金融产品同质化问题，金融企业开始从创新的角度为客户提供新型的、更有价值的产品和服务，以满足客户更深层次的需求，从而在竞争中获得有利地位。

营销创新是这一阶段金融营销的主流导向，商业银行、保险公司、基金公司等金融企业推出了大量新型的金融工具和产品，同时开始寻找自己合理的市场定位，并向客户强调自己所擅长的特色服务。

（四）金融营销的相对成熟阶段（20世纪90年代至今）

经过多年的探索和实践，20世纪90年代以来，金融营销开始进入相对成熟的发展阶段，各种前沿的市场营销理论被应用到金融领域，对营销环境的调研分析也逐渐得到重视。

金融企业认识到如果缺乏整体的营销计划及管理控制体系，局部的产品营销即便再完善，也只能获得短期的成功，金融营销应该贯穿于业务经营与管理活动的全过程。金融营销的理念逐渐发展为强调整体营销和服务营销。一些新的营销观念也被引入金融企业，如社会营销、关系营销、国际营销、网络营销、生态营销等。金融营销相对于以往而言，获得了长足的发展和突破性进展。

二、金融营销的未来趋势

进入21世纪以来，伴随着经济金融环境的变化和各种新兴技术的应用，金融业的竞争愈演愈烈，金融营销的重要性更加突出，营销方式和营销理念也在不断发展和演进之中。

（一）金融营销更加关注客户体验

金融营销的实质在于了解客户需求，设计开发出符合需求的金融产品，以恰当的方式将产品信息传递给客户，并激发客户的购买欲望。客户体验是金融营销人员提高客户忠诚度的新战场。未来金融业所面对的客户需求将更加多元化、复杂化和个性化，金融消费者更加追求良好的服务体验，而客户在不同金融企业间的流动性更强，这就决定了未来金融营销的开展必须更加注重客户体验，以满足客户需求为中心，能够快速响应客户需求，从而提升客户的满意度和忠诚度。

（二）金融营销更加强调多渠道营销

面对激烈竞争，传统的营销渠道难以使金融企业更好地触达客户。因此，金融企业需要积极拓宽营销渠道，利用多渠道加强和客户的交互，提高营销的成交率，并且关注渠道之间的耦合性，避免营销资源的浪费。还可以通过与第三方网络平台、代理渠道等的合作，增加产品的曝光率，获得更多的客源。

（三）金融营销更加突出特色营销

由于金融产品和服务存在同质化现象，金融企业难以获得目标客户的长期忠诚，因此，开发具有特色的金融产品和服务来满足不同层次的客户需求是开展金融营销的内在要求。

从客户的角度出发，把握客户的个性化需求，洞察客户行为特征，设计并提供具有特色的产品和服务，培育独特的品牌形象，才能满足不同客户的差异化需求，从而形成对客户的吸引力和凝聚力，增强客户黏性。

❖案例链接

举办儿童特色专项营销活动促业务发展

为贯彻落实中国工商银行总行打造“第一个人金融银行”的战略部署，丰富“获客吸金”产品线，中国工商银行仪陇支行组织开展了儿童特色专项营销活动，以萌娃卡、宝贝成长卡等迎合主题的产品为营销突破口，搭配期交保险、基金定投作为辅助营销产品，进而提升营销成功率。

精心布置网点，加强宣传力度。以儿童元素为主题，精心布置网点，营造宣传氛围，充分发挥网点营销主战场功能，在网点多媒体大屏播放萌娃卡宣传视频，在网点醒目位置放置活动宣传海报，张贴各式各样的卡通图案，在活动区域摆放萌娃卡样卡，使客户在不知不觉中接收到信息。

提前邀约客户，落实活动方案。在活动前一日，通过电话邀请中高端客户，最终确认九名客户子女来该行参加活动。活动当日，该行安排专人在网点大厅门前迎候，赢得了客户“服务热情”的赞誉。在活动中，首先由客户经理组织开展了网点大厅服务体验，小朋友现场身披绶带，参与迎宾、取号、发放宣传折页、介绍产品等流程。小朋友们表现活跃，并体现出极大的兴趣，现场互动热烈。然后由网点主任组织开展技能培训小游戏，包括人民币面额识别、数钱等环节，小朋友和家长都积极参与到游戏中来，并展开比拼，最终在该行员工的指导下，每个家庭都准确快速地完成了点钞游戏，现场一片欢乐。最后网点为小朋友们赠送了学习用品，颁发了“小小银行家”奖状并合影留念。

此次活动不仅拉近了工行与客户的距离，同时在小朋友的心目中留下了良好印象，并扩大了工行产品的传播度，当即在现场为客户申请了萌娃卡5张，成功营销基金定投2户，期交保险1万元，在小朋友的欢声笑语中，此次活动圆满落下帷幕。

资料来源：中国工商银行仪陇支行举办儿童特色专项营销活动促业务发展［EB/OL］.（2020-06-07）［2021-12-30］. http://sc.china.com.cn/2020/nanchong_0607/372769.html.

案例评析：精心设计营销方案，以特色吸引客户，使客户获得良好的体验，是金融营销活动取得成功的关键。

（四）金融营销更加重视持续创新

为适应金融消费者需求的不断变化和升级，金融企业必须实现产品、服务、营销模式和手段的持续创新。金融企业应该充分了解客户偏好和心理，深入挖掘客户需求，甚至需要通过创新激发客户的新需求，以使产品和服务获得客户认同，培育客户的忠诚度，提高市场竞争力。

（五）金融营销更加注重科技应用

随着各种新兴技术的发展，科技已经成为金融业发展的重要支柱和推动力量，金融营销也将更加注重高科技的应用。例如，大数据和人工智能技术的应用，有助于金融企业从海量的客户数据中描绘客户画像，准确定位目标客户，进行产品和服务的个性化推介，实现“千人千面”的精准营销。近年来，以金融科技为基础的数字化营销快速发展，金融服务更加智能化，与消费者的需求结合更加紧密。只有注重科技应用，紧跟时代发展潮流，以技术驱动金融创新，改善金融营销环境，才能满足不同层次的客户群体的多元化需求，实现长远发展。

❖案例链接

银行数字化运营及营销的趋势分析

随着人工智能、大数据、云计算技术的日渐成熟，金融科技在银行业中的运用初见成效，各家银行愈加重视数据对银行业务运营的重要性。但从互联网整体发展水平来看，银行在数字化转型道路上尚未完全突破自身枷锁，特别是在数字化运营及营销上，需进一步集约化及安全化、开放化及创新化、精准化及个性化、全面化及场景化，从而给客户带来无所不在、无所不能的服务体验。

1. 在数据运营上，跨部门跨渠道数据协同，实现数据集约化、安全化管理。

一方面，数据是银行经营客户的重要依据，需进一步保证数据管理的安全化，银行需统筹与客户相关的所有数据，将客户所有行为数据“颗粒归仓”。另一方面，推进跨部门跨渠道的数据资源协同机制，通过客户数据集中，将客户在所有系统的数据集中到同一平台，从而实现客户画像数据的全盘统筹以及客户画像标签的实时生成。

2. 在客户运营上，拓展拉新方式，细分运营策略，实现业务的开放化和创新化。

首先，在客户拉新上，银行不应再仅仅依赖行内的网点、网银、门户网站等渠道作为主要推广渠道，而应将客户与银行有交集行为的所有渠道全部纳入运营范围，拓宽客户类型，全面引入非银行持卡客户。例如，为第三方平台提供具有银行渠道端标识的自有优惠券（例如手机银行外卖、电影票功能下的抵扣券），第三方平台客户领取优惠券后需登录手机银行平台消费使用；或是将分行对接的平台、商户，以及线上的大流量平台、客户中的大V等都作为渠道，甚至可以联合更多的有地区特色的对公商户公众号向手机银行导流。

其次，在留存客户上，推进跨部门跨渠道的数据资源协同机制，通过客户数据集中，细分有卡客户、无卡客户，进一步判断与银行有交集的原因、频率及内容，结合产品、功能、活动、服务等不同业务类型，拆分到各渠道并制定具体触达的策略。

例如针对本年有过卡片动账的客户，判断其在线上哪个渠道主要做了什么交易，从而系统自动拆分到短信、手机银行、客服渠道完成客户触达；又或是针对即将流失客户，营销监控系统操作平台主动预警并推荐产品，再由客户经理与客户尝试沟通。同时，加大客户触达的时效性及丰富性，为客户提供更有效且实用的银行服务。例如，客户转入一笔资金时，立即为客户提供理财抵扣金；当客户逛街时，为客户推送附近美食且银行可以提供的优惠；当客户使用导航时，为客户推荐附近的交通方式及手机银行的出行优惠服务。

3. 在产品运营上，银行产品要逐步实现全面精准化及个性化，并根据银行自身特点及优势，打造创新爆款产品并实现传播。

一是要精准化，即真正实现每个人在不同渠道看到的内容不尽相同。随着网点客户的逐渐减少，所有产品应都可以在线上平台及线下同时购买，并根据往日销量数据结果，由系统自动推荐展示渠道及展示内容，实现真正的一对一管理。

二是要个性化，定期打造银行爆品。互联网快速发展及银行同质化下，银行需打造自己的爆款产品，这样才能让客户记住银行品牌的同时实现购买，爆品不一定非是理财或贷款，也可以从功能上切入，比如与公安部合作身份证申领功能，通过银行自有多方数据及安全认证机制，并结合联网核查方式，实现身份证的线上申请。

4. 在活动运营上，活动不是单点客群接入，而应覆盖各生命周期阶段的所有客户，从而实现活动玩法及客群覆盖的全面化。

首先，区分活动类型，根据客户以往的活动参与偏好，快速找到客户的历史标签，并进一步推算客户现有的游戏类型的偏好，通过数据效果测算及推荐规则，针对不同客群偏好为其提供更有趣的活动类型，并保证不同客群的全面覆盖。

其次，同一类型活动区分不同门槛，并通过客户以往参与方式及频次，为各类客群提供无门槛、低门槛、高门槛不同类型的活动；同时，各渠道及部门可以协同开展不同活动，通过联合运营实现同一客户叠加获取奖励的升级式玩法。

最后，活动在数据指导下的更新迭代，即通过历史以往的数据，对参与活动的客群、活动类型、门槛及内容全面分析及追踪，系统自动化上线或下线活动，并对不同渠道活动给予不同推荐。

5. 在内容社区运营上，银行可将线下经验移植到线上，结合所有可以产生及发生的场景，将所有触点作为社区运营的抓手。

如今客户对虚拟产品消费的需求比重逐渐攀升，通过内容带来的关注度及转化率也逐渐明显。银行作为强金融属性的服务业，需要通过更多内容吸引客户的注意力。互联网时代之前，每个银行网点都有自己的私行客群并定期开展沙龙活动，但随着抖音、头条等互联网大流量平台的出现，银行可进一步借鉴互联网的经营抓手及内容来源，结合数字化运营及营销方式，突破线下网点，打造类型不同的线上游戏、知识问答、视频互动等社群，形成自有的内容社区。

资料来源：王夏．银行数字化运营及营销的趋势分析［EB/OL］．(2020-08-21)［2022-01-05］．https：//www.cebnet.com.cn/20200821/102684781.html.

案例评析：商业银行在数字化运营及营销方面还有很大的深耕空间。只有突破线上线下的制约，通过数字化运营和营销，统一集约管理，创新业务场景，才能不断满足客户的实际需求，同时为客户创造新的业务需求。

❖素养提升

为进一步规范金融营销宣传行为，支持打好防范化解重大金融风险攻坚战，切实保护广大金融消费者合法权益，人民银行、银保监会、证监会和外汇局联合制定并发布《关于进一步规范金融营销宣传行为的通知》（下称《通知》），自2020年1月25日起施行。

从《通知》的主要内容来看：一是明确金融营销宣传资质要求；二是明确监管部门职责；三是明确金融营销宣传行为规范；四是明确对违法违规金融营销宣传活动将采取相应监管措施。

对于金融营销宣传主体资质的要求，人民银行、银保监会、证监会和外汇局有关部门负责人表示，银行业、证券业、保险业金融机构以及其他依法从事金融或与金融相关业务的机构应当在国务院金融管理部门和地方金融监管部门许可的金融业务范围内开展金融营销宣传活动，不得开展超出业务许可范围的金融营销宣传活动。未取得相应金融业务资质的市场经营主体，不得开展与该金融业务相关的营销宣传活动。但信息发布平台、传播媒介等依法接受取得金融业务资质的金融产品或金融服务经营者的委托，为其开展金融营销宣传活动的除外。

在对规范金融营销宣传行为的具体要求上，《通知》一方面要求金融产品或金融服务经营者建立健全金融营销宣传内控制度、管理机制和金融营销宣传行为监测工作机制，加强对业务合作方金融营销宣传行为的监督；另一方面对人民群众反映强烈的一些不当金融营销宣传行为提出了明确的禁止性规定，如不得非法或超范围开展金融营销宣传活动，不得以欺诈或引人误解的方式对金融产品或金融服务进行营销宣传活动等。

前述有关部门负责人表示，《通知》的发布实施有利于统一金融营销宣传行为监管尺度，解决金融营销宣传行为监管所面临的突出问题，督促市场经营主体严格守法合规开展金融营销宣传活动，对于切实保护金融消费者合法权益、支持防范化解金融风险具有重要意义。

资料来源：刘琪．规范金融营销宣传　明确提出“八项禁止”[N]. 证券日报，2019-12-26 (1).

项目小结

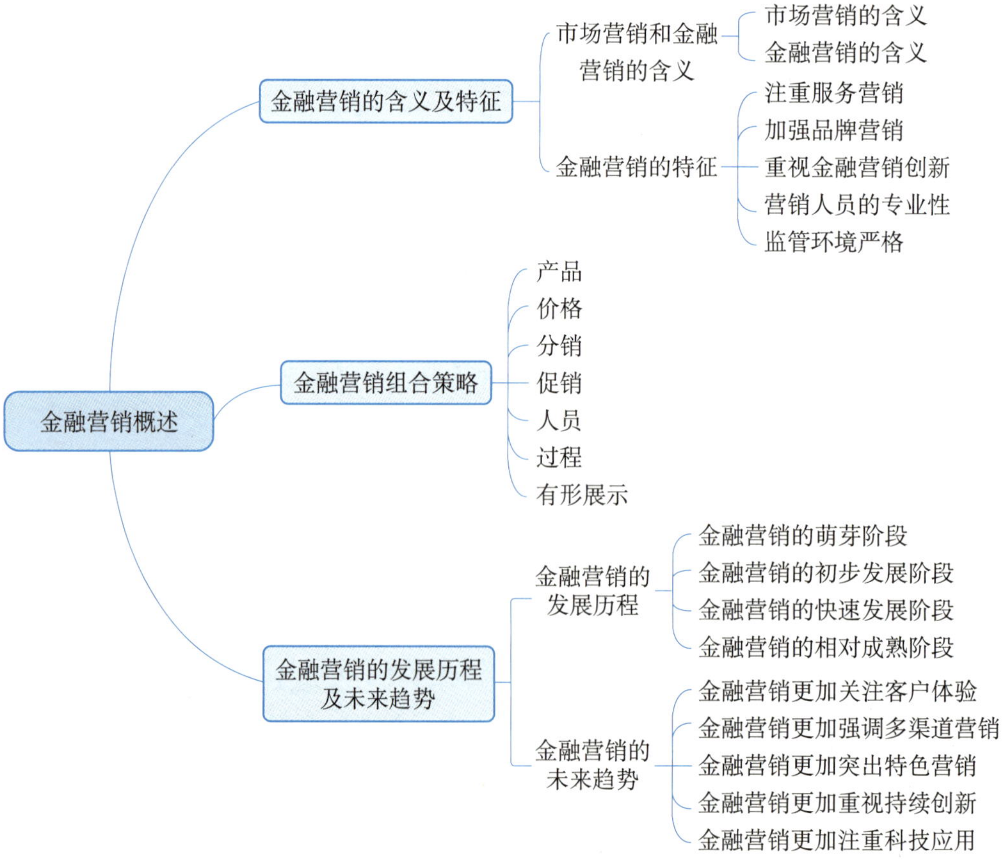

教学一体化训练

【重要概念】

市场营销　金融营销　服务营销　品牌营销　营销组合策略

【课后自测】

一、单项选择题

1. 以下关于金融企业的描述错误的是（　　）。

A. 金融企业不以盈利为目标　　B. 金融企业也应当重视市场营销

C. 金融企业的产品具有无形性的特点　　D. 商业银行属于金融企业

2. 4P 营销组合策略不包括（　　）。

A. Product　　B. Price　　C. Place　　D. People

3. 金融营销的萌芽阶段始于（　　）。

A. 20 世纪 30 年代　　B. 20 世纪 50 年代

C. 21 世纪初　　D. 20 世纪 80 年代

4. 市场营销在金融领域中的应用，最早出现在（　　）。

A. 基金管理公司　　B. 商业银行　　C. 保险企业　　D. 中央银行

5. 通过应用大数据和人工智能技术描绘客户画像，金融企业可以实现（　　）。

A. 拓展营销渠道　　B. 获得客户好感　　C. 精准营销　　D. 产品定价

二、多项选择题

1. 金融营销的特征包括（　　）。

A. 注重服务营销　　B. 加强品牌营销

C. 重视营销创新　　D. 营销人员的专业性

2. 下列关于金融营销的说法正确的是（　　）。

A. 金融营销没有任何技术含量

B. 金融营销人员应当具备一定的专业素质

C. 价格是金融营销的关键要素之一

D. 金融营销的理念是不断发展的

3. 有形展示包括（　　）。

A. 内部设施　　B. 外部设施　　C. 员工着装　　D. 宣传手册

4. 金融营销的基本构成要素包括（　　）。

A. 金融营销的主体　　B. 金融营销的客体

C. 金融营销管理过程　　D. 金融监管

5. 金融产品的特点包括（　　）。

A. 无形性　　B. 有形性　　C. 流动性　　D. 风险性

三、判断题

1. 市场营销活动首先在金融业得到应用。（　　）

2. 金融企业的营销活动受到金融监管的约束。（　　）

3. 金融产品是金融营销的主体。(　　)
4. 直到21世纪初金融企业才开始开展营销活动。(　　)
5. 服务营销组合的7P理论是由美国学者布姆斯和比特纳提出的。(　　)

四、简答题

1. 什么是金融营销?
2. 简述金融营销的特征。
3. 什么是金融营销组合策略? 7P营销组合策略包含哪些内容?
4. 简述金融营销的发展历程。
5. 金融营销的未来发展趋势是怎样的?

五、案例分析

浦发信用卡的“颜色”：金融普惠本色，用户思维底色

信用卡正在加速深入到持卡人的消费生活场景中。如何才能与消费人群的生活更加紧密“对话”，浦发信用卡以推陈出新的服务视角，提供了一个不错的范本——“早安浦发”让好事趁早发生，在构建消费金融共赢生态的同时提升了普惠获得性。

● 金融普惠本色　先锋担当

2021刚开年，信用卡的营销战役就如火如荼了。以浦发信用卡为例，开年第一天，就吹响了服务号角。在晨间这个美好时段，开辟了一个普惠新战场，深度链接消费者生活场景。

“金融普惠”是一个复杂的概念，蕴含着丰富的内容。精准普惠，大概是“早安浦发”活动重点体现的创新服务。而所谓精准，既在人群，也在时点。据不完全统计，中国“白领”人数大概有2亿人。毫无疑问，数量庞大的“白领”人群正在成为消费升级和新经济的主力军，晨间的刚需正是这拨人在持续创造。

值得一提的是，此次“早安浦发”活动，针对“白领”族群的晨间生活习惯和消费行为，从餐饮、娱乐、出行三个场景出发，推出“惠吃”“惠娱”“惠行”系列优惠，十分贴近“白领”族群对生活品质的追求。

“早安浦发”活动力图覆盖到更多人群、更多地区、更长时间，据悉活动惠及120个城市、超46万家门店，超过300万张“早安小浦消费券”，真真切切打造了一场晨间金融普惠标杆活动。

选择晨间，集中并持续满足消费者的需求，用暖心换衷心。如果说传统营销模式的精准是人物和空间的二维营销，那么“早安浦发”则体现的是时间、人物和空间的“三维立体式营销”。细分客群，提供精准服务，只是第一步，难的是，让客户感受到服务的温度。

● 用户思维底色　不破不立

在当下这样一个“悦己”的“我时代”，信用卡客户服务这场战役中，省钱是远远不够的，只有突破市场预期，让消费者“有惊喜”的同时“感受温度”，才能破局制胜。

时代的洪流在不停向前涌动，主动出击，是各大信用卡制胜的关键，而“早安浦发”活动正是主动紧跟消费习惯的变化，借助多年持续深耕用户需求的优势的体现。

正所谓不破不立，所有“破”与“立”的出发点，是众多信用卡品牌都在努力书写

的“用户思维”。有破有立，破局信用卡营销的传统模式，立于客户之需。心之所向，行之所依，才是与消费者一起“乘风又破浪”的动力之源。

● 破冰：精于深耕，准于使命

滴水石穿非一日之功，精准源于深耕。浦发信用卡关注“白领”人群的消费行为和购买潜力，选择瞄准这样一个持续性群体，体现的是对市场的深度洞察和多年经营用户的精准把握，也是挑战自身引领服务创新的能力。

值得注意的是，“早安浦发”营销活动的成功诠释了一个关键点——用户的需求就是方向。运用信用卡天然连接不同客群、商户和场景的优势，不断拓展着消费金融的边界。对用户而言，买单的不只是一张信用卡，更是这张卡背后的综合金融实力和优质服务能力。

资料来源：浦发信用卡的“颜色”：金融普惠本色，用户思维底色［EB/OL］．（2021－01－28）［2022－01－08］．http：//xw. sinoins. com/2021－01/28/content _380622. htm.

阅读材料，回答以下问题：

1. 浦发银行“早安浦发”营销活动获得成功的原因是什么？

2. “早安浦发”营销活动通过哪些方式满足了客户需求？

职业技能训练

1. 训练目标

（1）使学生了解金融企业营销渠道的类型，能够独立进行市场调研。

（2）结合调研的结果，培养学生对金融营销现实问题的综合分析能力。

2. 训练内容

（1）通过实地走访一家金融企业，了解这家金融企业主要采取了哪些营销渠道。

（2）选择两种不同的营销渠道进行比较，分析其各自具有哪些优缺点。

3. 训练评价

（1）能够独立完成营销渠道的实地调研。（20 分）

（2）明确所走访的金融企业具有哪些营销渠道。（30 分）

（3）了解不同营销渠道的营销效果。（20 分）

（4）能够把握不同营销渠道的优缺点。（30 分）

项目二

金融营销环境分析与市场调研

知识目标

1. 了解金融企业面对的宏观环境和微观环境。
2. 掌握金融营销环境分析的一般方法。
3. 熟悉金融市场调研的流程。

能力目标

1. 能够对金融企业所处的市场进行宏观、微观环境分析。
2. 能够自主设计金融市场调研的流程。

素养目标

1. 通过对金融营销环境的分析，了解我国金融市场发展现状，了解金融业相关法律法规。
2. 能够深入理解金融市场调研的各个环节，做到将理论同实践相结合。

案例导入

网络直播：金融营销新战场

一场新冠肺炎疫情，让直播火了起来。网络直播逐渐成了广大消费者了解外界的窗口，因参与感更强、体验感更好，直播带货也成为新的潮流。

在金融业，也刮起了“直播风”：有的直播卖保险，有的直播讲理财、说投资。直播兴起的背后，是在倒逼金融企业变革商业模式，提升线上运营能力，加快数字化建设。

为何直播那么受欢迎？原因是多方面的：

首先，线下代理人业务备受冲击。有媒体报道称，2020 年 1 月，一批保险团队线下签单率只剩下 5%，缩减量高达 95%。对于百万保险从业人员来说，线上直播成为开展业务的最佳途径。比如，针对保险代理人所面对的问题，众安科技联合旗下众安学院活水研习社，推出了线上直播活动，邀请多位资深保险代理人，分享营销经验，探讨行业发展，助力代理人转型发展。

其次，企业寻求数字化转型路径。疫情可以说给金融机构上了一堂生动的线上教育课，同时倒逼其加快数字化进程。大家都在探索和谋求线上发展的模式和最佳路径，而直播正符合当下环境和形势。比如，众安保险早在直播“风口”到来之前，就利用短视频科普保险知识、邀请名医专家直播讲解医疗知识干货等新模式、新玩法触达更多互联网新生代用户，布局线上新场景用户互动闭环；2019 年初，腾讯旗下保险代理平台微保推出了保险内容项目“微保首席计划”，通过视频课程、直播等形式向用户传递保险知识，截至 2020 年 5 月，“微保首席计划”已与数百位来自保险、理财投资、母婴育儿、医疗健康等跨圈层大咖达成合作，生产内容累计阅读、观看量超 3 亿人次，内容分享率超 11%。

再次，掘金“新场景”。有些保险企业则较早就发掘出直播等新兴场景的价值。比如，众安保险除了在抖音、快手等传统短视频流量阵地发力，也积极尝试在支付宝、淘宝生态与用户建立全方位的连接和互动。2020 年 4 月，众安保险在支付宝上线宠物医疗险，并通过淘宝直播为用户普及养宠知识、科普宠物保险，获得超过 12.3 万的观看量。据众安保险 2019 年报显示，借助“新场景”，众安保险自有平台总保费突破 10 亿元里程碑。再如，5 月 20 日，微保在小程序和快手平台开启了“完美牙齿”关爱口腔的主题直播。在直播形式上，与过去借助抖音、快手等第三方视频平台的方式有所区别，在小程序内进行，所采取的品牌联合直播模式也引起了用户的关注和热议。

本次直播微保全网共实现 3.6 万单保险产品及健康券成交转化。

最后，构建金融教育多样化新生态。直播除了卖保险，也可以卖理财、说投资。比如，众安保险在“520 宠粉”直播中，特别邀请到经济学博士、著名财经主持人、财经评论家做客直播间，为粉丝送上一堂定制的“家庭理财课”。据微保官宣，5 月 29 日微保将在快手、抖音、微保小程序内三大平台开展理财投资的主题直播，通过直播互动的形式切入后疫情时代大家关注的房产、基金、保险等理财话题，让用户在寓教于乐的环境中建立完善的保障意识，并增强对平台的信任，从而起到很好的金融教育作用。

随着移动互联网的发展以及国民金融理财意识的不断增强，以“80 后”“90 后”为代表的“互联网原住民”主动搜索学习相关知识已成为趋势。直播等新业态的出现，也给中小企业的数字化升级指出了更明确的路线和目标：加入大平台的生态闭环，中小企业获得的赋能效应将更为显著。

资料来源：苏洁．网络直播：金融营销新战场 [N]．中国银行保险报，2020-05-25 (007).

【感悟】

面对新冠疫情带来的线下交易的瓶颈，金融企业加入网络直播的新战场既是偶然也是必然。任何金融企业进行的营销活动都与其所处的经营环境有关，客观地分析企业所处的宏观环境、微观环境将是企业识别市场机会、避开环境威胁的必要环节。

任务一　金融营销环境构成

美国营销学家菲利普·科特勒认为："营销环境由营销以外的那些能够影响与目标顾客建立与维持成功关系的营销管理能力的参与者和各种力量所组成。营销环境同时提供机会和威胁。"基于此，金融营销环境是指影响金融企业各项营销活动的因素的集合，这些因素能够为企业带来机会，同时也会为企业带来威胁。

根据这些影响因素的属性，我们将金融营销环境分为宏观环境和微观环境两类。宏观环境是影响企业活动的主要社会力量，其影响具有广泛性，主要包括政治法律环境、经济环境、社会文化环境以及科学技术环境；微观环境是对金融企业的经营活动产生直接影响的环境因素，主要包括金融客户、竞争者、营销中介以及社会公众等。

一、宏观环境构成

（一）政治法律环境

政治法律环境是指影响金融企业营销活动的国内外政治局势、国家方针政策及相关法律条例。企业的一切营销活动都必须符合国家发展的大环境，遵守国家的方针、政策、法令。

从政治层面来看，国家的政治体制作为上层建筑，由经济基础决定，同时为经济基础服务。稳定的政局、完善的体制会影响国家的经济及国民的收入水平，从而影响国民的投资活动，给金融企业带来有利影响。除此之外，国家实施的各项宏观调控手段，如区域政策、产业政策、就业政策、人口政策等也会直接或间接地对金融市场产生一定影响。例如，2020 年，为了对冲疫情对我国经济的严重影响，国务院常务会议决定加强对小微企业、个体工商户和农户的普惠金融服务，实行财政金融政策联动，将部分已到期的税收优惠政策延长到 2023 年底，这将大大调动金融机构开展各项业务的积极性。

从法律层面来看，国家出台的法律法规也会对金融企业的营销活动产生一定影响，《中国人民银行法》《商业银行法》《证券法》《保险法》等，都是金融行业各项活动的行为准则，需要金融行业从业人员熟知。例如，《商业银行法》第六条规定："商业银行应当保障存款人的合法权益不受任何单位和个人的侵犯。"依照该规定，商业银行应当对利用自助银行和 ATM 机实施的各种犯罪承担防范责任；犯罪分子以在自助银行门禁系统上安装盗码器的方法，盗窃储户的银行卡信息和密码造成储户损失的，若储户无过错，商业银行应当承担赔偿责任。

（二）经济环境

经济环境是指影响企业营销方式和营销规模的各项外部经济因素，包括国内经济环境和国际经济环境。

国内经济环境涉及产业结构、经济发展速度及发展水平等方面。第三产业发达国家的金融业面临着更多的市场发展机会，而在一些第一、第二产业发达的发展中国家，金融业的发展一般处于较初级的阶段。了解国家的经济发展速度和发展水平问题，可以关注一些经济指标，如 GDP、CPI、城乡居民收入、恩格尔系数等。

高度发达的经济全球化使当今各国之间的经济密切相关，国际经济环境对本国的金融市场也会产生影响。例如，2020 年 3 月 9 日、12 日、16 日以及 18 日短短十天内美股连续出现 4 次熔断现象，这一经济动荡直接激发金融市场恐慌情绪，全球疫情也使投资者担心企业的对外贸易，这些不确定性都可能会使全球股市持续走低。

（三）社会文化环境

社会的文化结构是以社会意识形态为主要内容的观念体系的基本结构。它主要包括价值观念、风俗习惯、伦理道德规范、宗教信仰、教育水平等因素，这些因素影响着人们的生活方式和消费习惯，对金融企业的营销行为有着直接的影响。例如，在价值观念上，不同的生活环境塑造了多种多样的价值观，美国的居民崇尚生活的舒适，享受当下，追求超前消费，我国的居民崇尚理性消费、勤俭节约的生活准则，因而对信贷有着不同的偏好；在风险规避上，思想保守、追求稳定收益的消费者往往会规避风险系数较高的金融产品，而富有冒险精神，追求刺激的消费者往往对风险系数较高的、投机性的或新的金融产品更为偏好；在教育水平上，受教育水平高的地区，设计复杂的金融产品会更受欢迎，而在受教育水平低的地区，简单的金融产品才更有销路。

（四）科学技术环境

自 18 世纪起，一次又一次的科技革命不断地改变着我们的社会生产方式，直接或间接地影响着不同产业的发展，新技术的出现推动着传统产业的改造，迫使落后的产业被淘汰，催生出新的产业格局，改变了企业生存发展的内外部环境，也为企业带来了新的机遇。技术要素不仅包括引起革命性变化的发明，还包括与企业生产有关的新技术、新工艺的出现。

科技的发展推动了金融创新，金融新业务、新产品不断走进大众视野，互联网的普及使我国的金融营销格局发生了相应的改变，金融营销方式与互联网的结合改变了传统金融营销必须在金融交易场所等特定地点开展的模式，增加了金融产品的形式，设计与研发的产品更加大众化，蚂蚁花呗、京东白条等消费信贷受到越来越多的消费者的欢迎。

❖案例链接

金融科技创新在证券行业的应用及其影响

2018 年末，中国证券业协会进行了一项关于“金融科技在证券行业应用”的主题调查。调查报告显示，大数据、云计算、区块链、人工智能这四项金融科技中，全国 131 家证券公司中，有 79 家证券公司（占比达 60%）至少已有一项金融科技处于落地应用阶段。区块链、人工智能、大数据、云计算这四项金融科技中，人工智能的应用最为普及，技术发展也最快；云计算和大数据在证券行业应用得比较普遍；区块链则处于刚刚起步阶段。

从金融科技应用的业务领域来看，人工智能主要应用于证券投资咨询业务，如人工智能云平台、算法交易优化等；云计算主要应用于系统运维和风险管理；大数据在系统运维、风险管控、决策支持等方面应用较广，多家证券公司正在建设集中的数字化运营平台。

从金融科技应用的实施途径来看，主要有三种方式：外包外购、自主研发以及合作开发。云计算以外购为主；大数据三种落地路径的比例为3∶4∶6；人工智能三种落地路径的分布比较均衡。

从金融科技应用的行业案例来看，我们以广发证券为例来具体阐述：

在云计算技术的应用方面，广发证券2013年即着手自主研发行情云。很多证券公司选择直接采购第三方行情源，通过SDK（软件开发工具包）或者数据对接的方式实现行情展示。广发证券则认为，行情系统，特别是行情各类指标可孵化很多业务应用，如捕捉行情信号实现条件下单，或者各类辅助投资决策的数据工具类应用，比如相似K线、智能择时等。如果依赖第三方行情的话，受限制比较大，不利于后续业务的创新。目前广发证券行情云总共有7个IDC（Internet Date Center，互联网数据中心），还有公有云，即腾讯云。目前运行的Docker实例有1 000多个。行情云底层实现则采用了Go语言，且用C语言重写了部分核心逻辑组件，支持分布式部署，可灵活扩容。行情云支持协议也有多种。在高峰期的时候，广发用户数能达到30万，每秒推送的消息能够达到120万，整个业务数据的推送带宽超过1G。

资料来源：张蓓．金融科技创新在证券行业的应用及其影响［J］．现代商业，2020（23）：117－119.

案例评析：科学技术的发展推动着各个行业的跨越式发展，金融业也不例外，因此金融业的营销活动需要同新兴技术结合起来，才能达到更好的效果。

二、微观环境构成

（一）金融客户

金融企业的客户即金融市场上的交易主体，金融机构营销活动的服务对象包括个人、家庭、企业、金融机构、政府，还包括一些事业单位和社会团体。根据金融机构客户交易主体划分，可将金融企业的客户分为组织或机构客户与个人客户两类。

1. 组织或机构客户

组织或机构客户是金融机构不可忽视的重要服务对象，主要涵盖四个类别：一是从事生产性、流通性和非金融服务性业务的工商企业，它们既可以是资金的供给者，也可以是资金的需求者，例如，当股份有限公司在证券交易所上市时，它们是资金的需求者，当企业投资其他公司获得股权、债券等金融产品时，它们是资金的供给者。二是作为金融市场大宗客户的政府部门，它们既是客户，也是金融市场的调控者。当政府部门的各种经费在短期内形成闲散资金时，一般将其存入金融机构，当弥补财政赤字或引导市场资金流向时，会通过发行债券的方式筹集资金。三是同处于金融行业的金融企业和机构投资者，在直接或间接融资领域开展业务。四是诸如研究机构、学校、党群组织等事业单位或社会团体，它们会将盈余的社会资金用于中长期投资。

2. 个人客户

个人是金融企业的基本客户，用户基数大，按照资产的分布情况可以大致分为以下几类：储蓄型客户、理财型客户、结算型客户、负债型客户和投资型客户。对于金融企业来说，对消费群体进行细分，了解不同用户群体需求的偏好，分析他们的消费习惯，对于做好个人用户的营销尤为重要。

（二）竞争者

随着金融行业的发展壮大，金融企业之间的竞争也越来越激烈，对竞争环境的分析可以从竞争者数量、竞争者市场份额、竞争者营销策略三方面入手。

1. 竞争者数量

一个行业中竞争者的数量是影响行业利润分配的因素之一，而行业利润的丰厚程度也影响着行业中竞争者的数量，除此之外，竞争者的数量还与法律政策、技术创新等因素有关。行业内竞争者的数量越多，单个机构所占有的市场份额越少，竞争环境越恶劣。

2. 竞争者市场份额

每一个金融企业的市场份额等于其业务量与市场总业务量之比，反映了金融企业在市场上的竞争力的大小，占有的市场份额越大，竞争力越强。例如，我国的银行体系中，国有商业银行占有较大的市场份额，而股份制商业银行保持着较快的发展势头。

3. 竞争者营销策略

了解竞争者在市场采用的营销策略，制定不同于竞争对手的策略，有助于提高营销战略的有效性。具体研究竞争对手的产品、定价及促销活动，诸如竞争对手推出了什么样的金融产品，产品采用什么样的定价方式，采用何种推销手段等。

（三）营销中介

对金融行业而言，营销中介是金融企业营销活动的媒介，在金融企业与客户之间起着桥梁的作用，参与金融机构的金融产品推广、销售等活动，包括证券经纪商、商业银行、信用评估公司、保险代理、金融咨询公司等。

（四）社会公众

社会公众指不购买金融产品，但会受金融机构营销活动影响或对金融产品有潜在兴趣的群体，如政府公众、传媒公众、地方公众等。公众会影响、监督金融企业的营销活动，故公共关系也是金融企业的一项重要管理活动。

任务二　金融营销环境分析的一般方法

金融市场的环境是在不断变化的，把握金融市场的行情走势需要用系统的方法对金融环境进行分析，比较常用的分析方法有“五力”要素分析和 SWOT 分析。

一、“五力”要素分析

“五力”要素模型是迈克尔·波特于 20 世纪 80 年代提出的，通过分析参与产业经济活动的五种力量来评估产业的竞争结构，如图 2－1 所示。这五种力量分别为：现有竞争者的竞争能力、潜在竞争者的进入能力、替代品的替代能力、供应商的讨价还价能力以及购买者的讨价还价能力。

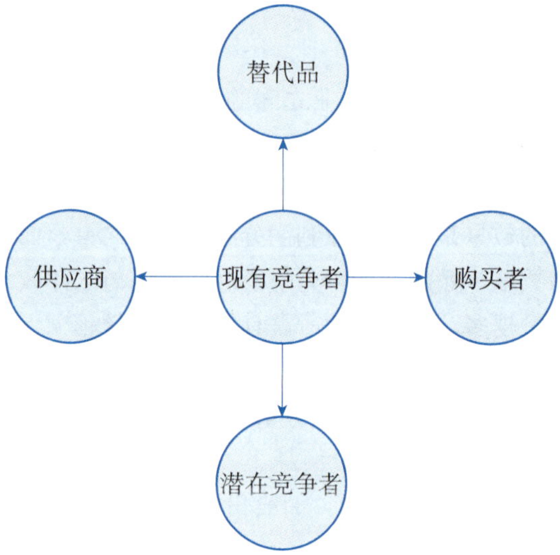

图 2－1 “五力”要素图

（一）现有竞争者的竞争能力

对于金融行业而言，现有竞争者的竞争即现有的金融企业之间的竞争，主要包括银行与非银行金融机构之间的竞争和其他金融机构之间的竞争。对现有竞争者的分析需要考虑以下问题：产业中市场占有率比较高的主要竞争对手有哪些？主要竞争对手采用的战略是什么？主要竞争对手有哪些不足之处？例如，随着互联网金融的发展，余额宝、花呗等理财产品的人气逐步高涨，这将威胁传统的银行存款、贷款业务。

（二）潜在竞争者的进入能力

潜在竞争对手指那些可能进入该行业的企业，它们将带来新的生产能力，瓜分已有的资源和市场份额，使市场竞争加剧，行业利润减少。

（三）替代品的替代能力

替代品是指具有相同功能，或能满足同样需求从而可以相互替代的产品。例如，消费品销售行业的金融服务创新可能会替代信贷行业的某些业务。

（四）供应商的讨价还价能力

供应商的讨价还价能力影响到整个行业的竞争强度。举例而言，互联网金融业的供应商主要指供给资金的投资者，其议价能力可以从两个方面来分析：一是投资额，二是投资渠道的状况。当投资人的投资数额大且可选择的投资渠道较多时，供应商的议价能力较强。

（五）购买者的讨价还价能力

购买者具有的讨价还价能力也会对产业的竞争强度产生重要影响。影响购买者议价能力的因素主要有购买者集中度、购买者对价格的敏感性、产品的差异化程度等。

二、SWOT 分析

（一）SWOT 概述

金融市场环境对金融企业的营销活动有着显著影响，全面分析金融企业内外部的营销环境，识别金融企业自身的优势与劣势，对企业做出正确的营销决策尤为重要。SWOT 分析由优势（Strengths）、劣势（Weaknesses）、机会（Opportunities）、威胁（Threats）四方面组成，是对企业内外部环境进行综合的分析概括，找出企业的优势与劣势，识别市场具有的机会与威胁，然后选择企业制定的战略决策，这一分析方法在金融业同样适用。SWOT 具体的分析步骤如下。

1. 机会与威胁分析（O/T 分析）

机会与威胁主要来源于金融企业的外部环境。机会是指金融市场上存在着尚未被满足的客户需求，或新的客户需求。以保险业为例，风险意识逐渐提升的“90 后”“95 后”正在走入社会，建立家庭，购买保险成为他们保障生活的重要选择，他们对保险产品的产品设计、基于互联网的用户体验提出了新的要求。威胁是指不利于金融营销活动的市场因素，以信托业为例，市场对信托的信任程度、其他金融机构的业务侵蚀等都会对行业构成威胁。

2. 优势与劣势分析（S/W 分析）

优势与劣势主要来源于金融企业的内部环境，包括金融企业的财务资源、人力资源、物力资源、技术资源、信息资源等。在进行分析时，可以从企业价值链入手，将价值链的每个环节与竞争企业做对比，找出竞争优势。如金融产品的设计是否新颖，价格是否具有竞争性，销售渠道是否广泛等。

3. 构造 SWOT 矩阵

基于对金融企业机会与威胁、优势与劣势的分析，构造 SWOT 矩阵，矩阵中，将对公司发展有直接、迫切、重要影响的因素率先排列出来，将那些间接、次要的影响因素排列在后面，依据 SWOT 矩阵选择具体的战略并制订行动计划。

（二）SWOT 战略选择

经过对金融企业的内外部环境分析，可以得到优劣势与机会威胁组合的四种战略，如图 2－2 所示。

1. SO 战略（增长型战略）

SO 战略是优势与机会的组合，主张依靠内部优势，抓住外部机会，是最理想的战略模式。

2. WO 战略（扭转型战略）

WO 战略是劣势与机会的组合，主张利用外部机会来弥补金融企业内部的劣势，解决内部存在的问题。

3. ST 战略（多元化战略）

ST 战略是优势与威胁的组合，主张运用金融企业内部的优势规避外部威胁，即金融企业可以通过多元化的方式拓展业务，分散风险。

4. WT 战略（防御型战略）

WT 战略是劣势与威胁的组合，主张克服内部劣势，规避外部威胁，做到劣势与威胁双重最小化。

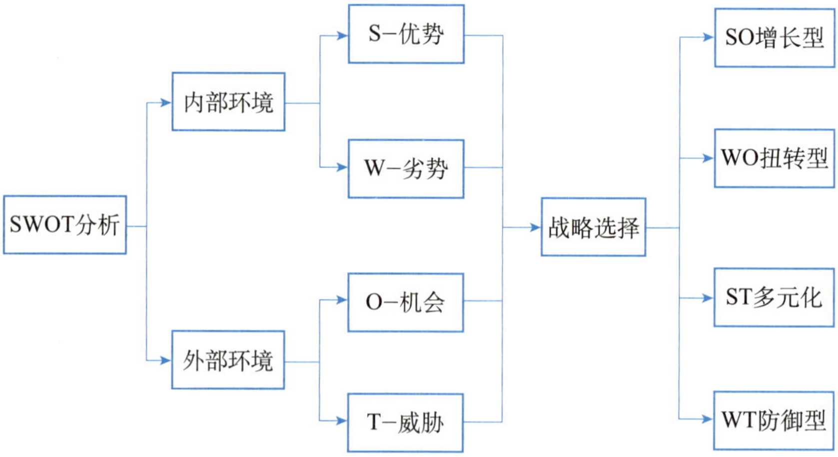

图 2-2　SWOT 战略流程图

※案例链接

我国大型商业银行开展普惠金融业务的 SWOT 分析

“普惠金融”这一概念首次在联合国会议上被提出时，对它的界定是：普惠金融要能为社会所有人提供有效的金融服务。我国对普惠金融这一理念的推进，在一定程度上突破了商业银行传统的服务理念，使弱势群体（小微企业、农户以及普通人群）也能享受到金融服务的权利，然而普惠金融的包容性使商业银行在经营这一业务时面临各种机遇与挑战。

（一）优势

1. 雄厚的资金实力。与中小型银行相比，大型商业银行具有雄厚的资金实力，因此其在网点布局、资源整合以及抗风险能力等方面具有比较优势。

2. 先进的技术。随着互联网技术的快速发展，大数据、人工智能、区块链等在创新产品类型、服务客户以及管理风险等方面极大地提高了商业银行的能力与效率。

3. 丰富的人才资源。大银行的人才资源更丰富、内部划分更细致、专业化程度较高，另外在吸引人才、使用和培养等方面都做了大量的投入，这使其经营管理能力与业务创新能力相对较强。

4. 较广的网点网络布局。大型商业银行的网点在县级以上（包含县级），网点遍布较广、布局较为合理，有利于资金的汇划。

（二）劣势

1. 高成本，低收益。商业银行出于营利性的考虑，其服务的对象主要是创造价值高的优质客户（占20%），而不是创造价值低的长尾客户（占80%）。

2. 产品设计不合理。目前商业银行还没完全适应去服务长尾客户，它们的工作重心仍然集中于优质客户，因此其产品的设计、服务方案的定制更偏向这部分客户。

3. 风险化解机制不健全。农业具有天然的弱质性，小微企业通常经营规模较小，因此涉农企业与小微企业的抗风险能力都较弱。

（三）机会

1. 政府补贴。为了支持涉农企业与小微企业的发展，我国财政综合了多种方法来激励金融机构强化对这类企业的资金支持，比如增信、税收优惠等措施。

2. 保险公司险种的创新。在国家政策的支持下，保险公司开发了一系列服务涉农企业与小微企业的险种。

3. 农村信用体系的完善。为了缓解信息不对称造成融资难、融资贵这一难题，我国加强了对信用体系和共享平台的构建。

4. 互联网金融的发展。大数据、人工智能等高新技术为互联网金融发展带来了新的契机。

（四）威胁

1. 三农金融服务信息不对称。

2. 调查管理成本高。

3. 利率市场化导致净利差收窄。

资料来源：张珊．我国大型商业银行开展普惠金融业务的SWOT分析［J］．对外经贸，2020（7）：100-105.

案例评析：大型商业银行需要利用市场上的机会，扭转当前的劣势，同时发挥大企业的优势，规避威胁。

任务三　金融市场调研

随着金融业的发展，金融市场环境日趋复杂，提高金融营销决策的合理性，充分了解金融市场的动态，需要用科学的调研方法对金融市场环境进行系统的扫描与检测，为金融营销活动打下基础。

一、调研概述

金融市场调研指针对营销实践中出现的问题，金融企业采用科学的方法，对金融产品或企业相关经营活动进行系统的收集、整理、分析和评估，以得到一套有效结论，为金融企业营销决策提供依据的一种活动。金融市场调研活动有助于帮助金融企业了解金融营销环境，发现金融市场未被满足的需求。

金融市场调研涵盖范围广泛，分类方法众多。

（一）根据调研内容的不同，可将金融市场调研分为消费者调研、行业调研以及营销组合调研

1. 消费者调研

消费者调研是对消费者购买动机与消费行为进行调研，了解不同细分市场消费者的产品偏好、服务满意度、品牌忠诚度等信息。

2. 行业调研

行业调研是对相关行业现状、未来发展趋势以及竞争对手基本情况的调研。

3. 营销组合调研

产品方面包括对现有产品的改良、新产品的试销、品牌的对比等分析；定价方面包括对现有产品价格合理性、消费者价格敏感度等分析；渠道方面包括对分销区域的设置、渠道覆盖率等的分析；促销方面包括对广告、媒体、营业推广等手段的促销效果等的分析。

（二）根据调研类型的不同，可将金融市场调研分为探索性调研、描述性调研、因果性调研

1. 探索性调研

探索性调研是一种非正式的、初步的定性调研，通过一些简单易得的资料，对调研对象进行初步的了解，以确定调研方向和调研内容。例如，金融机构可以通过收集二手资料或与中间商面谈来了解金融产品的分销情况。常用的调研方法是访谈法。

2. 描述性调研

描述性调研是通过调查数据并对数据进行详细的分析来了解营销活动的某个环节或某种策略，是对现状的一种描述。例如，在探索性研究的基础上，金融企业可以通过描述性分析确定各种分销渠道的客户男女比例、收入水平、年龄分布等。常用的调研方法有调查法和观察法。

3. 因果性调研

因果性调研是通过实验的方法寻找消费者行为偏好、竞争企业营销活动、市场上某些现象的原因，是对变量间因果关系的描述。例如，金融企业可以研究影响分销渠道推广范围的因素，寻找促进金融产品分销的办法。常用的调研方法是实验法。

（三）根据调研对象范围的不同，可将金融市场调研分为全面调研与非全面调研

1. 全面调研

全面调研是对调研对象所有单位的总体调研，特点是可以覆盖全部的调研对象，但通常成本较高。

2. 非全面调研

非全面调研是对调研对象部分单位的调研，主要包括典型调研和随机抽样调研。典型调研和随机抽样调研的区别在于样本的选取方式不同，典型调研选取少数具有代表性的典型单位作为调研对象，而随机抽样选取的调研对象具有不确定性。

二、调研程序

一般而言，金融市场的调研需要遵循一个科学的、完备的程序，这个程序包括：明确市场调研问题、设计调研方案、收集数据资料、整理和分析资料、撰写调研报告。

（一）明确市场调研问题

在进行市场调研之前要先明确两个问题：一是金融企业需要做的决策是什么；二是如何将决策问题转化为调研问题。确定决策的问题是市场调研的首要任务，关系到调研过程的总体方向，错误的方向会得出错误的分析结论，从而导致决策的错误，给金融企业带来不利影响。一些信号的出现将有助于决策问题的识别，例如组织环境发生变化、竞争对手做出新的反应、金融企业偏离过去的绩效等。市场调研是为金融企业的营销决策而服务的，而金融企业的营销决策往往是行动导向而不是信息导向的，所以需要将营销决策问题转化为可以进行数据收集和分析的调研问题，在确定调研问题时还需要考虑调研成本，高成本、低收益的调研是得不偿失的。

（二）设计调研方案

调研方案是对调研活动的总体规划与设计。调研方案中应该包括市场调研的具体目标、市场调研的类型选择，如探索性调研、描述性调研或因果性调研，还包括调研活动的时间、地点、人员、日程安排以及经费预算等相关问题。

（三）收集数据资料

收集数据资料之前需要确定数据的来源、性质以及收集方法。根据数据来源可将数据分为一手数据和二手数据：一手数据是市场调研人员通过问卷、走访等方式获得的原始数据，数据收集成本较高但与具体问题的匹配度较高；二手数据是市场调研人员通过相关网站或历史资料中直接获得的数据，数据收集成本低但与问题的匹配度较低。根据数据的性质可将数据分为定量数据和定性数据，定量数据是通过数字来表达信息，精确地描述客体的各项属性；定性变量是通过文字、图片等方式来表达信息，是对客体性质、类别等的简单描述。数据的收集一般可以通过实验、问卷、观察等方法，具体的方法选择依赖于市场调研类型的选择，例如，因果性调研一般通过实验的方法获取数据，而描述性调研可以采用观察法等，详细方法在后续内容中解释。

确定了数据的来源、性质以及收集方法后便可进行数据的收集，收集数据过程中要注意对数据收集人员的培训，保证数据收集过程的严谨性，以保持数据的可靠性，减少调研的误差。

（四）整理和分析资料

对收集来的资料要进行整理，整理的过程主要包括对收集数据的完整性、真实性的审核，对数据异常值、缺失值的清理以及对数据的编码录入。分析数据首先需要对数据进行汇总分类，然后选择合适变量对数据进行建模分析，做出相应的统计图和统计表，找出对企业有价值的研究结论。

（五）撰写调研报告

根据数据分析得出的结论形成调研报告，报告中除了对调研目的、方法、数据分析、结果等进行描述外，还要针对第一步提出的市场调研问题给出建设性的方案或意见。

三、调研方法

（一）访谈法

访谈法是探索性调研常用的方法，用以获取定性的数据，主要包括焦点访谈法和深度访谈法。

焦点访谈法又称小组座谈法，是采用小型座谈会的形式，挑选一组具有同质性的消费者或客户，由一个经过训练的主持人以一种无结构、自然的形式与一个小组的具有代表性的消费者或客户交谈，从而获得对相关问题的深入了解，例如用来调研消费者对金融市场现有产品的满意度、风险偏好等。该方法的优点是可以在短时间内了解到消费者对调研问题的看法与建议，为金融企业提供新的思维方式；其缺点是在金融企业与受访者之间存在信息的不对称，收集的可利用信息占比较低，且小组访谈易呈现群体思维，对会议主持人的沟通技巧要求较高。

深度访谈法又名深层访谈法，是一种无结构的、直接的、个人的访问，在访问过程中，一个掌握高级技巧的调查员深入地访谈一个被调查者，以揭示对某一问题的潜在动机、信念、态度和感情。该方法的优点是适合一些隐私的、敏感的问题的调查，可以得到相对复杂的、有深度的信息；其缺点是深度访谈成本较高，比较耗时。

（二）调查法

调查法是描述性调研常用的方法之一，以问题的形式收集被调查者的偏好、动机、态度等方面的问题，主要包括电话访问、人员访问、问卷调查，这几种方法的区别在于收集信息的形式不同。

1. 电话访问

电话访问是通过通信渠道获取客户的信息。这种方式方便快捷，但距离的限制会使收集的信息量较少且不深入。

2. 人员访问

人员访问是通过与被调查者面对面沟通来收集信息，形式有一对一面谈和小组面谈两种。这种方式弥补了电话面谈在信息深度和广度上的一些缺陷，可以通过面对面的沟通获得相对真实广泛的信息，其缺点是成本过高。

3. 问卷调查

问卷调查是通过广泛地向被调查者发放调查问卷来收集信息。调研之前调研人员需要先做好设计问卷的工作。

（1）问卷设计的原则。相关性，即设计的问题与调研主题相关；逻辑性，即问题与问题之间以及问题的排序要有一定的条理；明确性，即问卷的问题要清楚易懂，不能有歧义和模糊不清的问题，以免对被调查者造成困扰，且问卷长度不宜过长；非诱导性，即问卷中的问题不能带有个人情感导向，需客观公正。

（2）问卷的类型。问卷的类型可分三类：第一类是结构型问卷，即对问题的答案事先加以限制，如“您对金融知识及金融产品相关内容的了解程度。A. 了解 B. 不太了解 C. 比较了解”；第二类是开放型问卷，即对问题的答案不做约束，如“您对互联网金融产品持什么态度和期望?”；第三类是半结构型问卷，即对问题的答案做部分的约束，如“您过去购买过的金融产品有哪些? A. 股票 B. 基金 C. 债券 D. 其他”。

（3）问卷的结构。问卷一般包括标题、说明、问题与提问方式、编码以及结束语几个部分。标题即研究的主题；说明即告知被调查者此次问卷调研的目的、意义、调研的单位以及数据用途，同时还可告知被调查者此次问卷调研的填写说明及注意事项；问题与提问方式是问卷的主体内容，是研究问题的具体化，在设计问题与提问方式时，一方面要考虑问卷问题是否能为研究问题服务，另一方面要站在被调研者的角度考虑什么样的提问方式便于被调查者理解与填写；编码即对问卷中的问题及答案设定固定的代码，便于后续问卷的整理与分析；结束语即表达对被调查者参与问卷调查的感谢，访问问卷还需加上调研的时间、地点、调研员等相关信息。

（三）观察法

观察法也是描述性调研常用的方法之一，一般通过现场或者仪器记录被调查者的行为来获取信息。观察法包括自然观察法、设计观察法、掩饰观察法、机器观察法和痕迹观察法。自然观察法是调研者在未与被调研者沟通的自然环境中记录实际发生的行为；设计观察法是调研者在事前设计的场景中对被调研者进行的调研，调研的真实程度与场景模拟的真实度相关；掩饰观察法是调研者在被调研者不知情的前提下进行的调研，在这种前提下被调研者出现行为偏差的可能性更低，观察到的数据更具有客观性；机器观察法是由机器代替调研者进行观察与记录；痕迹观察法是调研者通过观察被调研者有意或无意间留下的物理痕迹来推测发生过的行为，但通常获得的信息不完善，存在假设和推理的成分。

（四）实验法

实验法是因果性调研常用的方法。金融市场调研中的实验法起源于自然科学中的实验法，一般是通过实验的方法来检测变量之间的相关性。它的优点是方法科学，信度和效度较高，缺点是成本较高。

❖案例链接

小微企业信贷市场调查

为了解小微企业信贷市场状况，中国人民银行成都分行采用整群抽样和直接诱导法，连续三年对四川省小微企业信贷市场开展了大样本抽样调查。2017 年度调查共抽取除四川甘孜和阿坝以外 19 个市州 107 个乡级行政区，以全部 4 955 户小微企业作为样本，样本具有省级代表性，抽样比约为 2.2%。经过逐户现场核查，正常经营并完成调查问卷 3 134 户。

调查结果如下：

(1) 经营状况总体企稳向好，企业间分化明显。一是企业营业收入状况好转；二是企业盈利状况有所改善。

(2) 用工总量小幅增长，人力成本大幅上升。一是用工数量稳中略升；二是人均工资上升明显。

(3) 资金回笼速度减缓，融资方式倾向内源性融资。一是资产快速增长，资金回笼速度减缓；二是外源性融资的主要渠道是商业信用和银行贷款；三是内源性融资在企业资金来源中占据重要地位。

(4) 市场环境有所提振，但投资意愿仍显不足。一是市场环境状况有所提升；二是经营预期保持谨慎；三是投资意愿不强。

根据调查结果，政策建议如下：

(1) 遵循市场规律，合理界定信贷政策边界。准确把握小微企业客观存在的行业属性、资本结构和经营状况等异质性特征，遵循小微企业信贷市场运行规律，更加重视发挥市场机制的调节作用。

(2) 以差别化贴息和保险工具为手段，形成有效正向的市场激励机制。优化小微企业贴息和担保等财政政策产品，建立逆周期、差别化的财政贴息机制，动态调整贴息行业目录，优化贴息操作流程和便利程度，引导金融资源流向风险低、前景好的小微企业。

(3) 完善信用基础设施，形成有效正向的信息甄别与风险过滤机制。以市场化方式加快建设小微企业信用信息数据库和融资对接平台，深化“征信＋信贷”产品创新，积极探索“银税互动”新模式，提高信息对称程度，实现金融资源更加活跃有效配置。

(4) 鼓励发展区域性中小金融机构，完善小微企业金融服务供给体系。发挥地方中小金融机构在小微企业金融服务中的信息优势和经营机制优势，鼓励民间资本参与小微金融服务，设立着眼于服务地方小微企业的区域性中小金融机构，在小微企业信贷市场引入主办银行制度和适度竞争机制，降低小微企业信息收集成本，提升小微金融服务效率。

(5) 积极构建小微企业融资培育机制，挖掘和培育有效信贷需求。建立多部门联合的小微企业融资培育机制，全面开展小微企业规范化公司制改造工作，对小微企业开展法律法规、财务管理和金融知识等专业培训和辅导，引导小微企业规范经营，培育合格贷款人，增加有效信贷需求。

资料来源：中国人民银行成都分行课题组．周晓强．小微企业信贷市场调查［J］．中国金融，2018（2）：91－93.

案例评析：通过调查了解了小微企业的信贷市场状况，总体经营状况良好，还有很大的改善空间。

❖素养提升

2019 年 12 月 28 日，十三届全国人大常委会第十五次全国会议审议通过了修订后的《中华人民共和国证券法》，于 2020 年 3 月 1 日起施行。修订后的证券法，为推动证券行业和资本市场改革创新、健康发展提供了法律保障。

现行证券法进一步完善了证券市场的基础制度，为证券市场全面深化改革落实落地，有效防控市场风险，提高上市公司质量，切实维护投资者的利益，促进证券市场对实体经济的服务，打造一个更加健康有活力的资本市场，提供了强力的法治保障，具有非常重要而深远的意义。

首先，现行证券法推行注册制。与核准制不同的是，注册制是一种更依赖市场监管的证券发行监管制度，通过要求证券发行人对公司信息的完整、准确、真实的披露，来吸引投资者做出投资决策。实行注册制有利于精简优化证券的发行条件，强化证券发行中心的信息披露。

其次，现行证券法设专章规定投资者保护制度，特别是围绕中心投资者的权益保护这一主线，进行了制度设计。证券法将普通投资者与专业投资者做了区分，有针对性地对投资者权益进行保护；建立征集股东权利制度，允许特定主体公开请求上市公司股东委托其代为出席股东大会，并代为行使提案权、表决权等股东权利；规定债券持有人和债券受托管理人制度，建立普通投资者与证券公司纠纷的强制调解制度；完善上市公司现金分红等。

最后，加大违法处罚力度，营造风清气正的市场环境。现行证券法加大了对证券违法行为的处罚力度，显著提高证券违法成本，严厉惩治并威慑违法行为人。对相关证券违法行为，有违法所得的，规定没收违法所得；同时，大幅度提高行政罚款额度。

刘季幸委员表示，近些年证券违法犯罪日益趋向严重，手段更加隐蔽多样，涉案金额也在不断增大。这些违法行为不仅严重破坏公开、公平、公正的证券市场原则，严重损害广大投资者的合法权益，而且严重破坏证券市场的管理秩序，危害国家金融安全与稳定。

“这次证券法的修订顺应了时代和经济的发展要求，对规范资本市场稳定健康发展、防范化解金融风险、维护投资者的合法权益，从法律上防范和减少证券领域的违法犯罪行为的发生，具有十分重大的意义。”刘季幸说。

资料来源：田宇，李小健．新修订的证券法出炉：为资本市场健康发展提供法律保障[J]. 中国人大，2020（1）：28－29.

项目小结

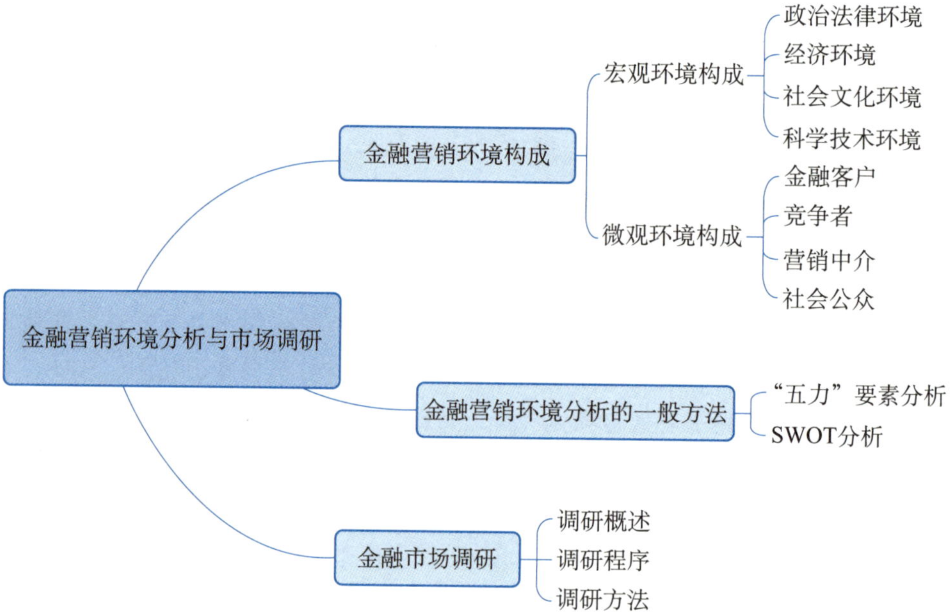

教学一体化训练

【重要概念】

金融营销宏观环境　金融营销微观环境　SWOT 分析　金融市场调研

【课后自测】

一、单项选择题

1. 以下哪项不属于影响金融营销环境的经济因素？（　　）

A. 经济制度　B. 经济结构　C. 经济发展阶段　D. 消费习惯

2. 以下哪项属于影响金融营销环境的社会文化因素？（　　）

A. 价值观念　B. 科学技术　C. 法律法规　D. 产业结构

3. 恩格尔系数是（　　）与家庭消费总支出的比值。

A. 家庭食品支出　B. 家庭通信支出
C. 家庭医疗支出　D. 家庭教育支出

4. 人们对消费信贷的态度从消极到积极体现了（　　）因素对金融营销环境的影响。

A. 产业结构　B. 消费习惯　C. 宗教信仰　D. 科学技术

5. 金融企业既拥有内部优势，又拥有外部机会，优先选择（　　）战略。

A. 增长型　B. 多元化　C. 扭转型　D. 防御型

6. （　　）调研是对相关行业现状、未来发展趋势以及竞争对手基本情况的分析。

A. 消费者　B. 行业　C. 营销组合调研　D. 探索性调研

7.（　　）法是探索性调研常用的方法。

A. 调查法　B. 观察法　C. 访谈法　D. 实验法

二、多项选择题

1. 金融营销的宏观环境由（　　）构成。

A. 政治法律环境　B. 经济环境　C. 社会文化环境　D. 科学技术环境

2. 金融营销中介是金融企业营销活动的媒介，包括（　　）。

A. 证券经纪商　B. 商业银行　C. 保险公司　D. 实体分配公司

3. 运用 SWOT 分析法进行环境分析可以得到哪些战略？（　　）

A. 增长型战略　B. 扭转型战略　C. 多元化战略　D. 防御型战略

4. 根据调研类型的不同，金融市场调研分为哪几种类型？（　　）

A. 探索性调研　B. 描述性调研　C. 全面调研　D. 因果性调研

5. 常用的调研方法有（　　）。

A. 访谈法　B. 调查法　C. 观察法　D. 实验法

三、判断题

1. 金融市场营销的环境会受到宏观经济政策的影响。（　　）

2. 对于银行来说，蚂蚁花呗也是它的竞争对手。（　　）

3. 宗教信仰不会影响消费者购买金融产品的决策。（　　）

4. 问卷中问题设计可以涉及被试者隐私。（　　）

5. 一般来说，使用实验法进行调研的成本较低。（　　）

四、简答题

1. 金融营销宏观环境分析包含哪些方面？

2. 金融营销微观环境分析包含哪些方面？

3. 简述 SWOT 分析的基本步骤。

4. 简述金融市场调研的一般程序。

五、案例分析

支付方式对比

作为移动支付开创者之一的支付宝，目前在我国已取得了非凡的成就，在我国互联网上也有很多声音称社会已经进入完全的手机、移动支付时代，信用卡可以消失了。而在很多国家，大家惯用的还是信用卡支付。那么，这两者到底谁更强呢？

抛开救急和减少随身携带现金带来的风险这两大传统优势以外，信用卡相对移动支付依然有自己不可小觑的优势：

1. 由于信用卡的信用体系经过多年的发展，相对比较完善，因此其透支额度较目前的移动支付要高很多，对于大额消费、贷款等方面优势就不言自明了。

2. 信用卡有“VISA”或“MasterCard”标识的，基本上在全球都可以直接刷卡消费。

3. 累积个人信用记录。使用多了信用卡，并按时按额还款，可以提升信用额度和信用度。

4. 信用卡还享受各种各样的 VIP 待遇，比如机场接送、境外签证优先、意外险、医疗险、拖车和洗车、合作商家消费折扣等。

不过，随着技术的发展，信用卡的这些优势似乎渐渐在被移动支付所超越。简单总结下，移动支付相对信用卡来说至少有以下几点优势：

1. 更高的安全性。移动支付目前很多需要通过多方面生物特征确认，这样就算你的手机或者账号被盗取，偷窃者也无法完成指纹、瞳孔或脸部特征验证。

2. 更低的使用成本。移动支付的成本显然比信用卡要低很多。

3. 紧跟潮流。现在社会的时间跨度已经越来越短，消费者们的生活也很繁忙，移动支付系统使购买比以往任何时候都更容易。这种便利可能就是消费者是否购买的决定性因素，这也将刺激消费。

两者对比而言，信用卡对于移动支付最大的优势在于在全球范围内的使用，目前移动支付只是在中国国内占有市场优势，很多国家还无法进行方便快捷的移动支付，甚至不能移动支付；另外，使用信用卡涉及的信用累积对于贷款，尤其是大额贷款有长足的好处。安全方面，两者有所不同，信用卡的风险主要在于财产的损失，如被盗刷盗窃等；而移动支付的风险主要在于用户信息数据的泄露。

资料来源：搜狐网，https：//www.sohu.com/a/217186657_99940733.

阅读材料，回答以下问题：

1. 从金融营销环境的角度，分析造成不同国家支付方式差异的原因。

2. 简单设计一个大众对不同国家支付方式了解现状的调研方案。

职业技能训练

1. 训练目标

（1）培养学生观察金融市场环境的意识，以及分析金融市场环境的能力。

（2）使学生能够设计并实践市场调研方案，解决实际的问题。

2. 训练内容

（1）学生自行选择金融行业中的某一细分行业，收集资料进行宏观环境、微观环境分析。

（2）针对所选择的细分行业，自定义问题并设计一套合理可行的市场调研方案。

3. 训练评价

（1）金融市场环境分析客观、重点突出、条理分明。(30 分)

（2）调研报告内容设计合理，调研方式实践性强，与调研主题匹配度高，报告格式美观、大方。(40 分)

（3）语言表达清晰准确，逻辑性强。(30 分)

项目三

金融营销的客户

知识目标

1. 了解金融营销客户的类型。
2. 熟悉影响客户进行金融交易的因素以及客户进行金融交易的决策过程。
3. 掌握金融客户营销的三种策略。

能力目标

1. 具备正确分析影响金融客户交易行为因素的能力。
2. 具备综合运用金融客户营销策略，深度开发和接触客户的能力。

素养目标

1. 根据金融客户的不同类型，了解我国金融市场的蓬勃发展，培养具备自主学习能力和创新精神的高素质应用型营销人才。

2. 能够具备沟通能力、表达能力、社交能力、谈判能力，同时具有较强的集体意识和团队合作精神，为今后进入金融机构工作奠定良好基础。

案例导入

浦发银行发布长三角主题信用卡

随着《长江三角洲区域一体化发展规划纲要》面世，广大金融机构迎来了新一轮的业务发展机遇。2019 年 12 月 5 日，浦发银行发行了长三角主题信用卡，这是国内首张以长三角一体化建设为主题的信用卡。作为长三角地区领先金融机构——浦发银行，发行长三角主题信用卡产品，既是积极响应长三角一体化建设发展的国家战略，践行“金融为美好生活创造价值”的使命，更彰显出立足长三角、服务全国、走向世界的坚定信念。

1. 打造长三角一体化特色权益

为了让长三角一体化主题信用卡全面反映长三角一体化建设所取得的巨大经济成果，浦发信用卡内部调动了大量资源，在权益策划与卡面设计方面都处处体现长三角一体化进程的广阔发展前景。通过打造特色权益矩阵，将长三角地区各类出行游玩购物优惠消费权益“集于一身”，一方面让用户能以最便捷的方式获得长三角一体化进程下最实惠全面的消费福利，另一方面也能激发用户巨大的消费热情，助力长三角地区实体经济融合发展；通过推出独树一帜的特色返现权益，包括推出1%叠加的境外刷卡消费返现活动等，向全世界展现长三角一体化进程所带来的无穷经济活力；塑造长三角共同繁荣下的人文盛景，比如客户可以通过这张长三角一体化主题信用卡，在长三角主题文化文创特色产品专区免息分期购买这类长三角地区文艺演出节目与文化产品，进一步充实提升自己的精神生活。

2. 以用户为中心的基因

一直以来，浦发信用卡都在积极助力长三角经济融合发展，包括整合大量长三角地区各个城市各类商户、接送机、物流、外卖、景点等资源，为广大用户创造便捷、优惠、舒适、卓越的消费体验与金融服务品质。

在长三角一体化主题信用卡的酝酿时段，各个业务部门通过快速协同，拿出众多契合长三角一体化主题的消费权益，从中挑选在用户喜爱度、反响度、体验满意度各方面表现俱佳的“王牌”权益进行整合融通，打造成小浦惠花长三角专享、境外返现叠加、文化消费领域在线商城、积分捐赠等特色消费权益。与此同时，浦发信用卡内部一直都在探索如何给用户提供更卓越的金融服务体验，满足用户日益增长的美好生活需求，长三角一体化主题信用卡面市恰恰提供了一个绝佳的契机，激发各个业务部门拿出自己最优质的产品服务功能，群策群力，将它打造成“长三角一体化地区高品质生活提供商”的金字招牌。

资料来源：升雄．浦发银行重磅首推长三角主题信用卡［EB/OL］．（2019-12-10）［2020-07-24］．https：//credit.cngold.org/c/2019-12-10/c6743815.html.

【感悟】

浦发银行长三角主题信用卡通过对金融营销客户的把握，选定长三角地区作为目标客户群体，在权益策划方面体现长三角经济特色，满足了客户不同方面需求，同时别具一格的营销活动，让客户能近距离地获得长三角一体化建设所带来的高品质生活体验，创造了良好的消费体验与金融服务品质，牢牢抓住了客户的注意力。

任务一　金融营销客户的类型

客户是金融企业的金融产品的购买者，金融企业要想有效地提供市场所需要的金融产品或服务，就必须研究金融市场中的客户。对金融营销客户的了解，首先应该从明确金融客户的定义入手，并掌握金融客户的类型。

一、金融客户的定义

金融客户是指使用金融企业所提供的金融产品与服务的个人或组织，即金融企业的服务对象。金融市场上的交易主体都是金融企业的客户，金融企业一切的营销活动都是围绕客户展开的，也就是说，客户是金融企业开展营销活动的出发点和落脚点。

❖案例链接

如何成为客户的第一选择?

英国《银行家》及《专业财富管理》杂志2020年全球私人银行评奖揭晓，凭借在私人银行领域的出色表现，招商银行从多家境内外银行中脱颖而出，获评“中国区最佳私人银行”奖项。

各银行2020年三季报数据显示，国内目前有6家商业银行的私人银行业务管理资产规模破万亿元。虽然很多后来者正奋起直追，但招商银行依然继续保持领先身位——截至2020年9月底，招行私人银行管理客户总资产（AUM）已达2.66万亿元，户均总资产2 770.78万元，是目前唯一一家私人银行AUM超过2万亿元的商业银行。

为什么这么多高净值客户都选择招商银行?“作为一家私人银行专业机构，我们架上的产品并非最多，产品费率也并非最低，之所以能够做到业内规模领先，底气来自三点：一是懂得客户真正的需要；二是陪伴客户克服投资旅程上的人性弱点做正确的选择；三是坚信并践行客户购买产品是服务的开始而不是结束”，招商银行私人银行相关负责人表示。

资料来源：来自最佳私人银行的答案：如何成为客户的第一选择?[EB/OL].(2020-11-20)[2022-01-10]. http://www.eeo.com.cn/2020/1120/435691.shtml.

案例评析：客户是金融营销的基础，只有满足客户的真正需要，才能获得客户的认可，进而获得行业领先地位。

二、金融客户的类型

（一）按金融市场上的交易主体划分

1. 个人客户

金融企业的客户是金融市场上进行交易的主体，其中个人客户主要是由个人和家庭组成，具有分散性、多样性、需求差异性等特点，其业务内容和范围相当广泛。个人客户参与金融交易的动机是多种多样的，并且客户具有不同的偏好，有的对利率比较敏感，有的比较关注金融机构的声誉和规模，他们往往经过深思熟虑和全面比较后作出决定。

2. 机构客户

机构客户主要是指非个人客户，包括工商企业、政府机构、金融机构、事业单位、社会团体等。随着中国市场化改革和金融市场的高质量发展，机构客户的金融需求日益多元化，相关的业务种类和业务范围更为丰富和广泛，业务金额也远远高于个人客户。根据机构的不同类型加以细分，有助于从中发现机构客户交易行为的一致性，从而有利于实现金融企业的营销目标。

工商企业，是指向市场提供产品或服务的营利性组织机构，主要包括生产性企业、流通性企业和非金融服务性企业。不同类型的企业机构，其交易行为具有各自的特色，对出售产品和服务的金融企业也会有不同的需求。

政府机构，是指为了履行政府职能而进行金融产品或服务交易的各级政府单位。政府作为特殊的机构客户群体，具有管理系统性、行业垄断性、需求综合性、客户派生性等特点，通常在金融市场上占有重要地位。

金融机构，主要包括商业银行、证券公司、基金公司、保险公司、金融租赁公司等。由于金融机构通常在金融市场中发挥中介作用，而金融机构之间的交易比较频繁，金融业务也相互联系，因此一些金融机构往往也是另一些金融机构的客户。

事业单位与社会团体，由学校、医院、研究机构等事业单位以及各种具有活动经费的社会团体组成。虽然这类机构的主要目的不是营利，但是它们也有金融需求，例如，医院需要一定的投资组合管理的操作才能实现更好发展。

（二）按金融市场上的交易需求划分

1. 筹资者

筹资者是指通过金融机构、采取适当的方式在金融市场上筹措资金的资金短缺者，他们使用资金，但是不具备资金的所有权。主要包括政府机构、工商企业、金融机构等。

2. 投资者

投资者是指在金融市场上以获取收益或资金增值为目的的资金盈余者，他们保留了资金的所有权，但出让了资金的使用权。主要包括存单持有者、债券持有者、信托或基金受益凭证持有者、股票持有者等。由于投资的对象存在差异，投资者所承担的风险以及未来获取的回报也各不相同。

3. 套利者

套利者是金融市场上以获取利润为目的的交易者，他们利用不同市场或不同形式的同类金融产品之间的价格差异来获利。与投资者不同的是，套利者更偏向于投机，投机通常可以获取较高的回报率，但它的风险也比投资要高。

4. 保值者

保值者是指通过持有一些具有保值功能的金融产品来避免或消除金融资产贬值风险的客户，如黄金购买者、艺术品收藏者、参与保值储蓄者等。

5. 信用担保者

信用担保者是在投资者和筹资者之间发挥着信用保证作用的机构，他们不改变资金的所有权，改变的只是资金的使用权。信用担保者以有效可信的形式提供信用保证，使投资者放心进行投资，确保在约定期限内按时收回投资资金和利息。主要包括商业银行、担保公司等具有良好信誉或者较强偿付能力的机构。

6. 投保者

投保者是指保险公司的客户或者保险受益凭证的持有者。投保者与保险公司签订保险合同后，根据合同履行支付保费的义务，就有权利要求保险公司按照保险凭证的约定对其保险标的物（如房产、寿命）承担保险责任。

7. 佣金获取者

佣金获取者是指在金融交易活动中以收取佣金为目的的客户，他们为了促成他人交易而从事委托、代理、咨询等业务。主要包括证券经纪人、保险经纪人、金融咨询公司等。

（三）按金融市场上的交易业务量划分

1. 大户

大户，也就是大额投资者，指金融市场上投入资金量较大、交易相对集中、交易量较大的客户，例如政府机构、企业、金融机构等。大户既可能是资金的供给者，也可能是资金的需求者。由于大户交易量大、交易集中，金融企业可以从大户的金融交易活动中获取大量的利润，因此如何挖掘和维护大客户对金融企业持续发展是至关重要的。

2. 散户

散户是指交易量较小、交易相对分散、资金实力较小的客户，主要为社会公众。由于散户资金有限并且交易次数频繁，同时人数众多，需要金融企业设立更多的营业网点，投入大量的人力物力，因此营销成本较高。但是只要金融企业可以开发出适合散户的金融产品，吸引数量众多的散户进行交易，也可以达到获取利润的目的。

任务二　影响客户进行金融交易的因素

金融企业的营销活动都要以满足客户需求为中心，因为只有满足了客户需求的金融产品才是好的金融产品，才是具有盈利能力的金融产品。营销人员为了有效地开展金融交易活动，并取得客户的满意，必须重视影响客户进行金融交易的因素。

一、影响个人客户金融交易行为的因素

个人客户的金融交易行为是受多种因素的共同影响形成的，这些因素分为外在因素和内在因素。外在因素主要是文化因素和社会因素，内在因素主要是个人因素和心理因素。

（一）文化因素

文化是人类社会历史实践过程中所创造的物质财富和精神财富的总和，它既包括人们的信仰，人们共同接受的价值观、风俗习惯、行为准则，也包括社会环境和物质环

境。文化的影响无处不在，无时无刻不在影响人们的思想和行为。在金融营销活动中，能深刻了解客户所认同的文化并把握其变化，就能够比较合理地预测客户交易行为。

1. 主流文化

主流文化是一个社会在所处时期被广泛认同的、有高度融合力的并且发挥主要影响的文化，是社会上所主要倡导的文化。每个人都生活在一定的文化氛围中，处于不同文化背景的消费者在金融交易行为上会表现出明显的差异。

对比中国和欧美的消费观念可以发现，不同国家间文化差异对金融交易行为的影响是巨大的。中国在儒家文化的影响下，人们崇尚节俭、偏好储蓄，通常不愿意超前消费，尽管随着消费主义和电子商务的发展，中国消费者特别是年轻一代的消费观念逐渐发生着变化，但传统的消费观念仍然主导着大多数人在消费和储蓄之间的平衡。而欧美国家的消费者信奉及时行乐，偏好投资和消费，因此他们往往利用信用方式先消费后还款。

2. 亚文化

每种文化都包含着更小范围的亚文化。亚文化由在共同的生活经历和环境下拥有共同价值观念的人群组成，它反映了同一个社会中各种人群的不同特征。在一个社会中，不同的地理区域、民族、宗教信仰、职业、兴趣爱好等因素形成了不同的亚文化，如民族有民族文化，企业有企业文化等。以地区亚文化为例，在我国可以划分出南方、北方、沿海、中西部等亚文化群，不同地区的环境、经济状况以及人们的生活习惯都有所不同，这些因素使得消费者的需求和交易行为存在差异。

（二）社会因素

1. 参照群体

在现实生活中，人很难离开社会群体，其思想和行为必然会受周围人的影响。那些对金融客户交易行为有直接或间接影响作用的群体就被称为参照群体。从主动上来说，参照群体通过感情相投、观点相近等途径向客户传递有用的信息，从而影响客户的行为；从被动上来说，客户将参照群体的行为作为标准，通过模仿自己所需要的、向往的参照群体的行为，从而满足自己的需求。

2. 家庭

家庭是社会组织的最基本单位。一个人在形成兴趣爱好、价值观、生活习惯，甚至是金融交易行为的过程中，家庭都起着相当重要的作用。同一家庭的成员通常会表现出相似的金融行为，而不同类型的家庭具有不同的消费倾向，对金融产品和服务也有不同的需求。如生活条件良好的中高收入家庭，他们对快捷、方便的金融产品或服务比较关注；有退休工资的老人家庭，他们倾向于低风险的、收益稳定的金融产品。

（三）个人因素

1. 年龄

不同年龄阶段的客户由于兴趣爱好、经济收入、观念都有所不同，参与金融交易活动的需求和能力也会有所不同，于是交易行为就会存在差异。同一年龄段的客户具有较大的共性特征，年轻人思维活跃，易于接受新鲜事物，交易行为容易受外界各种因素的影响，并且收入比较不稳定，通常对理财和投资的需求较少；中年人消费观比较成熟，收入稳定，对储蓄、理财和保险有较多的需求；老年人一般比较稳健，观念比较保守，往往形成了固定化的消费观念和行为，难以改变对金融产品的偏好，对新兴投资理财产品的需求不强烈。

2. 职业与收入

职业会改变一个人的消费观，不同职业的客户往往有不同的金融交易行为，如金融从业人员与医护人员对金融产品或服务的需求往往是存在差异的。收入与职业有着密切的联系，不同的职业会影响人们的收入，进而影响人们的消费模式，也会引起金融交易需求不同。一般来说，高收入人群拥有更多的闲置资金，更倾向于投资；而低收入人群往往偏好储蓄。

3. 个性

个性是一个人独有的、稳定的和本质的心理倾向和特征的总和，会对客户的金融交易行为产生一定的影响。激进型客户一般更有自信，对风险的承担能力较强并且追求更大的利益，创新的金融产品或服务对他们有较强的吸引力；保守型客户则趋向于稳定、安全的金融产品，低风险的金融产品是他们的首选对象。

（四）心理因素

1. 动机

每个人的某种需要只有达到足够强烈的程度才能够成为动机，动机是引起人们某种行为的直接原因，它能引导人们作出一定的选择，使行动向满足需要的方向和目标迈进。根据马斯洛的需求层次理论，人的基本需要分为五个层次，如图 3－1 所示，当低层次的需要得到满足时，才会追求更高一级的需要，如此逐级上升，成为推动人们继续前进的助燃剂。只有未满足的需要才会形成动机，从而影响人们的行为，当需要得到满足后就不再是一个动机。

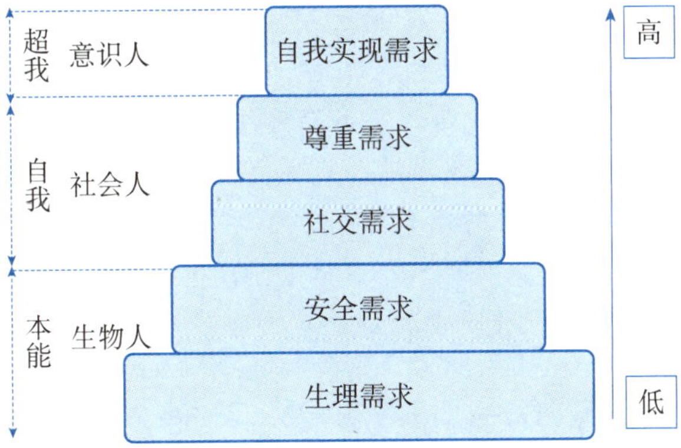

图 3－1　马斯洛需求层次理论

2. 知觉

知觉是人积极主动地对感觉信息进行加工、推理和评价的过程。感觉是知觉的基础，知觉是比感觉更高一级的反映形式。在相同的情况下，有相同动机的两个客户可能因为对情况的知觉不同而采取不同的行动。人产生不同知觉的原因在于知觉形成的过程不同：

（1）选择性注意。在能引起注意的刺激范围内，人们倾向于注意与当时需要有关的、独特的或重复出现的一部分信息，而剔除其余无关信息。当客户急于办理某项业务时，只会注意与自己需求有关的事物，此时营销人员无须对客户宣传他不会购买的金融产品。

（2）选择性理解。在处理信息的过程中，人们往往会倾向于理解符合自己看法的信息。营销人员向客户宣传产品时，反复介绍客户毫无兴趣的产品，则会适得其反。

（3）选择性记忆。人们倾向于记住那些能够支持自身经验和态度的信息。当客户在一家银行获得不愉快的体验时，他会选择另一家符合自己需要的银行进行交易。

3. 学习

人们的行为除了部分是与生俱来的以外，大部分行为，比如交易行为，是通过后天学习形成的。学习是指在生活过程中，由于经验而产生的个人行为相对持久变化的心理过程。比如，人们通过学习接受线上金融服务，获得方便快捷的经验，而不用线下排队预约。

4. 态度

态度是指人们对于某种事物所持有的相对稳定的、一致的评价与反应。态度有明显的方向和程度，对于某一金融产品，客户会根据自己的喜好作出赞成或不赞成的评价，影响客户是否进行金融交易行为。由于态度是相对稳定的、持久的，因此它是很难改变的。当客户对金融产品或服务产生否定的态度，最好的策略就是以自己的产品去适应客户而不是企图改变客户的态度。

◈案例链接

平安银行青年理财消费大数据

平安银行以其活跃客户为依托，通过挖掘和分析“85～90后”“90～95后”“95后”三个代际人群的资产、理财、消费、贷款等多维度数据，推出了青年金融行为大数据，从而了解中国青年的理财偏好及消费习惯。数据显示，经济实力强劲的“85～90后”，消费行为更成熟，投资决策更大胆，“稳中求进”是他们的理财标签；极具个性并且追求精致生活的“90后”，“凌晨活跃”是他们的消费主张；“95后”偏好信用卡超前消费，在理财方面，他们的资本和经验最少。

在理财方面，“85后”表现得相对更“大胆”。选择了“进取型”及“激进型”的客户中，“85～90后”占比是“95后”的3.4倍，而该群体在投资理财选择上也更为多样，选择外币理财的人数高于“90～95后”及“95后”。同时，由于一线城市青年的资产均值更高，他们对于高风险的理财产品接受能力更强，在理财品类上的偏好也更多样。活期理财是将近六成青年的首选，灵活、稳健是关键，其次是定期理财以及定期存款。

而在贷款方面，“85～90后”有贷款行为人数是“95后”的近4倍，其中汽车融资贷款占比44.3%，信用贷款占比45.5%。此外，三线城市青年贷款人数远超一二线城市的青年。

超前消费似乎已成为当代青年新的生活方式。数据显示，在信用卡消费偏好上，综合百货、餐饮是所有青年开支最大的两个项目，服装鞋靴也是“95后”重要消费支出，位居消费偏好TOP5，对于生活压力更小的“95后”，超前消费、吃喝玩乐是人生乐趣；而对于已经成家的“85～90后”“90～95后”，则要为家电、家具及室内装修买单。

资料来源：金融界．平安银行发布青年理财消费大数据：“稳健”是青年理财关键词　女性更具眼光和魄力［EB/OL］．（2019－04－30）［2022－01－30］．https：//baijiahao. baidu. com/s? id=1665394693708520365.

案例评析：平安银行通过洞察不同年龄层的消费习惯及理财偏好，能够更懂客户，为客户提供有针对性的金融产品和服务，全面满足广大客户的金融＋生活服务需求。

二、影响机构客户金融交易行为的因素

机构客户在进行金融交易活动时往往会作出最有利于机构运行的决策，相对于个人客户来说是理性的，但也会掺入一些个人因素。影响机构客户金融交易行为的主要因素有环境因素、组织因素、人际因素和个人因素。

（一）环境因素

环境因素是指机构客户所面临的外部环境因素，包括国家的宏观经济走势、市场需求、政治与法律状况、科学技术的发展等。例如，当经济处于繁荣、快速发展时期，资金宽裕并且利率较低，机构客户对投资的需求增加，从而对贷款的需求也增加，借贷融资方式成为首选。随着市场经济发展程度不断提高，金融市场竞争愈发激烈，金融产品不断创新以及服务质量不断改善，机构客户对金融产品以及金融产品提供者的选择余地也逐渐扩大。

（二）组织因素

组织因素是指机构客户自身存在的因素，包括自身目标、战略、办事程序、政策、组织结构等。比如，一些大型企业的金融交易行为，往往通过组织内部相关部门的负责人经过多次会议探讨来决定，可见企业具备了严密的政策和程序。在营销活动中利用组织因素，掌握影响客户交易行为的重要信息，如交易活动的最终决策人是谁，进行金融交易活动的程序是什么，评价标准是什么等，以便“对症下药”。

（三）人际因素

人际因素是指机构客户中对金融交易行为起作用的各个参与者之间的关系以及他们对交易行为的影响力。在金融交易活动中这些具有不同身份、不同级别但又相互影响的参与者，他们拥有的不同地位、职权、说服能力和利益关系，都影响着人际因素。营销人员应细心观察，通过多种途径摸清参与者的角色及重要程度和他们彼此的关系，以便采取恰当的营销对策。

（四）个人因素

个人因素包括机构客户金融交易决策中每个参与者的年龄、职位、受教育程度、个性、态度等，这些因素影响客户对金融产品的选择，从而又影响了金融交易行为。机构客户的金融交易行为实质上是个人行为的总和，是每个参与者在相互影响、相互作用下产生的，因此个人因素必定会对交易行为产生影响。

任务三　客户进行金融交易的决策过程

客户进行金融交易的决策过程是客户谨慎地对某一金融产品或服务进行评价，并选择、购买能满足某一特定需要的产品的过程。

一、个人客户金融交易决策过程

个人客户的金融交易决策过程与客户的心理活动变化息息相关，在决策过程的不同阶段，客户存在不同的交易需求和心理活动。一般来说，个人客户的决策过程分为以下五个阶段。

（一）认识需要

认识客户需要是金融交易决策过程的起点，当客户认识到一个问题或需要，就意味着交易过程已经开始。客户需要是客观存在的，可能来自个体内在的刺激，如资产保值增值、保险、投资获利，也可能来自外部刺激，如金融企业的宣传广告、国家金融政策调整。只有了解客户的需要和问题，明确何种环境、何种刺激因素能使客户对某种需要产生兴趣，才能有针对性地开展营销活动。

（二）收集信息

当客户对某种需要或问题进行确认之后，他可能会去收集有关的信息，为其作出交易决策提供依据。客户获取信息主要有四种途径：公共来源，主要是新闻媒体、政府机构、评价机构等；商业来源，主要是广告、金融营销人员、产品包装等；个人来源，通过与亲朋好友、邻居、同事等个人交往中获取的信息；经验来源，主要源于客户自身的经验体会等。信息来源的相对影响力对于不同客户来说是有差异的。一般来说，商业来源是客户获取信息的主要来源，个人来源则是最具影响力的来源，并且往往得到客户较高的信任度。经验丰富的客户对商业和公共来源所提供的信息关注度较低，他们更愿意参考经验信息。

（三）评价方案

金融交易客户在充分收集了有关信息之后，通过整理形成不同的交易方案，然后按照一定的评估标准、评估方法进行评价和选择，为作出交易决策打下基础。由于形成的交易方案多种多样，每个客户的个人、心理等因素存在着差异，于是在交易决策中会使用不同的方案评价程序和评价标准。

（四）作出决策

客户对金融产品进行评价后，会形成对某一品牌的偏好，从而产生交易意愿，但最终是否形成交易决策还存在很大的不确定性。从交易意愿到交易决策之间，还受到以下因素的影响：他人态度，主要包括他人赞成或反对的强烈程度、他人与消费者之间的密切程度；预期环境以及非预期环境的影响，如客户收入、金融产品价格、营销人员服务质量等因素。营销人员应该充分利用影响最终决策的各种因素，消除干扰因素，扭转客户的交易意向。

（五）交易后评价

客户完成交易后，仍然会对自己的交易行为进行评价，检验此次交易的正确性以及满意度，客户正面或负面的评价决定了今后是否参与相关金融交易活动。客户产生负面的评价往往有很多原因，例如，营销人员在销售中夸大金融产品收益导致与实际不符。因此，营销人员应该客观地向客户介绍金融产品和服务的性能，避免拔高客户的期望。同时，对于客户的负面评价要妥善处理，了解客户不满意的真实原因，诚心道歉并加以弥补，从而消除或减轻客户的负面情绪。

二、机构客户金融交易决策过程

机构客户的金融交易决策过程比较复杂，并且周期较长，而重复交易的决策过程往往会被简化。每个机构客户都有自己独特的交易要求，但是决策过程也会被不断重复，一般要经过以下七个环节。

（一）引出需求

机构客户金融交易行为是从引出交易需求开始的，当机构中的一些人员意识到组织的某一需求可以通过获得某种金融产品和服务而得到满足时，就意味着金融交易活动开始了。机构客户金融需求可能由内部刺激引出，也可能由外部刺激引出。内部刺激主要是由于组织内部的生产经营等需要产生的，如筹集和使用资金、购买职工保险等。外部刺激则源于金融机构的宣传广告、营销人员的推销等。

（二）确定需求

确定需求是指当机构客户意识到自身有金融需求后，根据目前的经营情况和对未来经济状况、经营需求的预判，确定所需金融产品的特征、数量、规格、服务要求等。由于不同的金融产品在特征、交易条件上存在差异，因此在这一阶段机构客户要按照金融产品的特点选择符合自身需求的产品。

（三）寻找金融企业

寻找供应金融产品和服务的金融企业是了解金融产品市场的过程，是机构客户在进行金融交易活动的重要环节。机构客户可以从资产规模、机构业绩、声誉、服务质量等方面进行比较分析，找出符合条件的几家金融企业作为备选。多个供应商能够拓宽金融产品的选择余地，增强组织在谈判中的地位。

（四）征求供应方案

在选择了几家供应金融产品的金融企业之后，机构客户会与这些金融企业进行具体交流，要求提供详细的书面方案或正式的口头陈述作为参考。金融企业的供应方案建议书一般包括以下内容：金融企业的资金实力、规模大小，金融产品的价格、优惠内容、交易条件等。供应方案建议书不仅仅是介绍金融产品的文件，更是营销文件，要通过书面或口头的形式，充分显示自身与众不同的优势，从而获得机构客户的认可。

（五）选定金融企业

机构客户对备选的金融企业进行评价和分析之后，会从中选定最佳的供应商。不同的机构客户由于具有不同的自身特点和行业特点，在选择供应产品的金融企业时往往会关注不同的因素。一般而言，选定金融企业的标准包括金融产品和服务的质量、金融企业的规模与实力、过去的业绩与声誉、与客户的沟通、交易的便利性、价格等。这些标准的重要程度对不同机构客户来说是不一样的，营销人员需要了解客户在选定金融企业时最看重的评价标准，有针对性地提供金融产品和服务，达到与机构客户顺利合作的目的。

（六）签订交易合同

机构客户选定供应产品的金融企业之后，就会争取签订交易合同，确定供求关系，明确双方的权利与义务。交易合同是双方通过谈判，就金融产品和服务的细节和规定进行协商，使双方达成一致协议的交易约定。

（七）表现回顾

机构客户在完成交易后会回顾金融企业的表现，评价金融产品和服务是否与承诺相符，从而决定是否继续或适当调整与这家金融企业的合作关系。因此，要与机构客户保持密切的沟通，收集客户的评价与建议，消除不必要的误会，不断改善产品和服务，提高客户的满意度。

任务四　金融客户营销策略

金融企业的营销活动是围绕客户进行的，营销人员在开发客户的过程中发现商机，通过接近客户了解客户的需求，从中找出业务的切入点，并经过深入交流与谈判，从而促成交易。

一、客户开发策略

一家金融企业要想在市场上获得长久的竞争能力，就必须牢固树立以客户为中心的理念，除了维护好老客户以外，还需要开发新客户。客户的开发是从寻找新客户开始的，没有客户便不能进行金融产品营销，只有充分挖掘潜在客户，才能推动其他环节的营销工作顺利进行。

（一）熟人拓展策略

熟人拓展策略是指营销人员将金融产品直接推荐给熟悉的人，如亲戚、朋友、同学、同事、邻居等。通过熟人拓展策略来开发客户，充分利用了营销人员自己的人际关系，这类客户往往容易接近，能够相互信任，容易掌握有关信息，可以更顺利地营销产品，但也要避免使对方产生人情压力。

（二）连锁介绍策略

客户开发就是通过建立一个客户网络来实现人与人之间交流的过程。连锁介绍策略，即营销人员通过熟人或者现有的客户来拓展客户，在现有客户的推荐帮助下获得新的客户，与这些新客户建立友好关系后，再通过他们来进一步发展其他准客户，以此类推，运用这样的连锁形式逐步扩大客户群。运用这种策略需要营销人员保持良好的业务形象，积累和发展各种关系，将现有客户培养成忠实客户，这将有利于得到与准客户见面的机会。

（三）资料查询策略

营销人员通过查阅各种信息资料来寻找那些符合条件的客户。客户的信息资料可能来源于政府部门提供的资料、有关行业协会公布的目录、财经类杂志报纸、相关行业网络、工商管理公告、企业内刊等。这种策略能够较快地了解市场容量和准客户信息，同时能够最大限度减少工作的盲目性，提高工作效率。

（四）陌生拜访策略

这是最艰难的策略，营销人员通过主动拜访陌生的潜在客户，宣传金融产品信息，了解客户需求，从而建立合作关系。营销人员可以选择特定区域，挨家挨户地进行访问，向客户提供企业和产品信息等资料并加以介绍。这种策略尽管耗费了大量的人力和时间，而且容易遭到拒绝，但是它不会遗漏任何有价值的客户，能够获取大量的信息，了解更多客户的建议和需求。

（五）直接邮寄策略

营销人员通过邮寄信件的方式来开发客户，可以向目标客户邮寄业务目录，也可以把一些经过特别设计的、具有吸引力的宣传资料直接寄发给潜在客户，向他们详细介绍金融企业的基本信息、个性化金融产品以及联系方式。利用这种策略能够联系上许多不认识的人，为传递产品信息和接近目标客户提供了机会，但是无法保证回报率，很可能得不到客户的回应。

（六）团体开拓策略

选择一个相对稳定的社会团体作为营销目标，在团体管理层的支持下，在团体所在地向成员销售金融产品，进行团体开拓。对于同一个团体的客户来说，他们往往具有共同的兴趣、共同的需求，营销人员能够在同一时间对多个客户进行营销，有较强的购买力，产生良好的连锁效应。但是需要花费大量的时间，要安排固定的营销人员对选定的团体进行长期的服务。

❖案例链接

邮储银行婺源县支行积极开展外拓营销工作

为进一步提高市场占有率，提升客户满意度，邮储银行婺源县支行积极开展外拓营销工作，打通了服务客户的最后一公里。营销中，婺源县支行的工作人员身穿蓝色工作服、骑着小电动穿梭于大街小巷，在炎炎烈日下格外耀眼。

该支行外拓营销的重点是二维码收单业务，首先，通过集体学习收单业务知识，熟悉操作流程，掌握使用要点，不断提高营销专业水平和技能。其次，充分发挥交叉营销资源共享优势，获得有价值的客户信息，确定目标客户和市场，对客户资源信息进行整理，制定合理的外拓路线。最后，外拓人员依次上门服务，向客户热情介绍收单业务的具体情况以及与同行业相比所占的优势，并耐心地为客户解答疑惑，专业的业务操作技能和细致周到的服务得到了客户的认同。同时，还现场向客户介绍手机银行、信用卡、理财等邮储银行的优势产品，并利用移动终端设备现场为客户办理手机银行、开户等业务，使客户享受上门办理业务"一揽子"服务。

资料来源：金燚．邮储银行婺源县支行积极开展外拓营销工作［EB/OL］．(2019-07-30)［2022-01-30］．http://finance.jxnews.com.cn/system/2020/07/30/018989738.shtml.

案例评析：邮储银行婺源县支行通过各种策略积极开发客户，在外出工作中获得了有价值的客户资源。在"走出去"营销中，进一步稳固了邮储银行品牌优势，提升了客户的满意度，得到了客户的好评。

二、客户接近策略

接近客户的过程，不仅需要展示所要营销的金融产品和服务，还要向客户展示营销人员自身的素质与魅力。但是在营销中经常会遇到客户置之不理的情况，打破冷淡气氛成为一个巨大的难题。因此，金融营销人员需要掌握一些客户接近策略，这样才能与客户顺利接触，进而有更多的交流机会。

（一）自我介绍策略

自我介绍策略是一种最基本的客户接近策略，营销人员通过自我介绍的方式接近准客户，进而介绍企业和产品。这种方法很难真正吸引到客户的注意力，除非客户有很强的购买欲望。实际上，客户对营销人员的自我介绍是毫无兴趣的，他们只关心介绍的金融产品是否是自己所需要的，如果客户毫无购买意愿，就完全不需要自我介绍。

（二）他人介绍策略

他人介绍策略是在他人的帮助下，通过电话、邮件以及当面介绍等形式来接近客户的方法。介绍人与客户的关系越紧密，介绍的效果就越好，营销人员就能够顺利接近客户，并增强客户的信任，排除交流障碍。

（三）利益接近策略

营销人员在开展业务活动时，通过强调金融产品的收益与保障来引起客户的注意和兴趣，从而达到接近客户的目的。运用这一策略销售产品，语言可以平实无奇，但是一定要表明购买产品可以带来好处，引起客户的购买兴趣。尤其是面对企业客户时，所得利益是他们最为关注的，营销人员需要提供一套满足他们利益并且符合实际的方案。

（四）馈赠接近策略

营销人员可以向客户赠送礼品，从而引起客户的注意和好感，达到接近客户的目的。用一些小而有意义的礼品作为接近客户的见面礼，形成融洽的氛围，在友好的环境下适时推销金融产品。

（五）赞美接近策略

这一策略是利用人们求美、希望得到他人尊重与认可的心理，通过赞美的方式来接近客户。任何人都是喜欢被他人称赞的，但是赞美一定要出于真心，切合实际。营销人员需要细心且不露声色地观察客户，善意承认并赞美客户的优点，要注意语气诚恳、态度良好，讲究赞美的方式，让客户感到身心愉悦。

（六）调查接近策略

调查接近策略是营销人员利用调查机会来接近客户的方法。比如发放关于大众对于某项金融产品的认识以及对金融产品需求的调查问卷，了解大众的看法和建议，从而引出话题。运用这一方法要提前做好准备，明确调查内容，突出重点。适当的调查方法能够消除客户的防备心理，比较容易被客户接受，从而顺利接近客户。

三、与客户交易谈判策略

为了与客户成功交易，金融营销人员应该根据客户、环境的不同，采取正确的与客户交易谈判的策略，这将有利于掌握谈判的主动权，控制整体局势，减少与客户的冲突，使金融企业的利益最大化。

（一）声东击西策略

声东击西策略是营销人员为了在谈判中获得有利条件，不露痕迹地将话题引到某些无关紧要的问题上，以达到扰乱视线的效果。在谈判中，金融营销人员可以利用谈判主题转换、游移不定，或者对一些细节性的、不构成威胁的问题进行反复强调，转移客户的注意力，从而在对方毫无警觉的情况下，获得有利的谈判条件并顺利实现交易。需要注意的是，该策略的采取，是以正常的客户需求得到满足为前提的，在此基础上通过合理地运用策略为金融企业争取有利的条件。

（二）红脸白脸策略

这种策略需要两个营销人员参与谈判，“唱白脸”人员，要态度坚决，尽可能采取毫不妥协的谈判方式；“唱红脸”人员，要态度友善，尽可能考虑客户的要求，与客户平和地进行分析谈判。在谈判中，通过“先兵后礼”的方式使客户转变立场，从而打破僵局促成交易。使用这一策略要注意角色的恰当性，必须在谈判前确定好营销人员的角色，这样才能达到预期的谈判效果。

（三）投石问路策略

投石问路策略是指通过向客户询问各方面的问题来观察他的反应，根据客户的反应作出相应的回应，以便在谈判中作出正确的决策。当客户发出交易信号但意图不明确时，或者双方坚守各自立场、已方无计可施时，就可以采用这一策略。运用这一策略的关键在于选择合适的问题进行交谈，客户要对这一问题感兴趣并且无法拒绝，这样才能获得有用的信息，从而在与客户交易谈判中占据有利位置。

（四）循循善诱策略

在谈判过程中，营销人员通过设计一系列问题，利用客户的回答惯性，不动声色地推行自己的方案，从而实现交易。当客户对某金融产品表示肯定时，要趁热打铁，马上促成交易；当客户表示否定，提出异议时，要立即解决客户的疑问，尽可能扭转客户对产品的态度。运用这一策略需要小心谨慎，做到有理有据，让客户感到心服口服。

（五）激将促成策略

激将促成策略是指在谈判中，利用客户的好胜心、自尊心来促成客户金融交易行为的策略。不是直接向客户提出交易，而是通过间接的形式，用某种语言和语气来暗示客户，让其下定决心去交易。这种策略在使用时要把握好适度原则，在适当的时候用语言能够激励客户的交易欲望，但是如果过度使用，失去分寸，将会伤害客户的自尊心，不利于金融企业今后的发展。

（六）最后通牒策略

在谈判中双方难以达成共识，而金融企业在谈判中处于有利地位，为了迫使客户作出让步以接受自己的交易条件，可以向客户发出最后通牒。客户需要在规定最后期限内作出让步，如果客户不接受最后的交易条件，金融企业将退出谈判。这种策略向客户施加了巨大的压力，以强硬态度将客户逼到了毫无选择的境地，是一种风险较高但效果显著的策略。

素养提升

为了加强对证券经纪人的监管，规范证券经纪人的执业行为，保护客户的合法权益，根据《证券法》和《证券公司监督管理条例》，制定了《证券经纪人管理暂行规定》(下称《暂行规定》)，于2009年4月13日起开始实施，并于2020年进行了修订。

根据《暂行规定》，证券公司可以通过公司员工或者委托公司以外的人员从事客户招揽和客户服务等活动。委托公司以外的人员的，应当按照《证券公司监督管理条例》规定的证券经纪人形式进行，不得采取其他形式。上述所称证券经纪人，是指接受证券公司的委托，代理其从事客户招揽和客户服务等活动的证券公司以外的自然人。

《暂行规定》明确了证券经纪人在执业过程中，可以根据证券公司的授权，从事下列部分或者全部活动：(1) 向客户介绍证券公司和证券市场的基本情况；(2) 向客户介绍证券投资的基本知识及开户、交易、资金存取等业务流程；(3) 向客户介绍与证券交易有关的法律、行政法规、证监会规定、自律规则和证券公司的有关规定；(4) 向客户传递由证券公司统一提供的研究报告及与证券投资有关的信息；(5) 向客户传递由证券公司统一提供的证券类金融产品宣传推介材料及有关信息；(6) 法律、行政法规和证监会规定证券经纪人可以从事的其他活动。

《暂行规定》强调证券经纪人从事客户招揽和客户服务等活动，应当遵守法律、行政法规、监管机构和行政管理部门的规定、自律规则以及职业道德，自觉接受所服务的证券公司的管理，履行委托合同约定的义务，向客户充分提示证券投资的风险。证券公司应当建立健全客户回访制度，指定人员定期通过面谈、电话、信函或者其他方式对证券经纪人招揽和服务的客户进行回访，了解证券经纪人的执业情况，并作出完整记录。负责客户回访的人员不得从事客户招揽和客户服务活动。

资料来源：关于修改部分证券期货规范性文件的决定［EB/OL］.（2020-03-20）［2022-02-10］. http://www.csrc.gov.cn/pub/zjhpublic/zjh/202003/t20200320_372442.htm.

项目小结

- 金融营销的客户
  - 金融营销客户的类型
    - 金融客户的定义
    - 金融客户的类型
      - 按金融市场上的交易主体划分
      - 按金融市场上的交易需求划分
      - 按金融市场上的交易业务量划分
  - 影响客户进行金融交易的因素
    - 影响个人客户金融交易行为的因素
      - 文化因素
      - 社会因素
      - 个人因素
      - 心理因素
    - 影响机构客户金融交易行为的因素
      - 环境因素
      - 组织因素
      - 人际因素
      - 个人因素
  - 客户进行金融交易的决策过程
    - 个人客户金融交易决策过程
      - 认识需要
      - 收集信息
      - 评价方案
      - 作出决策
      - 交易后评价
    - 机构客户金融交易决策过程
      - 引出需求
      - 确定需求
      - 寻找金融企业
      - 征求供应方案
      - 选定金融企业
      - 签订交易合同
      - 表现回顾
  - 金融客户营销策略
    - 客户开发策略
      - 熟人拓展策略
      - 连锁介绍策略
      - 资料查询策略
      - 陌生拜访策略
      - 直接邮寄策略
      - 团体开拓策略
    - 客户接近策略
      - 自我介绍策略
      - 他人介绍策略
      - 利益接近策略
      - 馈赠按近策略
      - 赞美接近策略
      - 调查接近策略
    - 与客户交易谈判策略
      - 声东击西策略
      - 红脸白脸策略
      - 投石问路策略
      - 循循善诱策略
      - 激将促成策略
      - 最后通牒策略

教学一体化训练

【重要概念】

个人客户　机构客户　金融交易行为　决策过程

【课后自测】

一、单项选择题

1. 个人客户进行金融交易的主体是个人或（　　）。

A. 集体　　B. 家庭　　C. 社会　　D. 单位

2. （　　）是引起人们某种行为的直接原因，它能引导人们作出一定的选择，使行动向满足需要的方向和目标迈进。

A. 态度　　B. 需要　　C. 偏好　　D. 动机

3. （　　）是金融交易决策过程的起点。

A. 消费动机　　B. 需要　　C. 外在刺激　　D. 触发诱因

4. 一般来说，（　　）是最具影响力的来源，并且往往得到客户较高的信任度。

A. 商业来源　　B. 公共来源　　C. 个人来源　　D. 经验来源

5. 与客户进行谈判时，应采取恰当的策略。（　　）是营销人员为了在谈判中获得有利条件，不露痕迹地将话题引到某些无关紧要的问题上，以达到扰乱视线的效果。

A. 声东击西策略　　B. 投石问路策略

C. 红脸白脸策略　　D. 循循善诱策略

6. 在谈判中双方难以达成共识，而金融企业在谈判中处于有利地位，为了迫使客户作出让步以接受自己的交易条件，可以采用（　　）策略。

A. 激将促成策略　　B. 投石问路策略

C. 中途换将策略　　D. 最后通牒策略

二、多项选择题

1. 根据金融市场上的交易需求来划分金融客户，包括（　　）。

A. 机构客户　　B. 个人客户　　C. 大户　　D. 散户

2. 个人客户的金融交易行为是受多种因素的共同影响形成的，其中个人因素主要包括（　　）。

A. 年龄　　B. 职业与收入　　C. 社会阶层　　D. 个性

3. 人产生不同知觉的原因在于知觉形成的过程不同，包括（　　）。

A. 选择性注意　　B. 选择性理解　　C. 选择性学习　　D. 选择性记忆

4. 影响机构客户金融交易行为的因素主要有（　　）。

A. 环境因素　　B. 组织因素　　C. 人际因素　　D. 个人因素

三、判断题

1. 套利者是指在金融市场上以获取收益或是资金增值为目的的资金盈余者。（　　）

2. 参照群体可以通过感情相投、观点相近等途径向客户传递有用的信息，从而影

响客户的行为。(　　)

3. 机构客户的金融交易行为实质上是个人行为的总和，是每个参与者在相互影响、相互作用下产生的。(　　)

4. 金融客户在产生交易意愿后，对于最终是否形成交易决策还存在很大的不确定性。从交易意愿到交易决策之间，还会受到他人的态度、预期环境以及非预期环境的影响。(　　)

5. 熟人介绍法能够较快地了解市场容量和准客户信息，同时能够最大限度减少工作的盲目性，提高工作效率。(　　)

四、简答题

1. 简述金融客户的含义及类型。
2. 影响个人客户以及机构客户金融交易行为的因素有哪些?
3. 简述个人客户金融交易决策过程。
4. 简述机构客户金融交易决策过程。
5. 简述金融客户营销策略的具体内容。

五、案例分析

“90后”“95后”的理财行为

“还完这一期花呗，我就要关掉它了。”2020年4月8日，在外贸企业上班的王先生还完自己花呗分期账单的最后一期欠款，关闭了花呗。由于公司外贸订单业务停滞，他在家待了快四个月，虽然每月基本工资还在照常发，但对未来收入的不确定性，使王先生开始理智面对消费：决定不提前消费！取而代之的是把一些积蓄放进小额理财产品中。像王先生这样燃起“理财欲望”的人不在少数。支付宝数据显示，整个3月份，在支付宝理财社区上讨论理财话题的人数环比2月份增长了两倍多，用户在社区的提问增长了一倍。进入后疫情阶段，存钱、了解行情、理财成了很多人的“避险”首选。

1. 年轻人的理财：为对抗风险更为克制“消费欲”

超前消费人群中，“90后”人群占了大多数，他们更是花呗、借呗、白条等互联网借贷产品的主要用户。苏宁金融研究院的《90后人群消费趋势研究报告》显示，超前消费是“90后”人群的常态，2018年，我国“90后”短期消费贷款超过3万亿元，约占全年短期贷款总规模的三分之一，而钱不够、能满足超前消费的需求是“90后”用户选择消费金融产品的首要原因。对超前消费的热衷，也让“90后”成为消费贷款的主力军。据融360调查，从年龄上看，贷款人群中“90后”占比最高，达49.31%。这些消费现象都使花呗、借呗、白条等互联网借贷产品极受欢迎。

疫情之前，“95后”志勇与身边的大多数朋友一样，总是通过信用卡、花呗、白条等提前消费，到了次月发了工资再还上，所谓“明天的钱今天用”。但这次疫情后，他突然明白拥有对抗风险的能力多么重要，而这份能力就来自存款。他开始学习理财，希望把头一年存下的积蓄放进理财产品里。

其实，对于像志勇这样的“90后”“95后”来说，理财收益不是最重要的，防“剁手”、克制消费才是他们想要的。“以前都把余钱放在余额宝里，看到想买的、想吃的就消费，不知不觉里面的钱就越来越少。现在把钱放在理财产品里，转出和转入都不是即时到账的，能起到防止‘剁手’的功效。”志勇笑着说。

2. 借呗、花呗等提前消费放缓

与越来越多人学习理财相对应的是，不少人在使用借呗、花呗时更节制了。因为收入不如之前稳定，如果花呗不及时还款可能会影响征信，而且还会产生逾期罚息，逾期费用等于逾期金额乘以 0.05%。其次，花呗分期还款要收取手续费，虽然分摊数额不大，但对于眼下收入不稳定的人来说，也是不小的压力。

在这样的形势下，各个互联网平台上顺势上架了更多的理财产品。但理财总有风险，要尽量避免理财误区。支付宝理财社区里一项调查结果显示，8 成用户理财靠自己“摸索”，只有 19%的人认为应该相信专业的顾问。这样的选择背后，折射出许多人有一颗想理财的心，却不知从何下手的现状，也许就会导致“病急乱投医”。

资料来源：杭州网．90、95 后突然关了花呗　理财背后为控制消费欲［EB/OL］.（2020 - 04 - 14）［2022 - 02 - 10］. https：//baijiahao. baidu. com/s? id=1663913306214608242&wfr=spider&for=pc.

阅读材料，回答以下问题：

1. 结合案例，说明影响“90 后”“95 后”金融交易行为的因素有哪些。
2. 分析个人客户通过怎样的过程作出金融交易决策。

职业技能训练

1. 训练目标

（1）使学生了解不同的金融客户类型，能够独立展开营销活动。

（2）培养学生与客户有效沟通的能力。

2. 训练内容

（1）通过市场调查，分析某金融产品的消费者群，并深入了解能影响此类群体的主要因素，从而采取针对性强的营销策略。

（2）根据某一金融产品的特性，制定详细周密的客户开发和接近策略，准确选择和运用与客户交易谈判策略。

3. 训练评价

（1）准确分析金融客户的类型。（20 分）

（2）明确客户金融交易行为。（30 分）

（3）深度开发和接近金融客户，营造良好的谈判氛围。（30 分）

（4）语言表达清晰，实现有效的沟通。（20 分）

项目四

金融 STP 战略

知识目标

1. 了解STP战略的基本内容，理解金融市场细分、目标市场选择、市场定位等基本概念。
2. 了解金融市场细分的标准和流程。
3. 掌握目标市场选择的三种策略和影响因素。
4. 熟悉金融市场定位的方法、层次和步骤。

能力目标

1. 具备对金融市场进行有效细分的能力。
2. 具备综合运用目标市场选择策略对目标市场进行有效选择的能力。
3. 具备在目标市场上进行精准定位，帮助金融企业完成营销目标的能力。

素养目标

1. 能够理解金融企业进行市场定位、实现盈利目标的同时，还要勇于承担社会责任、积极响应国家政策。

2. 通过对金融STP战略的学习，能够正确制定金融营销战略，培养观察和分析金融问题的能力，提高职业素养。

案例导入

北京银行坚守“服务中小企业”根本定位

2021年，北京银行成立25周年。25年来，北京银行一路乘势而上、开拓创新，实现了跨越式的发展，打造了首都金融业优秀品牌。

1. 助力小微企业茁壮成长

作为一家中小银行，北京银行深知小微企业创业之艰难、发展之不易，因此从成立之初就确立了“服务中小企业”的发展定位，用实际行动铸就了服务小微企业的优质品牌。在2007年正式推出“小巨人”中小企业融资服务品牌，打造了涵盖初创、成长、成熟整个企业生命周期，包含50余种产品的“小巨人”产品体系，包括适合于初创期企业的创业贷、见贷即保、文创普惠贷等准信用、标准化产品，降低小微企业融资门槛；适用于成长期企业的成长贷、智权贷、永续贷等产品，提升信贷灵活性；适用于成熟期企业的并购贷款、融信宝、主动授信等产品以及债券承销、现金管理等，为小微企业提供多元化金融服务。

同时，北京银行不断摸索总结，创新推出小微特色支行、信贷工厂等特色模式，持续提升普惠金融专职专业化水平。总行层面，强化小企业事业部对民营、小微业务的前中后台集约化管理，贴合首都文化中心、科技创新中心战略定位，成立文化金融中心、科技金融中心，加大文化、科技领域小微企业支持力度。

2. 打造两大特色品牌

差异化、特色化是中小银行的生存之道、立行之本，同时也是北京银行公司业务重点打造的方向。

25年来，北京银行充分依托首都北京作为全国科技创新中心、文化中心的区位优势，积极推动金融资源与首都丰富的科技、文化资源紧密结合，打造了鲜明的科技金融、文化金融服务特色。目前，科技金融、文化金融贷款全行占比接近15%，成为推动北京银行高质量发展的重要增长极。

3. 创新拓宽发展空间

在发展中，北京银行投行业务坚守服务实体经济的初心本源，围绕企业融资需求，逐步建立了涵盖债务融资工具、资产证券化、银团贷款、并购业务、机构理财销售、财务顾问撮合、标准化票据承销等在内的11大类共计36个产品，形成了覆盖企业发展全生命周期的一站式综合服务产品体系。

目前，北京银行交易银行业务全力推进各类产品投研能力和高技术含量服务输出能力提升，向“支付结算”“贸易融资”“跨境金融”“网络金融”“财资管理”五大板块转型初见成效，各业务板块生态圈已初具规模并呈现出协同发展的良好态势。

面对未来，北京银行将紧抓“十四五”时期各项业务发展机遇，加快信贷结构调整，大力支持首都建设、京津冀协同发展、长三角一体化、粤港澳大湾区等区域战略，积极服务“两新一重”、高端制造业、战略性新兴产业等重点领域。

同时，围绕科技自立自强和文化强国建设，进一步打造科技金融、文化金融升级版。加快数字技术对公司业务前中后台的体系化再造，积极构筑在数字普惠金融、机构业务生态场景等领域的全新竞争优势，不断提升对“双循环”新发展格局的金融服务能力。

资料来源：简宁．北京银行坚守“服务中小企业”根本定位　创新公司业务高质量发展［EB/OL］．(2021-01-15)［2022-02-19］．https：//www.chinatimes.net.cn/article/103808.htm.

【感悟】

北京银行的成功与其清晰的客户定位有着密切的关系，北京银行通过不断摸索总结，坚持特色化、差异化发展，为小微企业提供了多元化的服务。在经济高速发展的时代，金融企业应该正确选择目标市场，坚持清晰的市场定位，从而在激烈的市场竞争中占据有利地位。

任务一　金融市场细分

金融 STP 战略由金融市场细分（Segmentation）、目标市场选择（Targeting）和市场定位（Positioning）三个阶段构成，通过对市场进行细分发现目标客户，并以此为根据正确选择目标市场，最后进行市场定位，其中，金融市场细分是 STP 战略的基础和起点。

一、金融市场细分的含义与作用

（一）金融市场细分的含义

金融市场细分是指根据客户的需求、偏好、购买行为和购买习惯等方面的差异，把具有异质性的整个市场划分为若干个需求大致相同的子市场，从而有利于金融企业采取特定的营销战略来满足不同客户的需求，实现经营目标的过程。

客户需求的差异性和相似性是市场细分的主要依据。一方面，不同客户对金融产品和服务的需求总是呈现出一定的差异，不同的细分市场由具有不同需求的客户构成；另一方面，同类客户在社会环境、家庭、年龄以及消费倾向上存在一定的相似性，对金融产品和服务也会有相同或相似的需求。实际上，市场细分不是对金融产品和服务进行细分，而是对具有不同需求的客户进行分类。

（二）金融市场细分的作用

1. 有利于发掘新的市场机会

市场机会是指金融市场上那些尚未得到满足或者未得到充分满足的消费需求。通过市场细分，金融企业可以深入了解各细分市场需求的差异性，对每个细分市场的购买潜力、满足程度、竞争情况等进行分析对比，发现那些尚未得到满足或者未得到充分满足的需求，如果能够满足这些需求，就可以作为自己的新的市场机会。

2. 有利于制定有效的营销策略

细分后的金融市场更加具体和明确，比较容易了解客户的需求特征以及客户对不同营销措施的反应。金融企业可以根据自身实际状况和不同细分市场的特点，确定自己的目标市场，有针对性地制定营销策略，对不同的细分市场提供不同的金融产品，而对同一金融产品采取灵活的营销手段。同时，细分市场上的信息易于获得，一旦发现客户的需求有变化，可以迅速改变营销策略，对金融产品和服务的种类、价格、风险承担方式等进行调整，以适应市场需求的变化。

3. 有利于增强竞争优势

通过市场细分，金融企业就可以选择一个能充分发挥自身优势的细分市场作为目标市场，将有限的人力、物力、财力等资源集中投入这一目标市场，在局部市场上形成一定的优势，从而占领自己的目标市场。金融企业把自身经营条件与市场需求结合起来，使营销工作能够集中在某一细分后的市场，利用竞争对手的弱点，发挥自身优势，将对方的客户和潜在客户转化为自己的客户，增强了市场竞争力。

4. 有利于提高经济效益

金融企业通过市场细分，可以针对自己的目标市场，开发出适销对路的金融产品，既能满足市场需求，又能增加收入。同时，根据细分市场客户的需求特征，不断调整和创新金融产品，牢牢掌握客户的消费心理，以满足客户不断变化的新需求，从而全面提高金融企业的经济效益。

二、金融市场细分的原则

在对金融市场进行细分时，适度有效的市场细分一般要遵循以下原则。

（一）可衡量性

可衡量性是指各个细分市场的规模、购买力是可以通过具体的量化指标进行测量的。金融企业所选择的各个细分市场应该有区别于其他细分市场的明显特征，不同细分市场的规模和边界应清楚并能进行区分。否则，金融市场细分之后将无法确定目标营销客户，面临营销失败等风险，市场细分就失去了意义。

（二）可进入性

可进入性是指金融企业有能力进入某一细分市场，并在市场中提供满足客户需求的金融产品和服务。细分市场要考虑自身的经营能力和营销活动的可行性，金融企业能通过广告宣传把信息传递给市场中的大多数消费者，并且产品能通过一定的渠道抵达该市场。

（三）盈利性

盈利性是指细分市场应该具有一定的规模和购买力，使金融企业在开发和提供服务后，除去新开发金融产品的成本和营销费用外，还能有所盈利。因此，金融市场细分要适度，如果规模过大，金融企业很难顾全大局，无法享受市场细分所带来的好处；如果规模过小，金融企业将没有足够的交易业务量，难以确保盈利水平。

（四）差异性

差异性是指每个细分市场的差别是明显的，每个细分市场对不同的营销活动会产生不同的反应。如果不同细分市场的客户对某一金融产品的需求差异不大，购买行为上存在相似特征，此时的市场细分是没有意义的。

（五）可发展性

可发展性是指细分市场在未来的一段时间内有较好的发展空间，通过金融企业的开发能发展成一个规模较大的、具备一定创新能力的市场，能够为金融企业带来长远持久的利益。

三、金融市场细分的标准

由于市场细分的标准是针对整个市场而言的，而影响客户需求差异性的因素较多，因此不同客户市场细分的标准也会有所不同。在金融市场细分的过程中，通常将个人客户和机构客户分别按不同的标准进行细分。

（一）个人客户市场细分标准

由于个人客户在年龄、性别、收入、职业、行为习惯和生活环境等方面存在差异，他们对金融产品和服务有着不同的需求，因此，金融企业很有必要对个人客户市场进行细分，一般有以下四个标准。

1. 地理标准

地理标准是指金融企业按照客户所处的地理位置、自然环境来细分市场，可以将国家、地理方位、城市规模、气候、人口密度等作为依据来划分市场。相同地理环境下的客户可以划分为一个细分市场，而不同地理环境下的客户有不同的消费观、价值观和购买特征，对同一金融产品往往会有不同的需求和偏好，因此，营销人员应该根据个人客户不同的地理位置和自然环境而采用不同的营销策略。比如，城市客户对理财产品的青睐度较高，需要开发多元化的金融产品和服务，而农村客户对储蓄类产品的偏好更强，需要广设位置优越、交通便利的服务网点。

2. 人口标准

人口标准是指根据人口的特征，比如年龄、性别、职业、受教育程度、家庭人口等来进行市场细分。这些人口标准比较容易衡量，有关数据相对容易获得，并且与客户的需求有着密切联系，由此构成了金融市场细分的重要依据。比如，根据个人客户的收入划分，高收入者工作繁忙，社会经验丰富，偏爱中介机构为其理财，容易接受新型的金融产品；中等收入者职业稳定，倾向于消费理财和投资理财，规避高风险金融产品；低收入者存在诸多不稳定因素，倾向于储蓄存款，一般不进行投资理财。

❖案例链接

渤海银行推出“保安员证联名卡”

“保安员证联名卡”是渤海银行专为保安员打造的个性化专属联名借记卡，卡片独创的“卡证合一”设计将保安员资质证书与金融卡片结合，融入肖像、个人信息、二维码等资料，取代了原始的纸质版证书，解决了纸质版证书易损坏、易伪造等问题，是一款集金融功能与保安员资格证信息于一体的金融创新。

此外，为更好服务持卡客户，渤海银行为联名卡配置了代发工资功能，让企业足不出户即可轻松实现薪资发放，解决了以往保安员工资无法快速到账的问题。该项联名卡还享有免除年费、小额账户管理费、微信动账、网上银行、手机银行转账手续费等一系列费率减免优惠政策。

值得一提的是，2020 年 7 月 16 日，渤海银行在香港联交所挂牌上市，成为 2020 年以来国内银行首个 IPO 项目。近年来，渤海银行以“最佳体验的现代财资管家”为长期愿景，致力于打造科技银行、生态银行、开放银行、敏捷银行。手握全国性金融牌照，依托香港作为国际金融中心的地缘优势，渤海银行服务网络稳健布局。

资料来源：新华网．渤海银行推出“保安员证联名卡”实现卡证合一［EB/OL］.（2019-08-06）［2022-01-10］. http://www.financeun.com/newsDetail/33822.shtml? platForm=jrw.

案例评析：高度竞争的金融市场需要差异化的金融服务，根据不同职业上的差别，渤海银行选择保安员作为特定的服务对象，推出的“保安员证联名卡”为其提供了个性化的服务。

3. 心理标准

心理标准就是按照个人客户的生活方式、个性、态度、价值取向等心理因素，将其划分为不同的细分市场。比如，根据个性特点的不同，划分为保守型客户和激进型客户。保守型客户会偏好安全可靠、风险较小的金融产品，他们更注重自身投资的安全性；激进型客户则刚好相反，他们更关注投资的收益性，倾向于高风险、高收益的金融产品。再比如，具有不同生活方式的客户也会对金融产品有不同需求，追求时尚的客户往往关心金融企业的品牌以及金融产品的外在形式，而追求实惠的客户更关注金融产品所带来的收益。

4. 行为标准

行为标准是指根据与个人客户金融行为密切相关的一些因素来细分市场，主要包括购买时机、购买方式、购买频率、利益诉求和对品牌的忠诚度等。这些行为标准能够更直接地反映客户的需求差异，并且容易被金融企业掌握，能帮助金融企业制定可行的营销方案。根据对金融产品购买和使用的时机来细分市场，比如，各大银行借春节之际，推出以当年生肖为主题的生肖卡；在旅游旺季，针对客户人身意外保险和交通工具保险的需求，会增加相关的产品和服务。

（二）机构客户市场细分标准

机构客户是金融企业批量销售金融产品和服务的主要对象，是其重要的利润来源。机构客户目前已经成为金融企业竞相角逐的对象，因此要重视机构客户市场细分标准，为其提供所需要的产品和服务。一般情况下，金融企业会根据机构客户的规模、性质、所处的行业等进行市场细分。

1. 机构客户规模

通过机构客户的营业额、总产值、资本总额、资产规模、员工人数等因素衡量机构客户的规模，根据规模的大小，可以将机构客户细分为大型客户、中型客户和小型客户。对于大型客户，生产规模、购买数量大，对长期资金贷款的需求比较多，相比小型客户来说交易量大，金融企业应该加以重视，为其提供差别化、个性化和组合化的服务。对于中小型客户，随着政府不断促进金融企业对中小企业的支持力度，越来越多的金融企业也为其设计了符合需求的金融产品，以争取这部分客户。

2. 机构客户性质

根据机构客户的性质，可以将机构客户分为工商企业客户、政府机构客户、金融中介机构客户、事业单位客户等。不同性质的机构客户，对资金、金融产品和服务的需求也不相同。工商企业客户对金融产品和服务有较大的需求，也是金融企业盈利的主要来源，但是由于不良信贷等问题日益突出，使得金融企业更看好其他类型的客户。政府机构客户和事业单位客户资金充裕，利于金融企业对公存款业务的发展，并且贷款质量好，金融企业应关注这部分客户，提供符合其需求的金融产品和服务。

3. 机构客户所处的行业

按照第一、第二、第三产业的统计口径对机构客户进行分类。第一产业主要是农业，第二产业主要是制造业，第三产业以服务业为主，其中，各个产业又可以进一步划分成更细、经营更具体的行业。例如，服务业可以细分为房地产、娱乐、旅游、餐饮、物流、金融、教育和法律等行业。规模相差不大的机构客户，可能由于处于不同的行业，对金融产品和服务的需求就会存在巨大的差异。

四、金融市场细分的流程

金融市场极为复杂且瞬息万变，进行市场细分需要大量调研，分析众多的因素，并结合市场和金融企业自身的情况来综合判断。一般来说，按照以下流程进行。

（一）调查阶段

金融企业要进行市场细分，首先对将要细分的市场进行调查，收集细分市场时需考察的市场信息数据和资料，如通过收集类似金融产品已有的市场情况，可以为新产品的市场细分提供参考。其次，依据个人客户的地理、人口、心理、行为方面的各项因素，以及机构客户的规模、性质与行业等方面的因素，充分了解不同客户的需求和偏好，如通过给客户发放调查问卷，收集调查资料以便分析。

（二）分析阶段

金融企业在收集大量资料的基础上，面对客户差异化的需求，寻找客户的共同需求，分析可能存在的细分市场。在分析时，根据客户需求的重要程度进行排序，从地理、人口、心理等方面找出影响客户需求的关键因素，这对金融产品的营销工作起着重要作用。比如，通过分析调查问卷的结果，了解客户对金融产品的看法以及产品是否能够较好地符合客户需求。

（三）细分市场阶段

金融企业应该根据前两阶段的研究分析结果，并结合自身的优势和劣势，对整体市场进行细分。再根据各个细分市场客户的特征，确定这些细分市场的名称。

（四）评估细分市场阶段

根据市场调查的结果和选定的细分标准，对市场规模、市场潜力等方面作出估计和预测，为金融企业提供了详细的市场信息，从而更好地判断是否值得进入该细分市场并作为自己的目标市场开展营销活动。同时，通过分析整体金融市场和每个细分市场的竞争情况，以及确定适合的营销方案，并根据市场调查分析和对需求潜力的估计，确定营销方案的收入和费用情况，从而估计出可能的利润，以此作为最后选定目标市场和制定营销策略的依据。

任务二　金融目标市场选择

由于存在各种各样的客户需求，金融企业要想在市场竞争中占据有利位置，就必须根据需求的差异性对客户细分，其目的是寻找适合金融企业的目标客户群，即目标市场。

一、金融目标市场选择的含义

金融目标市场是指在市场细分的基础上，金融企业决定进入的、准备提供金融产品或服务来满足目标客户群需求的一个或若干个细分市场。如何选择和占领目标市场是金融企业制定和实施营销策略的基本出发点，可以说金融企业的一切营销活动都离不开目标市场，理想的金融目标市场应具备以下条件：

首先，具有一定的规模和发展潜力。选择具有一定规模和发展潜力的细分市场作为目标金融市场，有利于金融企业自身发展，并且能较快适应目标市场环境。

其次，具有吸引力。有些细分市场可能具有一定的规模和发展潜力，但从盈利的角度来看不一定具有吸引力。

再次，符合金融企业自身的目标。有吸引力的细分市场不一定是最好的，只有符合金融企业长远目标、能充分发挥金融企业自身优势的细分市场才是良好的目标市场。

二、金融目标市场策略选择

（一）无差异性目标市场策略

无差异性目标市场策略是把整个金融市场看作一个目标市场，以大多数客户共同的金融需求为依据，只推出单一的产品和标准化的服务，并设计一种统一的营销策略，以实现开拓金融市场、扩大金融产品销售的目的。

这种策略强调了客户需求的相似性或共同点，其最大优点在于成本的经济性。金融企业销售的金融产品种类少、批量大，能够有效降低相关成本。无差异的广告宣传和其他促销活动，且无须进行市场细分，可以减少金融企业在市场调研、产品开发、广告等方面的费用，有利于以低价争取更多的客户。但是它忽略了市场需求的差异性，难以满足客户的个性化需求。

（二）差异性目标市场策略

差异性目标市场策略是根据客户不同类型、不同层次的需求特点细分金融市场，结合自身条件和经营环境，选择两个或两个以上细分市场作为目标市场，并针对不同目标市场开发不同的金融产品和制定不同的营销策略。这种策略注重客户需求的差异性，通过不同的产品，并在促销方式、分销渠道等方面作出相应的改变，以适应各个市场的不同需求。比如，银行根据客户的收入、交易总量等，将客户分为 VIP、普通等不同级别，分别提供不同层次的服务。

这种策略的优点是金融产品种类多、针对性强，面对多个细分市场能较好地满足客户的不同需求，扩大金融产品的销售量。同时，通过强有力的营销组合能增强市场竞争力，赢得更多的客户群，从而提高市场占有率。但由于产品种类较多，并且针对不同细分市场需要不同的营销方案，因此在客户需求的调研、产品的开发促销等方面需投入较大的费用，增加了营销成本。

（三）集中性目标市场策略

集中性目标市场策略，不同于无差异性目标市场策略，不是面向整个金融市场，也不同于差异性目标市场策略，不是把力量分散到若干个细分市场，而是选择一个或几个细分市场作为目标市场，集中全部资源为其提供高度专业化的产品和服务。

这种策略的核心是把有限的人力、物力、财力集中于某一细分市场，从而在较小的细分市场上占有较大的份额，能够节约成本和营销支出，提高盈利水平。其优点是目标市场集中，可以对细分市场有更深入的了解，使金融产品适销对路，提高金融企业和产品在市场上的知名度。但也存在较大的经营风险，由于产品和市场较为集中，一旦市场突然出现不利变化，就可能陷入困境。一般来说，资源有限、实力一般的金融企业会采取这一策略。

三、影响金融目标市场策略选择的因素

不同的目标市场会采取不同目标市场营销策略。金融企业应该综合考虑多方面的因素，选择适合自身实际情况的目标市场策略。

（一）金融市场特点

市场特点主要是指客户需求偏好等方面的相似程度。如果不同市场客户对同一金融产品的需求偏好、购买行为大致相同，则采用无差异性目标市场策略；反之，则采用差异性或集中性目标市场策略。

（二）金融企业实力

如果金融企业实力雄厚，且市场营销能力较强，即可选择无差异性或差异性目标市场策略。如果金融企业能力有限，则比较适合集中性目标市场策略。

（三）金融产品特点

对于一些相似的金融产品，客户对其产品特征的感觉相似程度较高，购买时的选择性较低，就可以采用无差异性目标市场策略；对于相似度低或异质性产品，则采用差异性或集中性目标市场策略。

（四）金融产品的生命周期

通常新产品在引入阶段，由于同类产品不多，竞争不激烈，可采用无差异性目标市场策略。产品进入成长或成熟阶段，市场竞争加剧，同类产品增加，采用差异性或集中性目标市场策略的效果更好。而进入衰退期，为保持市场地位，维持或延长产品生命周

期，全力应对竞争对手，可考虑采用集中性目标市场策略。

（五）竞争对手的目标市场策略

金融企业采取怎样的目标市场策略会受到竞争对手的影响。一般来说，如果竞争对手采用无差异性目标市场策略，选择差异性或集中性目标市场策略会有利于开拓市场、提高产品竞争力。如果竞争对手采用了差异性目标市场策略，可以选择对等的或更深层次的差异性或集中性目标市场策略。

任务三 金融市场定位

在选择和确定目标市场之后，金融企业还需要进一步对自己进行准确的市场定位。金融企业只有明确了自身的市场定位，才能推出合适的营销组合，因此，如何寻找一个恰当的位置是每个金融企业面临的重要问题。

一、金融市场定位的含义和作用

（一）金融市场定位的含义

金融市场定位是指金融企业根据其所选择的目标市场特点、市场竞争情况，针对客户对金融产品某些特征或属性的重视程度，从各方面为金融企业和金融产品塑造某种独特的形象，从而在广大客户心中形成一种特殊的偏爱。也就是说，市场定位使本金融企业与其他企业严格区分开，并且客户能够明显感觉和认识到这种差别，从而在客户心中占据特殊的位置。

（二）金融市场定位的作用

恰当的市场定位不仅会使金融产品被更多的客户所接受和认同，而且能使金融企业充分利用其优势，扬长避短，以确保自身在金融市场的竞争优势。

1. 有利于创造差异，满足客户需求

通过一系列营销活动向客户传递定位信息，使差异性清晰地显现出来，给客户留下与众不同的、深刻的印象，让金融企业和产品为更多的客户所接受和认同，从而更好地满足客户的需求。

2. 有利于塑造形象，形成竞争优势

金融企业为市场上的部分特定客户提供服务，能够充分利用和发挥自己的优势和资源，有利于塑造金融企业自身特有的形象，并扩大金融企业在其目标市场的占有份额，形成特有的竞争优势。

二、金融市场定位的方法

（一）避强定位

避强定位是指金融企业避免与强有力的对手直接发生竞争，选择新的金融产品和新

的企业形象进行定位。其优点是金融企业能迅速在市场站稳脚跟，能在客户心中迅速树立一定形象，市场风险小，并且成功率较高。但这也意味着需要放弃最佳的市场位置，可能使其处于不利地位。

（二）迎强定位

迎强定位是指金融企业为了在市场上占据有利位置，与市场上占据支配地位的、实力最强的竞争对手进行直接竞争的一种定位方法。这种定位方法具有一定的风险，但是它对金融企业有很强的激励作用，一旦成功，就会取得显著的竞争优势。

（三）重新定位

这种定位方法是指对于那些不受客户欢迎、市场反应较差的金融产品和服务，为了使其摆脱困境、重新获得发展动力与活力，金融企业对这些产品和服务进行重新定位。当金融市场变化、客户需求变化、竞争加剧等情况发生时，采用重新定位这一方法是比较合适的。

三、金融市场定位的层次与步骤

（一）金融市场定位的层次

1. 金融产品定位

金融产品定位首先要确定具体的产品差异，需要金融企业通过分析目标市场竞争者和自身情况，明确产品的竞争优势，然后为自己的产品进行定位并加以推广。对所设计的金融产品，需要综合分析多方面的因素，如产品差异对目标客户的重要性、金融企业的实施能力、竞争对手的模仿能力等，这样才能了解产品的差异性并选择真正增加竞争优势的产品差异。当发现产品在某一方面具有独特性和专业性时，金融企业一般会据此进行定位，使产品能够在市场中找到一个适合发展的细分市场，并且通过产品定位来巩固这一市场。

2. 金融服务定位

金融企业进行市场定位时，利用价格和产品定位往往不如其他行业有效，而通过提供其他机构无法提供的服务更能吸引客户。由于在进行金融交易时，客户更容易对金融企业的服务质量作出评价和比较，因此为客户提供优质化和差异化的服务比利用金融产品更能在市场竞争中占据有利位置。

3. 金融企业定位

金融企业定位是在综合金融产品定位和金融服务定位后，金融企业为自己在行业中、在个人和机构客户心目中所确定的位置。金融企业的整体定位是从产品和服务定位中提炼出来的，是根据金融企业的整体经营战略而制定的。其关键点是把握定位的实质，金融企业的定位可以是行业领导者，也可以是追随者，但一定要在客户心中形成鲜明的、强有力的形象。

（二）金融市场定位的步骤

1. 识别潜在的竞争优势

市场定位的关键是金融企业要找出自身的竞争优势，将自己与竞争对手区别开，因此就需要从目标客户、竞争对手、金融企业自身三个方面进行分析，识别自身所具备的潜在竞争优势。金融企业应对目标市场进行全面的市场调查，了解客户对金融产品的需求和偏好，以及他们对购买产品的选择标准，以此作为定位的依据。此外，还要对自身和市场的竞争情况进行分析，了解竞争对手的产品特点、营销策略、定位状况，同时明确自身的优势和不足，从而认清本企业的竞争优势。

2. 选择恰当的竞争优势

经过分析，金融企业会发现许多潜在的竞争优势，但是并不是每一种优势都能被利用，金融企业应该选择能够胜过竞争对手的相对竞争优势。选择竞争优势实际上就是金融企业与其他竞争者在各方面进行比较的过程，如果在金融产品种类、服务质量、销售渠道、品牌形象等方面比竞争者做得更好，这些就能够成为金融企业恰当的竞争优势。金融企业要注重差异性，突出产品、服务、金融企业形象的独特优势，打造自己的风格，展现自己的特色和实力，使客户能从中得到价值最大的产品和服务，从而提高竞争力。

3. 传达金融企业的定位观念

金融企业在作出市场定位决策后，需要通过一系列的宣传促销活动，将其独特的定位观念准确传递给潜在客户，并在客户心中留下深刻印象。首先，金融企业应使目标客户了解、认同本金融企业的市场定位，在客户心中建立与该定位相一致的形象。其次，通过加强与客户的联系和沟通、稳定目标客户的态度，进一步巩固与定位相一致的形象。最后，需要注意由于宣传不到位等导致市场定位传递失真，造成客户对市场定位出现理解偏差和误会，当出现这些情况时，金融企业应及时纠正与市场定位不一致的形象。

❖案例链接

差异化经营的社区银行之路

面对同行业白热化的竞争、利率市场化的逐步推进、互联网金融的汹涌来袭等挑战，佛山农商行明确提出差异化发展思路，及时调整发展战略、调整发展定位、调整发展理念、调整科技规划，以“四个调整”构筑佛山农商行的“社区银行”转型发展路径。

1. 战略：差异化经营寻找发展蓝海

在金融市场开放、竞争加剧的背景下，佛山农商行避免同质化发展，充分发挥自身比较优势，实施差异化发展战略，重点突出四个方面：

一是品牌差异化。定位“iBank 社区金融 • 便捷服务”，打造“点多、快捷、实惠、贴身”经营特色，在员工、客户、社会公众中引导构建“iBank·我身边最便捷的银行”的品牌形象认知。

二是市场差异化。充分研究市场定位，坚持做小做优、富民惠民，将资源逐步重点倾斜于中小微企业与个人客户的全方位金融服务。

三是产品差异化。做到从传统的基础一致性服务，向符合人性需求的、群体针对性强的、更实惠更便捷的方向转变；从标准化金融产品，向个性化金融解决方案、非金融增值服务体验等全方位、多品种方向转变。

四是服务差异化。加快网点转型升级，提供舒适服务环境、强化自助服务良好体验、简化业务办理流程、提升规范服务水平，切实采取各种软、硬件措施，全面提高客户体验满意度。

2. 定位：社区银行定位客户群体

佛山农商行明确定位为“社区金融”，以“三农”、小微企业和城乡居民为服务对象，致力于成为社区居民日常生活、相关经济组织经营发展的综合金融服务供应商。

一是牢记服务“三农”的历史使命。虽然佛山农商行所在区域农业占比较低，但该行仍然不改初衷，积极支持辖内原农村区域“三旧改造”、基础设施建设、村民创业经营以及生活消费的融资需求，推动社会主义新型农村建设。

二是积极扶持地方小微企业发展。2009 年，佛山农商行在广东省农合系统内成立第一家小企业专营中心，以“真正的信贷，没有不可能”的发展理念，做到信贷资金优先向小微企业全面倾斜。

三是大力培育个人特色业务。将个人信贷业务提升到社区银行战略高度重点发展。针对个人客户量身定制的房抵贷、行员贷、薪易贷、物业通、分红贷、公积金贷等“i时贷”系列产品，可全面满足个人消费、创业、财富增值等需求。

3. 探索：便捷服务赢得竞争优势

佛山农商行高度重视客户体验，围绕“便捷服务”理念，打造“点多、快捷、实惠”等优势，力争做市民身边最便捷的银行。通过“点多”，让客户享受无时间、无空间阻隔的服务；通过“快捷”，让客户在最短时间内获得最有效的支持；通过“实惠”，让客户享受更为实在、优惠的金融服务。

4. 手段：移动金融构建“无边界银行”

顺应互联网金融发展模式与强化客户体验的思维导向，佛山农商行不断加大科技投入，致力于打造移动金融体系，构建客户身边的“无边界银行”。

资料来源：李宜心．差异化经营的社区银行之路 [J]．中国农村金融，2014 (17).

案例评析：佛山农商行走差异化发展道路，通过调整发展战略、发展定位、发展理念和科技规划，构筑了“社区银行”转型发展路径，并且明确定位为“社区金融”，主要服务于中小企业和个人客户，便利周边居民的生活，让更多人可以享受到基础金融服务。

❖素养提升

小微企业是我国国民经济体系的重要组成部分，是推动经济发展、促进社会稳定的基础力量。目前，中小微企业在市场主体的数量方面占90%以上，因此党中央、国务院高度重视小微企业的发展，扶持小微企业发展是实行稳增长政策的重要抓手。

1. 优化“两增两控”总体目标，推动小微企业贷款继续增量扩面

为了推动小微企业高质量发展，银保监会向小微企业贷款提出“两增两控”新目标：“两增”即单户授信总额1 000万元以下（含）小微企业贷款同比增速不低于各项贷款同比增速，有贷款余额的户数不低于上年同期水平；“两控”即合理控制小微企业贷款资产质量水平和贷款综合成本（包括利率和相关服务收费）水平。

2. 分类实施考核，引导机构差异化竞争

对大型银行、股份制银行、城市商业银行、农村商业银行、农村信用社、村镇银行等分类设置考核指标，进行差异化考核；对开发银行、政策性银行、外资银行和非银行金融机构不作指标考核，保持日常监测、通报，从而引导各机构实现差异化竞争。

3. 巩固银行业小微企业贷款减费让利成效，带动降低小微企业综合融资成本

各商业银行要在保持“量”“价”平衡的基础上，按照商业可持续、“保本微利”的原则，巩固普惠型小微企业贷款利率指导工作成效，确保普惠型小微企业贷款利率保持在合理水平。各商业银行要实施差别化的利率定价，普惠型小微企业贷款利率明显高于同类机构同类产品平均水平的银行，要进一步加大贷款利率压降力度。

4. 拓宽信贷资金来源，继续强化正向激励

鼓励商业银行发行小微企业专项金融债，并且要严格确保募集资金全部用于发放小微企业贷款。银行业金融机构还要在风险可控、严格贷款用途管理的前提下，进一步优化贷款支付方式。对自主支付的贷款，须经过合理的审核流程，充分发挥相关岗位制衡作用，加强跟踪监测，灵活采取账户分析、凭证查验、现场调查等方式，综合判断贷款用途，不将发票作为认定贷款用途是否符合合同约定的唯一要件。

资料来源：中国银保监会办公厅关于2019年进一步提升小微企业金融服务质效的通知[EB/OL].（2019-03-13）[2022-03-10]. http://www.gov.cn/xinwen/2019-03/13/content_5373482.htm.

项目小结

- 金融STP战略
  - 金融市场细分
    - 金融市场细分的含义与作用
      - 金融市场细分的含义
      - 金融市场细分的作用
    - 金融市场细分的原则
      - 可衡量性
      - 可进入性
      - 盈利性
      - 差异性
      - 可发展性
    - 金融市场细分的标准
      - 个人客户市场细分标准
      - 机构客户市场细分标准
    - 金融市场细分的流程
      - 调查阶段
      - 分析阶段
      - 细分市场阶段
      - 评估细分市场阶段
  - 金融目标市场选择
    - 金融目标市场选择的含义
    - 金融目标市场策略选择
      - 无差异性目标市场策略
      - 差异性目标市场策略
      - 集中性目标市场策略
    - 影响金融目标市场策略选择的因素
      - 金融市场特点
      - 金融企业实力
      - 金融产品特点
      - 金融产品的生命周期
      - 竞争对手的目标市场策略
  - 金融市场定位
    - 金融市场定位的含义和作用
      - 金融市场定位的含义
      - 金融市场定位的作用
    - 金融市场定位的方法
      - 避强定位
      - 迎强定位
      - 重新定位
    - 金融市场定位的层次与步骤
      - 金融市场定位的层次
      - 金融市场定位的步骤

教学一体化训练

【重要概念】

金融市场细分　金融目标市场　无差异性目标市场策略　差异性目标市场策略　集中性目标市场策略　金融市场定位

【课后自测】

一、单项选择题

1. （　　）是指根据客户的需求、偏好、购买行为和购买习惯等方面的差异，把具有异质性的整个市场划分为若干个需求大致相同的子市场的过程。

A. 金融市场细分　　B. 金融目标市场选择
C. 金融市场定位　　D. 金融 STP 战略

2. 年龄、性别、职业、受教育程度是个人客户市场细分标准中的（　　）。

A. 地理标准　　B. 人口标准　　C. 心理标准　　D. 行为标准

3. 金融产品进入衰退期，为保持市场地位，维持或延长产品生命周期，应采用的金融目标市场策略是（　　）。

A. 集中性目标市场策略　　B. 无差异性目标市场策略
C. 单一性目标市场策略　　D. 差异性目标市场策略

4. 某银行只推出单一金融产品，运用一种营销策略，力求适合尽可能多的顾客需求，这种策略是（　　）。

A. 无差异性目标市场策略　　B. 差异性目标市场策略
C. 集中性目标市场策略　　D. 大量市场营销策略

5. 采用无差异性目标市场策略的最大优点是（　　）。

A. 市场占有率高　　B. 成本的经济性
C. 市场适应性强　　D. 需求满足度高

6. 当金融市场变化、客户需求变化、竞争加剧等情况发生时，采用（　　）方法是比较合适的。

A. 避强定位　　B. 迎强定位　　C. 重新定位　　D. 创新定位

二、多项选择题

1. 市场细分的主要依据包括（　　）。

A. 差异性　　B. 相似性　　C. 功利性　　D. 欲望性

2. 个人客户市场细分的标准主要有（　　）。

A. 地理标准　　B. 人口标准　　C. 心理标准　　D. 行为标准

3. 机构客户市场细分的标准主要有（　　）。

A. 机构客户规模　　B. 机构客户性质
C. 机构客户所处的行业　　D. 机构客户信用等级

4. 如果金融企业实力雄厚，且市场营销能力较强，可选择（　　）策略。

A. 集中性目标市场策略　　B. 无差异性目标市场策略
C. 单一性目标市场策略　　D. 差异性目标市场策略

5. 金融市场定位的方法包括（　　）。

A. 避强定位　　B. 产品定位　　C. 迎强定位　　D. 重新定位

三、判断题

1. 金融 STP 战略由金融市场细分、金融目标市场选择和金融市场定位三个阶段构成。（　　）

2. 一个理想的目标市场应该具有一定的规模和发展潜力。（　　）

3. 无差异性目标市场策略的最大优点就是成本的经济性。（　　）

4. 差异性目标市场策略追求的不是在大市场上占少的份额，而是在小的市场上占有大份额。（　　）

5. 迎强定位具有一定的风险性，但如果成功就会取得巨大竞争优势。（　　）

四、简答题

1. 简述金融市场细分的原则及流程。

2. 举例说明金融市场的细分标准。

3. 简述三种金融目标市场策略及其优缺点。

4. 金融目标市场策略选择应该考虑哪些因素？为什么？

5. 简述金融市场定位的方法、层次及步骤。

五、案例分析

中信证券代销金融产品营销分析

中信证券股份有限公司（下称“中信证券”）成立于1995年10月25日，其业务体系完备，经营范围主要包括证券经纪、证券承销与保荐、与证券交易和证券投资活动有关的财务顾问、证券投资咨询等。

各项数据显示，中信证券自2012年《证券公司代销金融产品管理规定》发布以来，代销金融产品收入在券商中一直保持着绝对优势，风光无限的背后源于中信证券良好的企业管理和金融营销策略。

1. 市场细分理论：客户分层分类管理

中信证券凭借其在业内的实力和地位吸引了大量想要购买金融产品的客户，之后便根据客户间差异对客户进行分层分类管理。通过对客户进行深入了解，根据客户投资偏好及风险高低可以分别得到客户三种类别，即股票型、综合型、产品型，以及低风险型、中风险型、高风险型，并构建不同客户的产品组合策略。中信证券通过上述方式对客户进行分层分类管理，一方面满足了不同客户群体的购买需求，另一方面也向外界传达了正确的资产配置理念，即根据投资偏好和风险承受能力进行分配资金。客户分层分类管理便于对客户进行差异化服务，现如今，对客户分层分类管理已成为券商的必备功课。

2. 多种促销方式结合

除了对客户进行分层分类管理，中信证券还采用了多种促销方式结合的营销策略。例如在小区、广场和商场设点摆摊，此种方式就是传统的人员促销。除此之外，中信证券还建立了官方微信公众号、微博账号和网站，并进行实时数据更新和广告投放，进一步通过广告的影响扩大自身知名度，以吸引顾客。最值得一提的是，中信证券注重公关促销，在建立客户关系管理系统后，详细地了解客户信息，包含生日与兴趣爱好等，在特殊的节日对客户进行慰问和关怀，使营销过程变得自然而贴切，树立了良好的企业形象，赢得更多客户群体的信任。

3. 搭建金融产品超市

鉴于我国金融发展起步晚，目前正处于逐步建设发展阶段，中信证券提出构建中信投顾投研服务品牌，逐渐搭建更为完善、更为系统的金融产品超市。中信证券采取“大而全”的金融产品超市策略，超市覆盖现金管理、固定收益、权益类及另类投资四大领域，贯穿多种财富管理工具与投资产品，目的是在投资期限、投资门槛、收益风险多个维度上实现全风险等级产品覆盖。

4. 金融科技助力精准营销

2017 年 12 月 7 日，中信证券与金融界（中国金融在线有限公司）签署了战略合作协议，双方将在投资顾问服务领域开展合作，探索如何用智能科技为证券服务赋能。这一行为极大表现出金融科技能力不久终会成为决定证券各类服务成败的关键因素。此外，作为金融科技重要成品之一的券商智能化 App，也已成为券商业务竞争较量的战场。

资料来源：朱青青．中信证券代销金融产品营销分析 [J]. 现代营销（下旬刊），2020（2）：77 - 78.

阅读材料，回答以下问题：

1. 如何理解市场细分？分析市场细分对中信证券有哪些影响。
2. 中信证券适合哪种金融目标市场策略，影响其选择的因素有哪些？

职业技能训练

1. 训练目标

（1）培养学生细分金融市场的能力。

（2）使学生了解金融 STP 战略的基本内容，能够实施正确的战略。

2. 训练内容

根据某家金融企业的实际情况，运用相关知识分析其细分市场，进行目标市场策略的选择和市场定位。

3. 训练评价

（1）金融市场合理细分。（25 分）

（2）目标市场策略选择适当，理由充分。（25 分）

（3）金融市场定位明确，突出金融企业的竞争优势。（25 分）

（4）树立正确的金融营销观念。（25 分）

项目五

金融产品策略

知识目标

1. 了解金融产品的概念、特征及分类。
2. 熟悉金融产品组合的相关概念。
3. 掌握金融新产品的定义。
4. 掌握金融产品品牌的概念和作用。
5. 掌握金融产品的营销策略。

能力目标

1. 能够从金融企业的角度，理解并运用产品组合策略。
2. 能够识别金融产品所处的生命阶段，并能够制定相应的营销策略。
3. 能够在金融企业实际营销工作中，灵活地运用金融新产品开发策略。

素养目标

1. 从金融产品入手，对金融这一特殊行业有所了解，为未来从事金融工作培养职业素养。
2. 通过学习金融产品营销策略，综合培养社会责任感、创新精神和实践能力。

案例导入

优刻得与招商银行总行战略合作，联合金融和科技赋能产业

2019年6月25日，优刻得（UCloud）与招商银行股份有限公司（以下简称“招商银行”）在上海签订战略合作协议。

在签订协议的过程中，双方表示将充分发挥各自的技术和资源优势，助力招商银行建设智慧银行，推动银行实现自身业务智能化创新升级。同时，在多个领域开展合作，实现联合开发、技术推广、资源共享、优势互补，通过平台建设，因地制宜地打造适合不同业务场景的解决方案，共同孵化创新型的产品和服务，将创新成果推广至金融行业，更好地为金融行业赋能。

招商银行发展“金融科技银行”，在“网络化、数据化、智能化”转型道路上，一直是行业先锋。在零售端，招商银行依托“招商银行”和“掌上生活”两大 App，实现零售业务全方位数字化转型；在公司端，招商银行推出了企业级移动服务平台“招商银行企业 App”，引入人脸识别、智能客服、全场景免密码支付等，提升企业客户使用体验，并在产业互联网中拓展医疗、教育、汽车等产业用户定制场景。在风险管理方面，招商银行整合内外部数据，建立公司客户关系图谱和智能预警体系，搭建风险大数据平台，提高风险客户识别率。

UCloud 是中立云计算服务商，自主研发 IaaS、PaaS、AI 服务平台、大数据流通平台等云计算产品，为互联网、传统政企等行业提供公有云、私有云、混合云、专有云在内的综合性行业解决方案。依托全球 30 大数据中心，已为上万家企业级客户在全球的业务提供云服务支持，间接服务终端用户数量达到数亿人。UCloud 秉持产品快速定制、贴身应需服务的理念，推出多种适合行业特性的产品与服务，业务已覆盖互联网、金融、教育、新零售等在内的诸多行业。

UCloud 与招商银行此次战略合作，强强联合相互赋能，将共同推进云计算在金融科技领域的创新应用，共同探索金融行业数字化智能化转型的专业解决方案，联合金融和科技的力量，共同推动产业互联网用户转型升级。

资料来源：UCloud 优刻得与招商银行总行战略合作　联合金融和科技赋能产业［EB/OL］.(2019-06-26)［2022-03-10］. https://tech.chinadaily.com.cn/a/201906/26/WS5d12e928a3108375f8f2c932.html.

【感悟】

招商银行在金融科技方面一直是行业先锋。从招商银行与优刻得的合作可以看出，招商银行的成功并不是偶然的，而是在创新与合作的策略中产生的。只有不断创新产品和服务，方能在竞争中立于不败之地。

任务一　金融产品概述

一、产品及金融产品的含义

（一）产品的含义

为了深入了解产品的本质，理解产品的整体概念，菲利普·科特勒将产品划分为三个层次，分别是核心产品、实体产品和扩展产品。

核心产品，是指客户购买某种产品时所追求的利益或是某种效用，是客户真正要购买的东西，也是产品的核心部分。比如化妆品，客户购买的其实不是那些漂亮的包装，而是使用这些产品能够让自己更漂亮、更自信。

实体产品，它是核心产品的有形形式，是企业向市场提供的、包含实物和服务的形象。比如产品的质量水平、包装式样、品牌名称等。

扩展产品，也称附加产品，可以是具体的产品，也可以是附送的服务。比如产品的售后服务，或是麦当劳、肯德基会定期推出一些针对儿童的礼品赠送，客户消费一定金额就可以获得定制的玩具。

在市场竞争越来越激烈的形势下，产品的竞争优势更多地要从产品的附加利益中体现。

（二）金融产品的含义

金融产品有广义与狭义之分。狭义的金融产品是指由金融企业创造、可供资金需求方与供给方在金融市场上进行交易的各种金融工具。而广义的金融产品则是指由金融企业提供，并满足消费者某种需求的各种工具与服务，这是从营销学的角度对于金融产品的定义。

金融企业提供的产品与非金融企业提供的产品在形式和特征上都有很大的不同。金融产品是金融企业传递价值的重要载体，金融企业通过产品的提供来满足客户需求，并实现经营目标。客户需求的多样性也使得金融产品越来越多样化，以此来满足不同客户的需求。

二、金融产品的特征

金融业是一个特殊的行业，金融产品也具有与其他一般产品的不同之处。具体来说，金融产品具有以下特征。

（一）无形性

金融产品是无形的，客户无法根据其外形、功能等用直接感知来判断该产品是否值得购买。这种比较强的抽象性会让金融产品有较大的想象空间，而金融企业可以通过某种“有形”设计来加大金融产品的可感知性和吸引力。

（二）不可分割性

金融产品的不可分割性是指其整个营销过程都是相关联、不可分割的。这一特征是由金融产品的无形性引申出来的。金融产品的销售过程与服务过程的关联性非常强，金融产品的销售伴随着金融服务的提供，金融企业在产品销售过程中要把未来服务过程中的可能情况都考虑到，而服务过程中也要时刻遵守在销售过程中交易双方的约定。

（三）易被模仿性

金融产品有易被模仿性的特征，这是因为金融产品具备有偿价值和价值合二为一的特点，不同金融企业提供的同类金融产品不存在质的区别，且金融产品大多不受知识产权保护，产品被“克隆”的速度非常快。这就意味着当市场上出现了一种利润可观的金融产品，它就有可能在短时间之内被其他金融企业以较低的成本费用引入或模仿。

（四）价格的趋同性

随着经济金融的全球化和信息传播技术的飞速发展，同类金融产品的价格在国内乃至国际金融市场上呈现出趋于一致的特征，这也使各类金融企业之间的产品竞争越来越激烈。

（五）金融服务与客户关系的持续性

金融产品的特殊性使得金融服务与客户之间的关系具有持续性。在向客户提供金融产品时，金融企业需要与客户建立起相互信任，并为客户提供持续的咨询等服务。随着科技在金融领域的广泛应用，客户可以自主完成一些金融业务的办理（例如银行客户通过手机银行自助转账），虽然这使服务人员与客户之间的面对面交流有所减少，但是更加考验金融企业应用新技术提高服务客户的能力。

三、金融产品的种类

各类金融企业向客户提供的产品多种多样，分类也各不相同，以此来满足客户多样化的需求，以下从金融产品提供者的角度将金融产品分为四类：

（一）银行类金融产品

1. 资产类产品

资产类产品是银行获得利润的来源之一，银行的资产类业务主要包括贷款和购买有价证券的投资业务等。

银行通过向符合放款标准的企业或个人发放一定数额、一定期限的某种贷款来赚取利息。在这一过程中，银行所承担的风险比较高，所以，在向客户提供该类产品时需注意防范风险。

银行还通过在金融市场买卖股票、债券等有价证券开展投资活动，但开展投资的范围要受到监管部门的限制。

2. 负债类产品

负债类产品是银行贷款资金的主要来源，关乎银行的生存与发展，负债类产品中的存款产品竞争非常激烈。负债类产品主要包括各类期限的单位存款和个人存款、外汇存款、向中央银行借款、同业拆借、可转让定期存单、发行金融债券等。

3. 中间业务产品

中间业务产品的收益不构成银行表内资产和表内负债，而是形成银行的非利息收入，主要通过收取各类手续费、佣金等的方式来获得收益。

中间业务产品主要包括支付结算类产品（票据结算、汇兑、委托收款、现金收付等）、银行卡业务（信用卡和借记卡业务）、代理类中间业务（代理证券业务、代理保险业务、代理金融机构委托、代收代付等）、担保类中间业务（银行承兑汇票、备用信用证、各类银行保函等）、承诺类中间业务（贷款承诺等）、交易类中间业务（远期外汇合约、金融期货等）、基金托管业务（封闭式或开放式投资基金托管）、咨询顾问类业务（信息咨询、财务顾问等）、其他类中间业务（保管箱业务等）。

（二）保险类金融产品

保险类产品种类非常丰富，按照保险对象（保险标的）划分为财产保险产品、人身保险产品。

1. 财产保险产品

财产保险产品是以财产及其相关利益为保险标的的一种保险，包括财产损失保险、责任保险和信用保险。

财产损失保险，是指对有形的物质财产进行保障的保险，例如货物运输保险。责任保险指的是被保险人对第三方产生过失侵犯的民事责任提供的保险，例如交强险，即“机动车交通事故责任强制保险”，就是责任保险的一种。信用保险是在公司之间产生预先付款或者预先发货的情况下，为了避免对方拒绝履行合同或清偿债务导致的财务损失而提供的保险，例如合同保证保险等。

2. 人身保险产品

人身保险产品是以人的生命或者身体作为保险对象的一种保险，主要包括人寿保险、健康保险、意外伤害保险等。

人寿保险是以被保险人的寿命为保险标的，以被保险人的生存或死亡为保险事故的人身保险。人寿保险种类很多，包括常见的定期寿险、终身寿险、年金保险（养老保险是年金保险的一种）等，还包括一些兼具保障和理财功能的保险，如投资连结险、分红寿险、万能寿险等。健康保险是以被保险人的身体为保险标的，使被保险人在遭遇疾病或意外事故所致伤害时发生的费用或损失获得补偿的一种保险，包括长期健康保险和短期健康保险。意外伤害保险则是针对意外伤害导致的死亡或残疾提供的保险。

（三）证券类金融产品

从广义上讲，证券是指各类记载并代表一定权力的法律凭证，它用以证明持有人有权依其所持凭证记载的内容而取得应有的权益。证券可以分为凭证证券和有价证券两大类。凭证证券又称为无价证券，是指认定持有人是某种私权的合法权利者的书面证明文件，如活期存款单、借据、收据等。有价证券则是具有一定票面金额，用于证明持有人或该证券指定的特定主体对特定财产拥有所有权或债权的凭证。

有价证券有广义与狭义之分。广义的有价证券包括商品证券、货币证券和资本证券。狭义的有价证券仅指资本证券，主要包括股票、债券及其衍生产品等。

1. 股票

股票是一种有价证券，是股份有限公司签发的证明股东所持股份和享有权益的凭证。根据股东享有权利的不同，股票可以分为普通股和优先股。

2. 债券

债券是发行人按照法定程序发行，并约定在一定期限内还本付息的有价证券。按照发行主体的不同，债券分为政府债券、金融债券、公司债券等。

3. 证券投资基金

证券投资基金，是指通过发售基金份额，将众多不特定投资者的资金汇集起来，形成独立财产，委托基金管理人进行投资管理，基金托管人进行财产托管，由基金投资人共享投资收益、共担投资风险的集合投资方式。证券投资基金主要以股票、债券等具有较好流动性的有价证券为投资对象。

金融企业中的证券公司是证券市场投融资服务的主要提供者，为证券发行人和投资者提供证券经纪、投资咨询、证券保荐与承销、财务顾问等专业化中介服务，此外证券公司本身也是证券市场中重要的机构投资者。金融企业中的证券投资基金管理公司则从事证券投资基金管理和运营，主要业务活动包括基金募集与销售、投资管理、基金运营服务、受托资产管理、投资咨询服务等。

（四）其他类金融产品

除上述金融产品以外，金融产品还包括信托类金融产品、融资租赁产品、融资性担保产品、金融衍生产品等其他类型。

1. 信托类金融产品

信托是指委托人基于对受托人的信任，将其财产权委托给受托人，由受托人按委托人的意愿以自己的名义，为受益人的利益或者特定目的，进行管理或者处分的行为。信托类金融产品主要包括资金信托、动产信托、不动产信托、有价证券信托、其他财产或财产权信托等。

2. 融资租赁产品

融资租赁是指出租人根据承租人对出卖人、租赁物的选择，向出卖人购买租赁物，提供给承租人使用，承租人支付租金的交易活动。融资租赁产品是中小企业设备投资和技术更新的重要手段。

❖案例链接

银租联动，合作推出小企业融资租赁业务

遵循“风险共担、进退同步、标准一致、逐步推进”的经营理念，建设银行浙江省分行与金融租赁有限公司共同开展小企业融资租赁业务。将小企业融资租赁与建设银行现有小企业金融服务有机结合，并纳入信贷产品线统一管理，充分发挥融资租赁产品和交易结构特点，为客户提供长期稳定、用途灵活的资金来源。此种方式既满足了小企业复杂多样的资金需求，提升了小企业业务市场竞争力，也有利于优化业务结构、拓展中间业务收入渠道。

资料来源：小企业金融服务工作动态［EB/OL］.（2011－12－23）［2022－02－02］. http：//www.cbirc.gov.cn/cn/view/pages/ItemDetail.html？docId＝8774&itemId＝961&generaltype＝0.

案例评析：银行与租赁联动，既满足了小企业复杂多样的融资需求，也拓展了相关金融企业的收入渠道，获得了双赢。

3. 融资性担保产品

融资性担保是指担保人与银行业金融机构等债权人约定，当被担保人不履行对债权人负有的融资性债务时，由担保人依法承担合同约定的担保责任的行为。融资性担保产品主要包括贷款担保、票据承兑担保、贸易融资担保、项目融资担保、信用证担保、再担保、债券担保等。

4. 金融衍生产品

金融衍生产品是一种价值由基础产品或基础变量（包括货币、存单、债券、股票、利率、汇率、股票指数等）的变动而决定的金融合约。金融衍生产品主要包括具有远期、期货、互换（掉期）和期权中一种或多种特征的混合金融工具，如远期外汇、股票期权、货币期货、股票指数互换、证券组合互换、存托凭证等。

四、金融产品的整体概念

金融产品从客户的需求到具体的产品形态包含不同的层次，这些层次紧密关联，共同构成了金融产品的整体概念。

（一）核心产品

金融产品的需求者不是为了消费金融产品而是通过金融产品满足特定的某种需求，这种客户实际需要的东西才是金融产品的核心部分。核心产品也称为利益产品，是指客户通过金融产品所获得的基本利益或基本效用。金融产品的核心利益多种多样，包括财产的保管、利息、股息、财产的保值增值等。例如，银行的贷款产品可以满足资金短缺者的流动性需要，财产保险可以保障客户的财产损失。核心产品体现了金融产品的本质，在产品层次中居于中心地位。

（二）形式产品

形式产品是金融产品的具体形式，展现了核心产品的外部特征。在信息化时代，金融交易活动日益虚拟化，金融产品更多的是以权益凭证或是交易契约的形式出现，如贷款合同、存款单、保险合同等。随着信息技术的不断发展，越来越多的金融产品的凭证、契约是电子形式的，具有法律效力且方便快捷。由于金融产品无法通过外形、款式、包装、色彩等进行展示，因而服务质量和品牌是吸引客户的重要因素。

（三）附加产品

附加产品是金融产品的扩展与延伸部分。在金融产品日益同质化的今天，要想自己的产品在市场上“脱颖而出”，必须在附加产品上多下功夫，在满足客户核心需求之外，还可以为客户提供一些特色服务带来附加价值。比如客户被尊重或愉悦的感受，工作人员的热情和专业，营业环境的便利和舒适等。

（四）期望产品

期望产品是客户对金融产品所能够提供的功能、服务的便利性和人性化程度等的期待，具有主观性。如果某家金融企业相较于同类企业提供的产品超出了客户的预期，将给客户带来更好的体验和感受，有利于建立更加稳定的客户关系。

（五）潜在产品

潜在产品是金融企业提供的现有产品中尚未开发和实现的、能够满足客户潜在需要或者被客户所重视的一些产品价值和利益。潜在产品是金融产品整体概念中的最高层次，具有一定的挑战性，要求金融企业具有市场的前瞻性和长远的战略眼光。只有洞察客户潜在需求，将潜在产品转化为现实产品，不断优化产品结构，推陈出新，才能在竞争中获得持续发展。

任务二　金融产品组合

金融产品大多是服务类产品，面对多样化的客户需求，金融企业将现有产品合理组合，针对某个细分市场进行推销，有利于增加产品的适用性和吸引力。但是，产品组合也有优劣之分，金融企业在作出决策之前需要进行分析和选择。

❖案例链接

打出金融服务组合拳　民生银行助力中小企业“乘风破浪”

2020年，面对突如其来的疫情，民生银行迅速投身抗“疫”金融服务支持工作，打出金融抗“疫”组合拳，向疫情防控相关领域的企业播撒“及时雨”。

民生银行某中小客户是国内领先的手术室、ICU设备研发制造厂商及医疗系统解决方案提供商之一。此次疫情中为武汉火神山、雷神山医院提供呼吸机系统，鉴于疫情发展迅速，企业短期内收到大量医院订单。2020年2月10日，民生银行为该企业审批通过1 000万元免担保授信额度，贷款利率比照1年期LPR（贷款市场报价利率）下浮25基点执行。

“抗疫一线”企业在疫情防控工作中承担了重要任务，为了解决企业后顾之忧，民生银行在疫情期间率先保障抗疫重点单位的信贷需求，支持疫情防控企业扩大产能。主动加强与医疗服务、卫生防疫、医药产品制造及采购、公共卫生基础设施建设、公用事业、超市物流等客户的服务对接，优先配套贷款资源。上半年，民生银行重点支持了生物医药、信息技术、建筑施工、物资保障等重点抗“疫”企业。

保障需求的同时，民生银行为北京疫情防控的重点企业进一步降低融资成本，根据市政府提供的“抗击疫情白名单企业”，给予专项资金优惠政策，仅一季度累计调整各类中小贷款优惠利率1 491笔，涉及贷款金额40.7亿元，平均每笔优惠0.9个百分点，为中小企业主降低成本近3 500万元。

对中小企业而言，融资效率事关企业存亡，疫情期间，金融服务“线上战疫”打响，为了支持企业线上极速融资，民生银行运用科技手段开展远程线上贷款。为应对疫情常态化的趋势，该行出台了一系列应急预案，鼓励通过远程在线方式与企业对接，充分发挥民生银行线上科技优势，通过线上“非接触式服务”渠道，提供安全便捷的“在家”金融服务。

此外，民生银行在疫情期间主动减免中小企业开户及结算费用，为企业复产稳产增产注入强大动力，在年底前，阶段性免除中小企业开户手续费，预计免收北京市中小企业开户费合计260万元，惠及约4 000多户中小企业。

资料来源：北京商报．打出金融服务组合拳　民生银行助力中小企业“乘风破浪”[EB/OL].(2020-08-06)[2022-02-10]. http://www.bbtnews.com.cn/2020/0806/363987.shtml.

案例评析：在特殊时期，针对某一特定客户群体的金融产品组合，不仅为客户节约了成本，创造了收益，同时也为金融企业树立了良好的形象。

一、金融产品组合的定义及构成要素

（一）金融产品组合的定义

金融产品组合是指金融企业所提供的全部产品的组合或搭配方式。金融产品组合由多条产品线组成，每条产品线又由许多产品项目构成。

其中，产品线是指金融企业所提供的具有同种功能或服务的一组金融产品，比如银行的存款类产品是一条产品线，贷款类产品也是一条产品线；产品项目是指在某条产品线内，各种不同品种、规格、质量和价格的具体产品，如活期存款就是银行存款类产品线中的一个产品项目。

（二）金融产品组合的构成要素

金融产品组合的构成要素包括产品组合的宽度、长度、深度和关联度。产品组合宽度是指金融企业提供的金融产品线的数量；深度是指金融企业所提供的某一条产品线所包含的产品项目的具体数量；长度是指金融企业提供的所有产品项目的总数，产品组合越宽、越深，长度也就越长；关联度是指金融企业各个金融产品线之间的相关性或密切程度。

表5-1是商业银行常规产品系列表，产品组合宽度由8条产品线组成，故产品组合宽度为8；产品组合长度为所有产品项目个数84；以一般融资的流动资金贷款为例，假设有三种不同期限、两种计息方式、四种担保类型，故该产品线深度为3×2×4=24。

表5-1　商业银行常规产品组合宽度和产品组合长度

存款服务		融资服务			中介服务		综合理财服务
个人服务	公司服务	一般融资	票据融资	特色融资	结算服务	其他中间服务	
活期储蓄	基础存款	流动资金贷款	商业承兑汇票	流动资金整贷零偿	支票	保管箱	资金快速收付方案
支票储蓄	一般存款	存单质押贷款	银行承兑汇票	仓单质押授信	银行本票	银行保函	e路通行方案
整存整取	临时存款	国债质押贷款	买方付息票据贴现	收费权担保贷款	银行汇票	外汇担保	代理服务方案
零存整取	专用存款	外汇担保贷款	商业汇票贴现	出口信用保险押汇	商业汇票	外汇买卖	资信服务方案

续表

存款服务		融资服务			中介服务		综合理财服务
个人服务	公司服务	一般融资	票据融资	特色融资	结算服务	其他中间服务	
存本取息	定期存款	固定资产贷款	商业汇票转贴现	中小民营企业授信	集团资金划汇	存款证明	理财顾问方案
定活两便	通知存款	银团贷款	商业汇票买入	法人按揭贷款	票据清算	信贷证明	受托理财方案
通知存款	协定存款	出口买方信贷	商业汇票买入（回购）	保本基金质押贷款	电话银行	资信证明	投资理财方案
定期存款		房地产开发贷款		股票质押贷款	网上银行	资信评价	集团公司理财方案
外币存款		住房抵押贷款		产商银储授信	公司卡	代理政策银行委托	外汇理财方案
教育存款		汽车贷款		项目（BOT）融资	汇兑	代理财政委托	家庭理财方案
借记卡		消费贷款		循环担保融资	委托收款	基金托管	
		信用卡透支			托收承付	代销基金	
					国内信用证	代销保险	

资料来源：杨米沙．金融营销［M］. 3版．北京：中国人民大学出版社，2018.

二、金融产品组合的作用

（一）有利于产生广告的规模经济效应

将两种或两种以上金融产品合理组合在一起进行推广宣传时，不仅可以节省产品营销宣传的费用，降低成本，还能带动相关度较高的其他产品的销售，发挥广告的规模经济效应。

（二）有利于提高市场占有率

金融产品通过功能的互补、时间的搭配、需求的分析、层次的确定等方面的考虑，组合形成不同特色的组合方案。这使得客户的选择空间更大，有利于满足不同客户的需求。对于金融企业而言，扩大了客户群体，提高了市场占有率，增强了市场竞争力。

（三）有利于树立金融企业的形象

金融企业往往会针对某一客户群体提供系列金融产品组合服务，通常是为了响应政策需求或是发挥本身特色。金融产品的组合不仅为客户提供了便利，还突出了企业特色，这会使客户对某一金融企业产生深刻印象，有利于树立金融企业的形象。

三、金融产品组合策略

金融产品组合策略是金融企业通过考虑多方面的影响因素，并考察自身的实力和目标，确定合理的金融产品组合的宽度、深度、长度、关联度的策略。

一般情况下，金融企业可以采用的产品组合策略包括：

（一）全线全面型策略

全线全面型策略是指金融企业能够为其所有客户提供所需产品。采用该策略的金融企业需有能力向营业范围内的所有客户提供所需产品，并不断增加产品组合的宽度和深度，有能力满足整个市场的需求。如汇丰集团以“从本地到全球，满足您的业务要求”为其独有的特色，提供广泛的金融服务。

（二）市场专业型策略

市场专业型策略是指金融企业专门为某一专业市场提供所需产品。这类策略强调金融产品组合的宽度和关联度，产品组合的深度一般较小。

（三）产品线专业型策略

产品线专业型策略是指金融企业发挥自身特色，着力于某几类金融产品或服务的提供。如中国人寿保险公司专门经营寿险业务。采用这种策略的金融机构更加关注产品组合的深度和关联度，产品组合的宽度一般较小。

（四）特殊产品专业型策略

特殊产品专业型策略是指金融企业根据自身独有的资源和技术，提供或经营某些有优秀销路的产品或服务。这类策略一般强调产品组合的关联度，宽度和深度比较小。

（五）产品线填补策略

产品线填补策略是指金融机构在原有产品线的基础上，增加新的产品线和产品项目。这类策略可使金融企业充分运用现有技术和资源，扩大业务范围，提高利润水平。

（六）产品线剔除策略

产品线剔除策略是指金融企业顺应市场变化而适时剔除一些没有发展前景且利润较小的产品。应用该策略，金融企业可以及时止损，集中财力、物力等资源，着力发展有前景的产品。

任务三 金融产品生命周期与营销策略

一、金融产品的生命周期

一项金融产品从开始投放市场到被淘汰而退出市场的全过程，所经历的时间称为金融产品的生命周期。尽管金融企业不能期望一个产品能够永远销售，但却想赚到足够的利润，以补偿在推出该产品时付出的努力和承受的风险。事实上每种产品的生命周期都有不确定的长度及特性。

图 5－1 展示了金融产品的生命周期形态，体现出产品销售量与利润额在整个产品生命周期内的变化过程。大体上，金融产品的生命周期可以分成导入期、成长期、成熟期和衰退期四个不同的阶段。

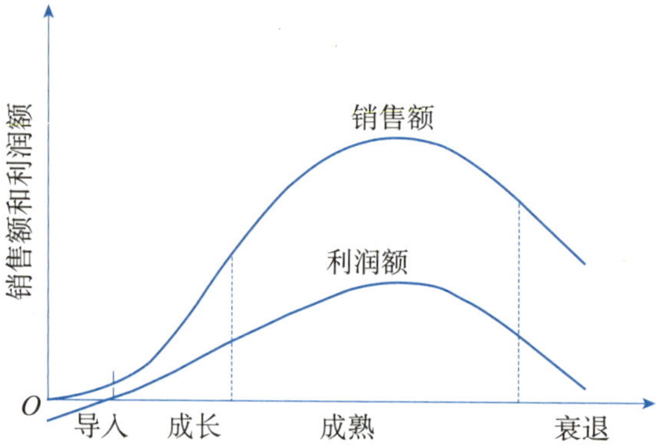

图 5-1　金融产品的生命周期

并非所有的金融产品的生命周期都是这种典型的倒“U”形。有一些金融产品一进入市场便很快消失；另一些金融产品则有比较长的成熟期；还有一些金融产品在进入衰退期后，通过大量促销或重新定位后又返回成长期。但是这里仍以典型的生命周期形态为基础，分析各个阶段的特征，为制定金融产品营销策略提供依据。

二、金融产品生命周期各阶段的特点及营销策略

（一）导入期

1. 导入期的特点

一种新的金融产品投入市场之初，往往消费者对其不了解，也不信任。因此，在这一阶段的特点有：(1) 金融产品的销量较少，其增长速度也比较慢。(2) 金融产品的开发成本和销售费用较高。(3) 成本高，但销量少，故这一阶段的利润较低，净现金流量可能为负数，可能出现亏损。(4) 由于金融产品刚进入市场，竞争者较少，金融企业可抓住机会，选择合适的策略来为金融产品打开市场销路。

2. 导入期的营销策略

根据导入期金融产品的特点，这一阶段的营销目的主要是打开销路。因此，在这一阶段的营销策略包括：(1) 金融企业应进行详细的市场调研，充分了解金融产品的需求状况，为产品找准目标群体。(2) 扩大金融产品的宣传和影响。只有加大宣传力度，才能将客户对新产品的认识和了解的过程缩短。(3) 根据金融产品的类型、市场需求状况并结合竞争分析，对那些价格弹性小、客户需求大、创新程度较高的金融产品，可以采取高价入市、快速获利的方法投放市场；对那些价格弹性较大的金融产品可采用低价策略来快速占领市场。(4) 做好渠道网络布点、客户咨询、服务准备等营销工作，使客户的需要能够得到及时的满足。

（二）成长期

1. 成长期的特点

金融产品成长期的主要特征：(1) 金融产品的销量不断增加。(2) 金融产品的单位成本逐渐降低，净现金流量增大，利润增加。(3) 同业竞争者纷纷进入市场，竞争不断增强。因此，金融企业在这一阶段的主要营销目标是最大限度地占有市场。

2. 成长期的营销策略

在成长期，金融企业通常实施的营销策略有：(1) 加大金融产品的宣传力度，并将重心转移到建立产品形象上来，使金融产品的形象深入人心。(2) 改进金融产品和服务的质量，增设服务网点，提高产品的竞争能力。(3) 可适当降低产品价格，吸引更多的客户，寻找潜在目标市场，扩大细分市场的范围，提高市场占有率。

(三) 成熟期

1. 成熟期的特点

在成熟期，金融产品持续时间通常比较长。该阶段的特点主要有：(1) 金融产品的销量接近或已达到饱和，其增长率开始下降。(2) 利润越过最大值后开始下降。(3) 同类替代产品陆续进入市场，竞争日益激烈。因此，金融企业在这一阶段的主要营销目标是尽可能长时间地保持现有市场。

2. 成熟期的营销策略

在成熟期，结合金融企业和金融产品的实际状况，可采取的营销策略有：(1) 改进金融产品的质量、功能、风格等，延长金融产品生命周期，并做好随时投放新的金融产品的准备。(2) 尽可能挖掘金融产品的新功能，开辟新的目标市场，寻找潜在需求。(3) 提高服务质量，改善服务环境，综合运用多种营销手段来刺激客户的购买欲望，如降价、赠送礼品、提供附加服务等。

(四) 衰退期

1. 衰退期的特点

进入衰退期，说明金融产品已不再适应市场需要，即将被市场所淘汰。这一阶段的显著特征是：(1) 金融产品的替代品很多，客户也逐渐流失。(2) 金融产品的销售量通常急剧下降，利润也快速减少，甚至出现亏损。(3) 竞争者纷纷退出市场。在金融产品的衰退期，金融企业的营销目标主要是缩减开支，做好撤退准备。

2. 衰退期的营销策略

在衰退期，金融企业可采取的营销策略有：(1) 维持策略，对于成本较低的金融产品可以继续沿用原有营销策略，有选择地保留一些经营网点，维持一定的销售水平，找到合适时机再退出市场。(2) 收缩策略，即合理缩减费用，集中最有利的细分市场和最优的营销策略，获得尽可能多的利润，赚取金融产品的最后价值。(3) 撤退策略，即当金融产品已无利可图，当机立断放弃该产品，及时止损，集中资源投入新产品的研发中。

任务四 金融新产品开发

创新是发展的第一动力。随着科学技术的不断进步、金融全球化程度的不断深化，金融企业要想在竞争日益激烈的市场上可持续发展，就需要具有创新思维，不断开发新产品。

一、金融新产品的定义

所谓新产品，是指新发明的产品、产品性能的改进、产品形态的调整或者推出新品牌。因此，在营销学中所指的金融新产品并不仅仅是开发出的全新产品，只要是变更原有金融产品中的任何一部分，并能够给客户带来新的利益和满足，都属于金融新产品的范畴。

（一）全新金融产品

全新金融产品是指金融企业利用新技术、新理念，创造出前所未有的金融产品，从而满足消费者某种新的需求。这类金融产品是当下市场中的新兴产品，开发和推广通常需要耗费较长时间，其生命周期是比较长的，同时短时间内很难被取代。但是随着现代科技的进步以及经济金融全球化，业内竞争越来越激烈，全新金融产品的创造速度将会明显加快。

（二）部分新金融产品

部分新金融产品多是金融企业利用特定的技术手段，对现有产品的某些方面进行重大的革新而形成的。例如在全球范围，很多金融企业都采用互联网技术，客户可以通过网络进行各种投融资活动，金融企业的经营模式也出现了所谓的“互联网+”模式。

（三）改进型新金融产品

改进型新金融产品是金融企业对现有金融产品的结构、品质、特性、功能等方面进行一定的改进而形成的新产品。改进型新金融产品与部分新金融产品的最大区别是，前者的开发一般不需要以最新的科学技术为基础，只需要在现有的技术水平下对现有的产品进行适当的改进。例如，目前很多银行都在标准化的信用卡业务的基础上，与手游、短视频、旅游景点、艺术文化等领域合作推出联名卡，突出自身特色，如交通银行的 PlayStation 主题信用卡、光大银行的抖音联名信用卡、工商银行的故宫联名信用卡等。

（四）仿制型新金融产品

仿制型新金融产品是金融企业仿照市场上已有的畅销金融产品，直接标以新的品牌或者冠以新的名称在市场上推出。因此，这类产品的开发成本比较低，市场竞争比较激烈，生命周期相对较短。此外，金融企业还可仿照竞争对手将现有的两个或多个金融产品进行适当组合从而形成新的金融产品，为客户带来新的利益和满足。

二、金融新产品的开发策略

金融新产品的概念中蕴含着多种多样的新产品开发手段，如运用新技术来开发新产品；改良原有金融产品、挖掘产品新功能，从而形成新产品；模仿与重组让旧产品变成新产品等。金融企业在开发金融新产品时，可根据自身情况和市场环境，有选择地使用以下几种策略。

（一）扩张型开发策略

扩张型开发策略是指金融企业围绕产品全方位延伸，开发出一系列不同类型、不同档次的金融产品，将其业务范围推向更广阔的市场，满足不同层次客户的需要。如目前商业银行致力于打造“一站式综合金融服务”。该策略的优势是便于操作，对客户具有较强的吸引力，有利于满足不同客户群体的需求，扩大细分市场的范围。但这种开发策略的局限性是开发成本较高，风险较大，一般适用于规模较大和实力较强的金融企业。

❖案例链接

中国银行个人综合金融数字化实践

中国银行以集团综合化经营为基础推进了自有一站式综合金融服务建设。中国银行在集团层面制定了相对完善清晰的综合化经营发展战略，并定期进行动态重检；设立了涵盖寿险、财险、证券、基金、理财、消费金融、航空租赁等10余家相对有市场竞争力的综合化经营主体，构建了相对完善的集团综合化风险管控体系；通过绩效考核激励做实了商业银行与综合化经营主体的业务联动与协同机制，持续扩大综合金融服务的广度与深度，取得了一定成效。

在个人综合金融服务数字化实践方面，中国银行以自有手机银行App为集团统一入口，有机整合综合化经营主体的各类产品与服务，按照“一个客户、一家银行、一站式综合金融服务”的模式进行实践，也取得了一些进展。

资料来源：中国银行个人数字金融部．银行一站式综合金融服务[J]．中国金融，2019(20)：72-73.

案例评析：“一站式综合金融服务”是目前多数商业银行采用的经营策略，这一策略成本虽高，但对商业银行来说受益匪浅，能够满足客户的不同金融需求。随着相关技术的广泛应用，同业竞争也将会非常激烈。

（二）差异型开发策略

差异型开发策略是指金融企业根据细分市场，放弃无竞争力的类似产品，集中开发出具有成本优势和竞争优势的新产品的一种策略，这种金融产品一般只适用于特定客户群体。这种策略的好处是不仅可以降低成本，还能借助优势来垄断市场，提高产品价格；缺点是金融产品的易被模仿性会让产品的差异性逐渐消失。

（三）协作式开发策略

金融产品大多是服务型产品，涉及生活各个方面。因此，在金融企业的新产品开发中，可以选择与高等院校、科研机构或是医院等其他单位合作开发新产品。该策略的好处是可以取长补短，发挥群体优势，产品更加适应客户的需求。

❖案例链接

平安银行与B站达成战略合作　布局年轻化一站式金融服务

2020年8月，平安银行与哔哩哔哩电竞达成战略合作。平安银行表示，此次跨界融合是该行深耕年轻客户群、创新营销服务的一次实践探索，是打造年轻化一站式金融服务平台的重要战略布局。

据介绍，在此次战略合作中，平安银行将与哔哩哔哩电竞携手，通过品牌层面联合、配套产品服务、2020 BilibiliWorld线下联动等形式，全面开启与“Z世代”(1995—2009年间出生的人群）的零距离对话，为年轻客户群提供一站式金融服务。

据悉，此次合作中，平安银行将推出三大IP六大银行卡面，打造金融“潮牌”形象。三大IP包括“平安智慧金库”“天天小财神”“智贷手办金”，每一个IP都对应有具象化的“二次元”形象，内核则对应平安银行热门零售金融产品，以“金融+二次元”的形式切中年轻人喜好。

其中，手办金作为一款资金解决方案类产品，纯线上化办理、灵活还款、计息合理，满足年轻人对于资金个性化、便捷化的需求。另外，平安银行还将联合双方IP推出一套6张系列卡面的联名借记卡。

资料来源：平安银行与B站达成战略合作 布局年轻化一站式金融服务［EB/OL］.（2020-08-07）［2022-02-10］. https://new.qq.com/omn/20200807/20200807A0A7KN00.html? Pc.

案例评析：竞争与合作一直都是企业之间的“相处方式”，借助合作双方的优势开发新产品也是目前金融企业的发展趋势。

三、金融新产品的开发程序

金融新产品的开发对于金融企业开拓市场、在竞争中居于有利地位具有重要意义，通常金融新产品开发需要完成七大步骤，如图5-2所示。

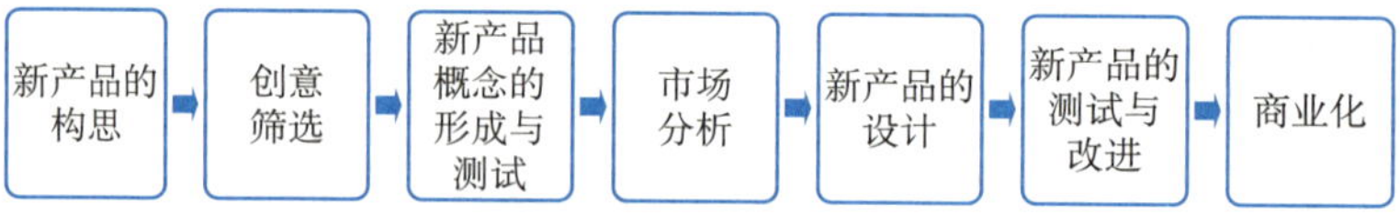

图5-2 金融新产品开发步骤

（一）新产品的构思

金融新产品开发的首要步骤是产生新产品的设想与构思，使该产品能够满足客户的某种需求，这一步骤是新产品产生的基础。金融新产品的构思可以来自客户调查、政府政策需求、同业市场的竞争研究、企业工作人员的设想等。

但是，并不是每一个创意都能与真正的市场需求相吻合，金融新产品的创意是否能够最终成为现实，与金融企业所拥有技术的先进程度、营销管理水平的高低以及创意的来源渠道等存在着很大的关系。

（二）创意筛选

金融企业通过各种渠道获得大量新产品的构思后，需要对这些创意进行筛选，尽可能选择符合市场需求的好的创意。有些创意可能不符合法律法规的要求，或者与金融企业自身的经营能力和发展方向相违背等，在进行创意筛选的过程中需要进行剔除或调整。一旦决定开发某种金融产品，金融企业将要投入大量资金，新产品创意的选择直接影响开发成本的大小。

（三）新产品概念的形成与测试

金融新产品的创意产生之后，用文字或是模型来对构思进行详细描述，即为产品概念。在新产品开发之前，金融企业要对新产品概念进行一定范围的客户调查。在调查中要向客户详细描述新产品的功能、特点以及未来带来的利益等，并要求客户对产品概念的描述是否清楚、产品是否满意、入市后是否愿意购买、哪些方面存在问题等进行反馈。金融企业通过分析客户的反馈信息来改进产品概念，使其更符合客户需要。

（四）市场分析

市场分析包括营销分析和商业分析。营销分析的目的是确定新产品的目标市场，预测产品的销售情况及价格。商业分析是从财务方面（成本与效益、现金流、投资回报等）分析新产品的收益，以确定其开发的可行性。

（五）新产品的设计

新产品的开发是在测试和市场分析的基础上，根据新产品概念开发设计出实际产品。在新产品的设计中不仅要平衡收益与风险，还需要注意产品的合规性问题。

（六）新产品的测试与改进

基本设计完毕之后，金融企业将新产品投放在目标市场上进行测试，观察潜在客户对新产品的接受程度，并对新产品进行推出前的最后改进。通过对新产品的市场测试，可以判断新产品的设计方案是否合理，是否能够得到客户的认可，并对产品的设计方案加以完善，有助于新产品的开发最终获得成功。

（七）商业化

商业化是金融新产品开发的最后阶段。如果金融新产品的市场测试效果较好，金融企业即可将新产品向市场全面推出。在这一阶段，金融企业需制订详细的新产品营销计划，包括产品的推出时间、投放区域、市场定位及营销策略的选择等。

任务五　金融产品品牌策略

金融产品是金融企业满足市场需求的载体，优秀的金融产品品牌能够引起客户的强烈偏好，有助于提升客户的忠诚度，并为金融企业带来竞争优势。

一、金融产品品牌的定义与作用

（一）金融产品品牌的定义

金融产品品牌是经过专门设计，用以辨识金融企业各自产品与服务的文字、符号、图案、标记等要素或要素组合。金融产品品牌可增加金融产品的价值，客户可以通过产品品牌来识别和区分金融企业及其产品。

金融产品品牌主要包括以下两个部分：

1. 品牌名称

金融产品品牌中可以用语言表达出来的部分即为品牌名称，如微众银行“微业贷”、中信银行“信秒贷”等。一个朗朗上口且寓意深刻的名称往往能极大地加深客户对金融企业产品的印象，有助于产品的销售。

2. 品牌标志

品牌标志一般是一些符号或图案，色彩鲜明，便于识记，又蕴含深意。如图 5-3 所示，中国工商银行非常有认知度的标志——红底白字的镂空“工”字，表示服务工商行业，同时一个隐形的方孔圆币体现着金融业的行业特征，设计巧妙。

图 5-3　中国工商银行的标志

（二）金融产品品牌的作用

品牌属于无形资产，金融产品品牌的价值和作用主要体现在以下几个方面。

1. 有助于形成产品的差异，扩大产品市场份额

金融产品品牌不仅包含着产品的特点、功能等核心要素，还蕴含着金融企业自身特有的文化等无形要素。这些鲜明特征赋予了产品的差异性，不仅吸引新客户，还促使老客户频繁购买产品，也有利于提高产品的知名度，进一步扩大市场份额。同时又明确目标市场，使得客户能够从各种各样的金融产品中识别出特定产品。

2. 有助于提高产品销售效率

首先，借助金融产品品牌强大的市场力量，能够使产品直接面向目标客户，提高销售效率。其次，品牌的知名度有利于快速建立客户对产品的信任，提高产品交易的成功率。此外，同一品牌的产品服务标准相同，提升了金融企业工作人员的业务效率，进一步促进客户对品牌和产品的认可。

3. 有助于提高产品的利润水平

品牌在金融产品开发过程中无须额外支出，却可以带来无法低估的价值。一个有价值的品牌具备较高的客户认知度和较强的情感渗透力，可维系稳定的客户关系，带来更高的产品价格、更低的销售成本、更大的市场占有率和更高的利润水平。

4. 有助于促进客户关系管理

品牌属于金融企业的无形资产，当金融产品的品牌已经深入人心，形成较强的品牌凝聚力时，有助于金融企业发展与客户的长期合作关系。通过金融产品的品牌建设，提升品牌的价值，树立客户的品牌意识和对品牌的信任，能够帮助金融企业培育优质客户，更好地维系客户关系。

※案例链接

惠民生、促经济——交通银行广东省分行隆重发布“粤享惠”品牌

说到手机银行功能，很多人第一反应是转账、理财、贷款、缴费。其实，作为国有第五大行，交通银行已在悄悄颠覆传统，除了常规金融服务功能，用交通银行手机银行还可以买影票、送蛋糕、点外卖、玩游戏、看直播、抽大奖，甚至选靓车、办签证、查发票、交党费、献爱心，这些方便实惠又贴近生活的功能，都能在交通银行手机银行“一站”搞定。

2020 年 8 月 4 日，交通银行广东省分行在广州隆重举办“交通银行，就是这么实惠”之“广州财富嘉年华”活动暨“粤享惠”品牌媒体发布会。

此次“粤享惠”的发布，是交通银行在新时代践行“客户至上”理念和广东“敢为人先”精神的又一生动写照，交通银行将继续秉持“一个交行、一个客户”的经营理念，持续探索提升服务客户和创造共同价值的有效途径，顺应、引领金

融业数字化、智慧化转型，为服务广大客户和促进广东实体经济发展作出更大贡献。

“粤享惠”品牌的诞生，是广东交通银行践行总行数字化转型战略部署，依托手机银行载体，聚合金融与非金融特色服务场景，打造的南粤本土线上品牌。未来，交通银行广东省分行将以此为契机，全力提升客户体验、塑造品牌形象，成为广大客户企业随身“贴心银行”。

作为一个面向千万用户的特惠品牌，“粤享惠”已成为一个内聚产品与服务、外链用户与商户的本地化“金融＋生活”服务平台，为用户提供“理财融资＋吃喝玩乐、衣食住行”等高品质特惠服务，先后引入京东、苏宁、广百、广盐、立白等合作商家。疫情以来，累计向25万用户发出超32万张优惠券，同时向外部商户引流拓新超7万用户，全面助力居民消费回暖、商户复工复产，有效发挥了国有大行“普惠大众、惠及民生”的硬核担当。

据了解，在交通银行广东省分行“粤享惠”平台，每天都能看到秒杀和各式活动的身影。记者现场打开交通银行App体验，除了最吸引人的0元喝咖啡，还有3折买零食、5折买洗护用品、6折买门票，也有名师大讲堂、支付贴金券等，各式优质服务眼花缭乱，平均每天还会有8场专属服务加盟，供用户选择。

粤享惠，尽享生活所惠！未来，交通银行广东省分行将搭乘科技强国的东风，秉承数字化转型道路，以用户为中心，想用户之所想、触用户之所及、惠用户之所需，全力打造具有广东特色的“智慧金融＋普惠生活”双融合专属服务品牌，为广大客户朋友提供“一站式、多生态、全方位”的高质量服务体验。

资料来源：惠民生、促经济——交通银行广东省分行隆重发布“粤享惠”品牌［EB/OL］.（2020-08-04）［2022-02-15］. https：//new.qq.com/omn/20200804/20200804A0S42300.html.

案例评析：有魅力的品牌能引起强烈的消费者偏好。一个优秀的品牌赋予金融产品很高的信誉度，也会拓展金融企业的细分市场范围。

二、金融产品品牌营销策略

一个好的金融产品品牌可以带来巨大的收益，金融企业要想在产品营销中发挥品牌的最大作用，可以有选择地应用以下几种品牌策略。

（一）新品牌策略

新品牌策略是指在金融企业推出一个新的产品种类时采用一个全新的品牌。当金融企业的现有品牌不适合新的产品种类，或者品牌老化，影响力下降，对新产品种类的营销不利，则需要建立一个新的品牌。

（二）多品牌策略

多品牌策略是指在同一金融产品种类中采用多个品牌。这一策略可使有不同需求的客户选择到适合自己的产品，金融企业可以建立多个侧翼品牌来保护主品牌。但这一策略存在一定弊端，品牌虽然较多，每一种品牌有一定的拥护者，但客户数量都不多，对应的产品利润也不高，而成本较高。

（三）产品线扩张策略

产品线扩张策略是指在已有品牌下的已有产品线中开发新的金融产品。这一策略成本和风险都比较低，在已有品牌影响力下推销新产品，很多基金公司采用这种策略。如安信基金管理有限公司旗下的100多只基金都是将“安信”放在产品品牌名称和系列产品名称的首位。当推出新产品时采用“安信”品牌，可以立即获得客户认可，减少了营销成本。但是，这一策略使用过度，产品延伸过长，品牌名称带来的利益有可能逐渐减少。

（四）品牌延伸策略

品牌延伸策略是以现有的品牌名称推出新的产品种类。需要注意品牌延伸策略与产品线扩张策略的区别，前者开发新产品种类，后者在已有产品种类上开发新产品。品牌延伸策略的优点包括新产品种类开发成本较低、客户较快接受新产品等。但是，也存在一定风险，若新产品与已有品牌联系不大，即使品牌再好，客户对该品牌的印象也可能大打折扣。

（五）合作品牌策略

合作品牌策略是将两个或多个品牌结合在一起作为同一个产品的品牌。如2020年5月15日，浦发银行的银联品牌信用卡与百联集团合作推出了基于百联新零售业态题材的浦发银行i百联联名信用卡。两个品牌结合在一张信用卡上，可以为客户带来最佳的消费体验和金融服务体验，更重要的是，能为合作双方实现业态互补和全场景多渠道结合渗透带来共赢。

❖素养提升

一、商标和品牌的区别

商标是一个法律概念，由商标法对其进行保护，一经注册，权利人就享有商标专用权。而品牌是一个经济学概念。对于企业来说，品牌通常只有少数几个，但是商标可以选择注册一系列商标。商标的作用是将商品与企业关联起来，起到标识作用。品牌关联的则是企业的整体形象，但商标和品牌的关系也非常密切，企业通常将品牌注册为一系列商标之一。

事实也证明，将品牌作为一个商标进行注册，用商标法来保护，是最方便有效、最强有力的保护企业商誉的一种方式。因此，从某种意义上说，一个企业品牌和商标可以相同，所以人们才常常把品牌和商标等同起来，事实上品牌从外延比商标更宽泛。

二、法律依据

《中华人民共和国商标法》第三条　经商标局核准注册的商标为注册商标，包括商品商标、服务商标和集体商标、证明商标；商标注册人享有商标专用权，受法律保护。

本法所称集体商标，是指以团体、协会或者其他组织名义注册，供该组织成员在商事活动中使用，以表明使用者在该组织中的成员资格的标志。

本法所称证明商标，是指由对某种商品或者服务具有监督能力的组织所控制，而由该组织以外的单位或者个人使用于其商品或者服务，用以证明该商品或者服务的原产地、原料、制造方法、质量或者其他特定品质的标志。

集体商标、证明商标注册和管理的特殊事项，由国务院工商行政管理部门规定。

项目小结

- 金融产品策略
  - 金融产品概述
    - 产品及金融产品的含义
      - 产品的含义
      - 金融产品的含义
    - 金融产品的特征
      - 无形性
      - 不可分割性
      - 易被模仿性
      - 价格的趋同性
      - 金融服务与客户关系的持续性
    - 金融产品的种类
      - 银行类金融产品
      - 保险类金融产品
      - 证券类金融产品
      - 其他类金融产品
    - 金融产品的整体概念
      - 核心产品
      - 形式产品
      - 附加产品
      - 期望产品
      - 潜在产品
  - 金融产品组合
    - 金融产品组合的定义及构成要素
      - 金融产品组合的定义
      - 金融产品组合的构成要素
    - 金融产品组合的作用
      - 有利于产生广告的规模经济效应
      - 有利于提高市场占有率
      - 有利于树立金融企业的形象
    - 金融产品组合策略
      - 全线全面型策略
      - 市场专业型策略
      - 产品线专业型策略
      - 特殊产品专业型策略
      - 产品线填补策略
      - 产品线剔除策略
  - 金融产品生命周期与营销策略
    - 金融产品的生命周期
    - 金融产品生命周期各阶段的特点及其营销策略
      - 导入期
      - 成长期
      - 成熟期
      - 衰退期
  - 金融新产品开发
    - 金融新产品的定义
      - 全新金融产品
      - 部分新金融产品
      - 改进型新金融产品
      - 仿制型新金融产品
    - 金融新产品的开发策略
      - 扩张型开发策路
      - 差异型开发策略
      - 协作式开发策略
    - 金融新产品的开发程序
      - 新产品的构思
      - 创意筛选
      - 新产品概念的形成与测试
      - 市场分析
      - 新产品的设计
      - 新产品的测试与改进
      - 商业化
  - 金融产品品牌策略
    - 金融产品品牌的定义与作用
      - 金融产品品牌的定义
      - 金融产品品牌的作用
    - 金融产品品牌营销策略
      - 新品牌策略
      - 多品牌策路
      - 产品线扩张策略
      - 品牌延伸策略
      - 合作品牌策略

教学一体化训练

【重要概念】

金融产品　金融新产品　金融产品组合　金融产品品牌　金融产品生命周期

【课后自测】

一、单项选择题

1. 以下哪项不属于金融产品的整体概念？（　　）

A. 核心产品　B. 形式产品　C. 中心产品　D. 附加产品

2. 以下哪项属于金融产品组合策略？（　　）

A. 扩张型开发策略　B. 协作开发策略

C. 产品线扩张策略　D. 产品线填补策略

3. 金融产品营销目的是保持现有市场的阶段是（　　）。

A. 成长期　B. 成熟期　C. 衰退期　D. 导入期

4. 新产品的设计在金融新产品开发程序中是第（　　）步。

A. 五　B. 四　C. 六　D. 三

5. 金融企业将两个或多个品牌结合在一起作为同一个产品的品牌策略是（　　）。

A. 品牌延伸策略　B. 合作品牌策略

C. 产品线扩张策略　D. 多品牌策略

二、多项选择题

1. 金融新产品包括（　　）。

A. 全新新产品　B. 仿制型新产品　C. 改进型新产品　D. 部分新产品

2. 常用的金融产品组合策略有（　　）。

A. 产品线专业型　B. 产品线扩张型

C. 产品线填补策略　D. 产品线剔除策略

3. 金融产品品牌主要包括（　　）。

A. 品牌名称　B. 品牌图案　C. 品牌标志　D. 商标

4. 金融产品成长期的特点有（　　）。

A. 销量增加　B. 竞争者增加　C. 利润增量减缓　D. 单位成本增加

5. 下列属于金融产品的有（　　）。

A. 意外伤害险　B. 银行理财产品　C. 证券投资基金　D. 代保管业务

三、判断题

1. 附加产品对金融产品而言并不重要。（　　）

2. 金融产品的品牌就是商标。（　　）

3. 并非所有的金融产品的生命周期都有导入、成长、成熟、衰退四个时期。（　　）

4. 金融企业直接仿照市场上已有的金融产品开发出的产品不属于金融新产品。（　　）

5. 金融新产品的构思创意可以来自企业员工的设想。（　　）

四、简答题

1. 与一般产品相比，金融产品有哪些特点？
2. 简述金融新产品的开发程序。
3. 金融产品品牌的作用有哪些？
4. 金融产品的品牌策略有哪些？

五、案例分析

银行又放大招！

面对用户与时俱进的消费需求和消费习惯，以借贷优势而成为众多用户必备的信用卡，由于有形介质和支付场景的局限，已经难以满足移动互联网支付的新需求。一直以移动互联思维、坚持去实体卡思维的中国银行，经过多年的研发，颠覆了传统信用卡形式，推出金融科技和数字支付的创新结合型产品——中银数字信用卡。

一、只需线上操作，兼顾传统信用卡优势

数字信用卡的诞生折射出中国银行从产品、服务、营销到管理的全方面经验模式变革。一方面实现用户“发卡即用卡”，完成了生活场景与用卡场景的深度融合，另一方面标志着传统银行正式迈进互联网数字化，为同行产品的战略转型起到了转折性的探索意义。

中行老客户申请中银数字信用卡可全程线上操作，从申请至激活仅需 5 分钟，真正实现即申即用；产品顺应当代互联网人群追求即时化、便捷化、个性化的消费需求，一经推出就获得市场的广泛认可和好评，2019 年发卡量一举破百万。

好评的背后来自中国银行对支付行为改变和客户痛点的深度洞察和成熟的技术应用。中银数字信用卡依附于电子支付，囊括方便、快捷、低成本、智能、安全等特点，追求具有差异化的创新支付体验和多维的消费体验。

就支付体验而言，中银数字信用卡既兼顾了传统信用卡的优势，同时也满足了移动支付的便捷性和银行保障的安全性等用户需求。此外，用户还可于云闪付 App 上绑定卡号，借助智能手机进行线上支付或线下银联二维码支付，也不用担心出现卡片丢失或盗刷等情况。

二、赋能三大场景，用户省心又省钱

就权益体验而言，相对于传统移动支付，中银数字信用卡赋予用户的专属权益也十分可观。

1. 车主：ETC 记账卡实现“四即”

针对现阶段车主对于用车需求增多的情况，为满足客户快速用卡需求、提升客户办理实效，中国银行在同业中率先研发中银数字 ETC 卡，免去实体卡制卡邮寄过程，颠覆传统，实现“一次办理、即刻出发”。客户网上申请中银数字 ETC 卡并激活后即可绑定 ETC 记账卡，实现“四即”：即申、即办、即绑、即通行。ETC 全业务流程可在 10 分钟左右完成，为客户带来全新体验。

2. 互联网消费：联合 12 大人气 App

中国银行在生鲜到家、外卖、海淘等多个互联网消费场景均有大力度消费优惠、积分优惠。更联合大润发优鲜、天天果园、易果生鲜、两鲜、八戒美味、京东到家、光明随心订、多点、东方购物、美菜、Yhouse、食行生鲜这 12 大 App，推出云闪付绑卡享

“满 50 减 15”优惠。不出门就能买到优质蔬果，省钱安心又便利。此外，使用积分兑换快捷支付 5 倍积分加速权益，享云闪付消费 1 元累计 5 积分。2020 年 4 月 30 日前，使用中银数字信用卡绑定美团支付享受五折优惠。

客户即使没有中行信用卡，也可通过中行官方渠道申请中银数字信用卡，审批通过后即可持通知短信、身份证到附近任意网点，免柜台排队直接办理激活并绑定第三方支付平台，享受大力度消费折扣，不用担心错过机会。中行信用卡老客户则可以直接通过手机银行激活，实时享受消费折扣。

中行信用卡新客户网上申请中银数字信用卡还可拥有额外消费补贴，享受消费满额赠礼的实在福利。2020 年 12 月 31 日前申请，还可享受金卡消费 5 笔减免次年年费；白金卡消费 12 笔且满 2 万元减免次年年费的优惠政策。

三、分期：实现真正的无处不分期

为更全面地为客户提供数字化消费体验，对应现有的消费金融市场和互联网支付环境，中国银行打造中银数字分期系列专属产品，作为分期业务放款账户，支持扩展形成汽车等多种专项分期场景，实现真正的无处不分期。

而在创新服务体验方面，中国银行也积极拓展，展现出了独具特色的亮点，在中银数字信用卡上围绕手机银行、优惠消费金融、电商平台、商圈、面对面五大应用场景，为用户提供了可感可享的便利、安全、时尚的全场域支付体验，做到日常生活的“无缝衔接”。

中国银行响应市场需求，通过前沿科技与创新业务的双轮驱动，成就无与伦比的中银数字信用卡，以颠覆性的创举，探索出了一套以用户为核心的极致用卡体验，引领智能安全、时尚、便捷的移动支付新潮流，创造个性化、多样化、差异化的消费新热点。

未来，中国银行将继续秉承“利民、便民、惠民”的宗旨，持续推动支付业务创新，为用户提供全面领先的全球移动支付服务。

资料来源：银行又放大招！这次是颠覆你对信用卡的认知 [EB/OL]. (2020 - 04 - 02) [2022 - 03 - 10]. https://cj.sina.com.cn/articles/view/1651428902/626ece2601900pc28? from=finance.

阅读材料，回答以下问题：

1. 中国银行的数字信用卡属于金融新产品吗？其开发运用了什么策略？
2. 谈谈对其他金融企业的启示。

职业技能训练

1. 训练目标

（1）使学生了解金融企业的品牌策略。

（2）培养学生灵活运用金融品牌策略的能力。

2. 训练内容

（1）浏览一家金融企业的网页，搜索和整理出不同品牌策略的实例。

（2）结合相关金融企业的业务、市场的特点，指出不同品牌策略的适用情况，进行利弊分析。

3. 训练评价

(1) 金融产品品牌选择恰当，理由充分。(20 分)

(2) 金融企业品牌策略分析、把握准确。(30 分)

(3) 能够比较不同品牌策略的差异和利弊。(20 分)

(4) 书面报告详略得当、逻辑清晰。(30 分)

项目六

金融产品定价的方法与策略

知识目标

1. 了解金融产品价格的构成及定价的基本流程。
2. 掌握金融产品定价的目标。
3. 熟悉金融产品定价的影响因素。

能力目标

1. 能够分析宏观环境和市场变化对金融产品价格的影响。
2. 能够分析常见金融产品定价的方法和策略。

素养目标

1. 理论知识结合案例分析，引导学生懂得理论只有经过实践的检验才能真正发挥作用，提高学生的科学思维方法。

2. 学习金融产品定价方法与策略，聚焦新的金融热点，凝结新的思想精华，培养学生的创新思维。

案例导入

到底是谁在为黄金定价?

阿根廷布宜诺斯艾利斯经济新闻网报道，自2020年年初以来，金价已累计上涨27%以上。分析师预测，金价或将很快突破每盎司2 000美元大关。然而，到底由谁来决定黄金的价格？如何估算黄金的价格？要想弄清楚这些问题，首先必须了解为什么会有黄金固定价和现货价格。

黄金现货价格是动态的，全天24小时持续受买卖订单影响，价格会依据现有的供求关系波动。人们可以随时查询黄金现货价格。现货价格分为两类：出价，即投资者愿意购买的价格；要价，即黄金持有者愿意出售的价格，通常比出价略高。这些价格通常是银行交易实物黄金的均价。

与之相反的是黄金固定价，即黄金定盘价，顾名思义就是固定不变的价格。从1919年开始，每天发布的黄金定盘价一直是被广泛采用的金价标准。

报道指出，目前伦敦金银市场协会（LBMA）黄金定价机制成员共有15家，分别是中国银行、中国交通银行、美国黄金销售商CNT、高盛集团、汇丰银行、中国工商银行、美国福四通国际公司、简街全球贸易公司、摩根大通伦敦支行、科赫供应与贸易有限公司、瑞福金融公司、摩根士丹利、渣打银行、加拿大丰业银行和多伦多道明银行。

首先由其中一家机构提出一个接近现货价格的价格，随后其他机构根据向客户购买或出售的订单提高或降低价格。

报道称，伦敦黄金固定价（伦敦黄金定盘价的前身）于1919年9月12日诞生。最初的5家定价成员银行分别是罗斯柴尔德父子公司、蒙卡塔公司、皮克斯利阿贝尔公司、塞缪尔蒙塔古公司和夏普威金斯公司，定价委员会永久主席是罗斯柴尔德父子公司。

2004年4月，罗斯柴尔德家族决定退出黄金交易和“黄金定盘价”机制，其席位由巴克莱银行于2004年6月7日买到，其余4家发起人银行也开始变化。2013年，新的5家定价成员分别是汇丰银行、德意志银行、巴克莱银行、法国兴业银行和加拿大丰业银行。此前主席一直由罗斯柴尔德伦敦银行担任，后改为由5家银行轮流担任。目前LBMA黄金定价机制成员已经从过去的5家扩展到上文提到的15家。

报道还指出，2020年初以来，新冠肺炎疫情蔓延至世界多国，与此同时，美国和中国之间紧张关系不断升级，因此投资者比以往任何时候都更加重视黄金作为避风港的作用。此外，由于国际现货黄金是以美元计价结算的，因此最近美元贬值也成为推动金价上涨的一个因素。

资料来源：来看看到底是谁在为黄金定价？［EB/OL］.（2020-08-02）［2022-05-18］. http://www.cankaoxiaoxi.com/finance/20200802/2417275.shtml.

【感悟】

黄金作为一种金融产品，其价格的确定受诸多因素的影响。金融产品定价影响因素的分析是金融企业给金融产品定价的重要步骤。

任务一　金融产品定价与定价目标

价格是影响客户选择产品的主要原因，是唯一创造收益的要素，在营销组合要素中有着重要的地位。

一、金融产品定价

我国金融市场是非完全竞争市场，金融产品定价策略的使用有一定限制。但随着市场化程度不断提高，竞争日益激烈，定价策略的运用也越来越广泛。

（一）金融产品的价格

金融产品的价格是用货币形式表现的客户拥有或使用金融产品或服务的价值。金融产品种类繁多，其价格形式也多种多样，主要有利率、汇率、费用等。

1. 利率

利率是金融产品价格的重要形式，不同风险的金融产品的利率水平不同，不同期限的金融产品的利率水平也不同。利率取决于社会平均利润率、借贷资金的供求关系、物价水平、贷款人与借款人对通货膨胀的预期、国际利率水平及相关政策法规等多种因素。

2. 汇率

汇率是两国货币的兑换比率，是一国货币对外价格的表现形式。我国外汇市场以银行间市场为中心，是我国金融市场的重要组成部分，使得汇率逐渐成为金融产品（尤其是银行产品）价格考虑因素之一。由于目前汇率的制定和调整受到有关部门的监督和管理，其可操作性远低于利率。

3. 费用

费用包括传统业务费用和创新业务费用两种形式。传统业务费用有结算费、担保费、保管费、咨询费、保险费、手续费等，费用高低一般取决于成本和客户关系，风险较小。创新业务费用主要为与金融衍生工具有关的费用，具有较强的技术依赖性和风险性。

（二）金融产品定价的基本流程

金融产品定价的基本流程主要包括五个步骤，如图 6-1 所示。

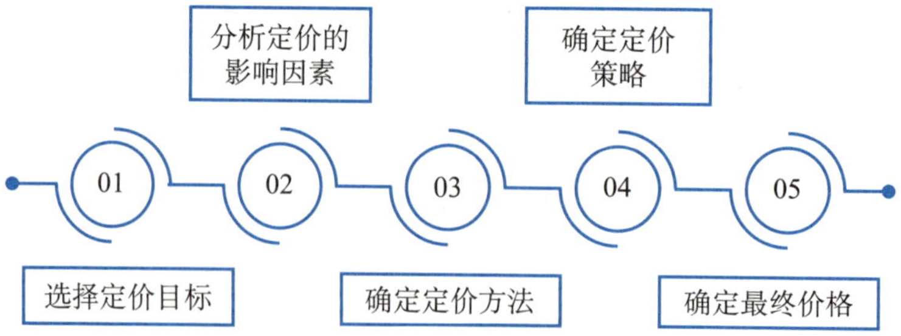

图 6-1　金融产品定价的步骤

1. 选择定价目标

定价目标是金融企业对金融产品进行价格决策时想要达到的目的。一般情况下，金融产品定价目标的选择，应该考虑宏观经济环境、同业竞争状况、金融企业自身经营能力、产品特点等方面的因素。

2. 分析定价的影响因素

金融产品的价格往往受许多因素的影响，因此，金融企业的产品定价决策需要结合定价目标，考虑到各种影响因素，作出准确且有效的价格决策。

3. 确定定价方法

金融产品的定价方法是指在考虑了诸多因素的前提下，对产品价格进行计算的方法。在金融营销实务中，一般可供选择的金融产品定价方法有成本导向定价法、需求导向定价法、竞争导向定价法等。

4. 确定定价策略

确定了定价方法，得到了金融产品的价格水平，但最终价格的确定还需要考虑到金融产品销售的时间和地点、目标客户等营销情况的因素。因此，金融企业还需要根据不同营销状况选择定价策略。

5. 确定最终价格

金融企业结合定价目标，考虑到定价影响因素，再运用已选择的定价方法和策略，确定了产品的最终价格。但是金融产品的价格不是一成不变的，它会随着市场供求关系、企业经营状况等的变化随时作出调整。

二、金融产品定价的目标

按照前述金融产品定价的基础流程，选择恰当的产品定价目标是价格决策的前提和首要任务，是确定定价方法和策略的主要依据。在现实中，金融企业会根据实际情况有选择地确定一个或几个定价目标。金融企业的定价目标一般有以下几种。

（一）追求利润最大化

这是指金融企业将在一定时期内所能获得的盈利水平作为产品定价的目标。但这并不意味着金融产品的价格要很高，价格过高会影响销量，降低利润总水平，理论上使得利润最大化的价格是边际收益等于边际成本时的价格水平。

利润最大化包括短期利润最大化和长期利润最大化。追求短期利润最大化意在短期内提高产品价格，获得更高的利润，一般是金融企业内部人员注重当期财务绩效的选择。但这种高利润只是暂时的，随着市场供求关系的变化，产品价格无法保持高价。因此，有远见的金融企业应将长期利润最大化作为自己的目标。

（二）巩固和提高市场占有率

金融产品具有易被模仿性和价格一致性，故金融企业无法通过增大成本与价格之差来增加利润。金融产品的销量很大程度上取决于该金融企业所占市场份额。因此，一些金融企业会将扩大其市场份额作为定价目标，旨在通过增加产品销量获得更大的利润。在金融新产品开发的阶段和一些新成立的金融企业要想在市场上有所发展，通常会采用低价销售来快速占领市场。

（三）应对同业竞争

在同业竞争异常激烈时，一些金融企业会将适应或抑制同业竞争作为定价目标。对于实力雄厚的大型金融企业来说，一般采取适当的低价策略来阻止竞争企业进入目标市场。对于一些中小金融企业而言，一般无力左右行业价格，只能以市场主导的价格为标准，随行就市定价。无论哪一种情况，金融企业都需要注意竞争对手产品价格的相关消息，防患于未然。

（四）树立品牌形象

良好的品牌会增加金融产品价值，提高金融企业的市场占有率，增加利润水平。在树立品牌形象的定价目标下，金融企业一般会利用品牌形象制定高于同行的价格，营造一种“高质量、高价格”的形象。例如，一些被公认为能够提供优质服务的投资银行就对其提供的产品和服务制定了较高的价格，并由此获得很高的利润。

任务二　金融产品定价的影响因素

金融产品的特殊性使得金融产品的定价更为复杂。为了使得产品定价更合理，金融企业需要事先考虑到自身内部情况和外部市场环境。金融产品定价的影响因素包括金融产品的成本、金融产品的需求、市场竞争以及其他因素。

一、金融产品的成本

金融企业和一般企业一样，其经营目的是为了营利。因此，在金融产品定价时首先要考虑成本因素，成本是金融企业为产品定价的基础。

金融企业的成本一般有两种形式，即固定成本和可变成本。固定成本不随金融产品销量的变化而变化，短期内一般较为稳定，如每月计提的固定资产折旧、房租等。可变成本是随着金融产品销量的变化而变化的，如产品的销售费用等。总成本是固定成本和可变成本之和。金融企业制定的产品价格应该至少能够补偿维持现有经营水平的总成本。

一般金融企业的固定成本在总成本中占比较多，可变成本占比较少，故金融企业应尽可能提高销售量来降低单位产品成本。金融企业可以通过提高员工的专业化程度、改善服务设施、提高服务效率等方式吸引客户购买，从而扩大销售量。

❖案例链接

控制成本平衡收益　银行信用卡权益悄然缩水

2018年初，招商、广发、浦发等多家银行调整了积分兑换航空里程等权益，信用卡积分价值出现不同程度“缩水”。作为银行转型零售的利润贡献大户，银行信用卡为何此时在用来吸引和黏住用户的权益上“踩刹车”？受访人士称，主要是这几年刷卡费率不断降低所致，如今“缩水”相关权益，是为控制运营成本、平衡收益。

招行将运通百夫长白金卡在本自然年内的兑换额度调低为5万里程及酒店集

团积分，其他高端卡也相应调整。同时，该行声明，每客户兑换总数不超过名下最高等级流通卡种兑换上限，这意味着招行的兑换额度是按户限制。不只是广发、招行，2017年以来，浦发、平安、兴业等多家银行都调整了相关权益，集中体现在下调航空里程或酒店积分的兑换上限。对于削减积分权益的理由，广发和招行给出的理由皆是为了让更多持卡用户享受到里程或酒店的积分兑换服务。除了调整兑换上限，一些卡种的保险权益也被取消，部分信用卡可被计入积分的消费类别也在收窄。

融360分析师孟丽伟表示，最近一段时间，多家银行调整了信用卡、特别是高端信用卡积分兑换航空里程的规则。虽然调整方式不同，但结果一致，都是信用卡积分“缩水”。银行这些调整甚至导致出现了一波高端卡“销卡潮”。

信用卡一大收入来源是刷卡手续费。“费率是核心问题。费率较高，刷卡频繁，给银行带来的利润越多，积分奖励自然就多。”信用卡市场资深研究人士董峥说，但是费改后，费率不断下降，已经让积分价值下降。

所谓费改，是为打击支付市场套码、信用卡套现等乱象，央行于2016年调整了银行卡刷卡手续费，其中信用卡服务费率为不超过交易额的0.45%，加上0.065%的网络服务费率，合计费率约为0.6%。

董峥曾为信用卡积分兑换价值算过一笔账，当时积分价值的兑换比例约为千分之五，虽然比较高，但当时费率也高，在1%以上。如今费率降至0.6%，手续费利润下降，兑换价值缩水也是正常现象。

交通银行金融研究中心首席分析师许文兵说，刷卡手续费的费率已较为市场化，信用卡的发展重心已从拓展市场向平衡收益转移，以往给持卡人的权益，可以理解为拓展市场的手段，也可以看做对用户刷卡行为的“返利”。随着市场环境和目标的变化，银行逐渐开始追求商业上的可持续。

资料来源：魏倩，张琼斯．控制成本平衡收益　银行信用卡权益悄然缩水［N］．上海证券报，2018-05-23（4）.

案例评析：费改使得费率降低，银行的信用卡收益减少。要想让信用卡利润不大幅降低，银行就会考虑控制成本，表现为信用卡权益“缩水”。由此可见，当金融企业考虑产品价格影响因素时，首先考虑的是成本因素。

二、金融产品的需求

金融产品与其他产品一样受市场供求关系变化的影响。随着市场竞争日益激烈、科学技术水平的不断进步，金融产品趋于同质化，金融企业必须挖掘潜在需求来取得市场占有率，而潜在需求者通常会在产品“性价比”之间权衡对比。因此，金融企业常常需要考虑金融产品需求的价格弹性、收入弹性和交叉弹性。

（一）金融产品需求的价格弹性

需求的价格弹性是产品的需求量对价格变动的敏感程度，不同金融产品的需求价格弹性不同。当某种金融产品的需求对价格缺乏弹性，则表明客户对该金融产品的价格变化不敏感，这时产品提价对销售量影响不大，可以通过提价增加利润。当客户对某种金融产品的价格变化较为敏感，则价格的微小变化将会引起销售量的较大变化，对产品提价应当谨慎，而降价可以获得薄利多销的效果。

（二）金融产品需求的收入弹性

需求的收入弹性是收入变动所引起的产品需求变动的程度。某一金融产品的需求收入弹性越大，说明客户收入的变动会引起该产品需求量的大幅度变动。因此，金融企业需充分了解金融产品的目标客户的收入情况，并制定相应的价格策略。

（三）金融产品需求的交叉弹性

需求的交叉弹性是一种金融产品的需求变动相对于另一种相关金融产品价格变动的反应程度。一种金融产品的需求也可能受到另外一种金融产品价格的影响。

如果某种金融产品相对于另外一种金融产品的需求交叉弹性为正值，表明这两种金融产品互为替代品，当一种产品的价格上升，客户会放弃购买该产品，转而选择与其互为替代的另一产品。若某种金融产品相对于另外一种金融产品的需求交叉弹性为负值，则两种金融产品为互补品，“一荣俱荣，一损俱损”。因此，在金融产品定价时，金融企业必须考虑产品与产品之间的联系。

三、市场的竞争状况

在竞争日趋激烈的环境下，价格是消费者选择同类金融产品的重要考量因素，因此，金融企业对产品的定价或者价格的调整，都会受到竞争对手的关注，并引起竞争对手产品价格策略的调整。

相应地，在进行金融产品定价时，金融企业还应充分考虑竞争对手的情况，将自己产品的功能、成本、市场需求等方面与竞争者的同类产品进行比较，以判断自己的产品有无竞争优势，并建立正确的竞争观念，选取有利于自己的竞争策略。实力强大的金融企业产品定价的选择空间较大，实力较弱的金融企业往往选择随行就市或者低价促销。

四、其他因素

（一）政策法规

金融企业在进行金融产品定价决策时，必须严格遵循国家相关政策法规和监管要求，然后才是各种营销定价策略的运用。

因此，金融企业应时刻关注国家政策变动，切实落实相关法律法规的要求，及时调整产品价格。

❖案例链接

人身险责任准备金评估利率专委会成立

2019 年 11 月，中国保险行业协会在北京正式成立人身保险业责任准备金评估利率专家咨询委员会（以下简称“专家咨询委员会”）。相关人士表示，中国银保监会支持成立专家咨询委员会，定期研究讨论评估利率调整的必要性及其影响，从根本上来讲，就是要完善人身保险费率市场化的形成机制，形成民主、科学的决策机制。

2013年以前，保险产品价格由政府管制，这显然不符合建立中国特色社会主义市场机制、发挥市场在资源配置中的决定性作用，更不符合尊重企业经营自主权的思想。自2013年开始，中国银保监会推进人身保险费率形成机制改革，把产品定价权还给企业、还给市场，将过去由政府管定价转变为政府管评估利率、管责任准备金，产品定价完全交由市场主体（公司）自主决定。

其中，评估利率是“指挥棒”，市场主体的定价利率跟随评估利率走。如果评估利率符合经济发展的实际，符合未来经济的走向，那么对行业有益。如果盲目地拍脑袋决策，就会对行业造成灾难性的后果。

专家咨询委员会是中国银保监会调整评估利率的决策参谋，成立专家咨询委员会只是完善评估利率形成机制的第一步，后续要围绕评估利率这个核心，形成一套以评估利率为核心的监管制度。

资料来源：朱艳霞．影响保险产品定价利率！人身险责任准备金评估利率专委会成立［EB/OL］.（2019－11－27）［2022－05－27］. https：//finance. sina. com. cn/money/insurance/bxdt/2019－11－27/doc-iihnzhfz1956353. shtml.

案例评析：人身保险产品定价的政策导向由过去的政府管制向市场主体自主定价转变，逐渐完善人身保险费率市场化的形成机制。作为金融企业来说，在进行产品定价时需要密切关注国家政策导向的变化。

（二）经营风险

风险无处不在，防范风险是金融行业在日常经营活动中的首要任务。如银行在经营贷款业务时，为防范未来可能出现的违约风险，需要提前调查审核贷款申请人的基本情况和贷款偿还能力等信息。在对金融产品定价时，金融企业必须考虑信用风险、操作风险、市场风险等各类金融风险以及防范这些风险所付出的成本。在金融产品定价前，金融企业需要评估该产品的风险等级，一般来说，风险越高的金融产品定价越高。

任务三　金融产品定价的方法

金融产品价格若是太低，则无法实现利润目标；若太高，又会抑制金融消费者的需求。因此，金融企业在对金融产品定价时，要选择合适的定价方法，确定合适的价格水平。金融产品定价的常用方法有三类：成本导向定价法、需求导向定价法和竞争导向定价法。每一类定价方法下又包括几种具体方法。

一、成本导向定价法

成本导向定价法是以金融产品的成本为基础的定价方法，具体包括成本加利润定价法、目标利润定价法和盈亏平衡定价法。

（一）成本加利润定价法

成本加利润定价法是最常见、最简单，也是最传统的定价方法。顾名思义，该方法是总成本加上预期利润来决定金融产品的价格，价格与成本的差额就是预期利润。计算公式为：

单位产品价格＝单位产品总成本＋单位产品预期利润
＝单位产品总成本×(1＋成本利润率)

该方法计算简便且准确性较高，原理也简单，易操作。但是，这种定价方法灵活性较差，存在着一定的局限性。首先，该方法没有考虑到市场供求变化以及产品所处不同生命周期阶段对价格的影响；其次，该方法忽略了市场竞争和需求；最后，金融产品销量难以事先确定。

一般来说，该方法适用于标准化或竞争性不强的金融产品，一些小型金融企业为便于核算成本，也使用该方法定价。

（二）目标利润定价法

目标利润定价法是指金融企业根据预期目标利润来反推金融产品的价格。计算公式为：

目标利润＝总收入－总成本

单位产品价格＝(总成本＋目标利润)/预计销量

该方法的目标明确，就是为了实现既定利润目标。但同成本加利润定价法一样，目标利润定价法忽略了市场竞争状态和需求情况。

（三）盈亏平衡定价法

盈亏平衡定价法是以盈亏平衡时的价格水平作为金融产品的保本价格，也称“保本定价法”。盈亏平衡分析如图 6－2 所示。

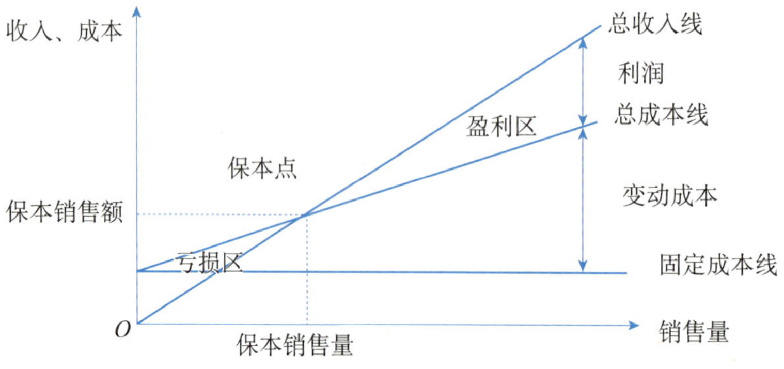

图 6－2　盈亏平衡分析图

盈亏平衡定价法的计算公式为：

保本销量×单位产品保本价格=固定成本+可变成本

单位产品保本价格=固定成本/保本销量+单位产品可变价格

该方法使得最低价格足以补偿成本，且价格调整空间较大，灵活且简便，但也存在一定缺陷。首先，金融企业需要以预估的销量来求出价格，而价格又是决定销量的重要因素，因此，实际销量难以预计。其次，该方法不够重视市场需求和竞争对手。

一般来说，该方法适用于金融产品供不应求或是金融企业在市场上处于有利地位时，可将能够提供的产品数量代替销量进行计算。

❖案例链接

一位大行基层行长眼中的小微盈亏平衡术

既有政策大力支持，又有融资需求，基层银行行长是如何具体操作小微贷款的？在深圳，有一家国有大行的深圳分行，占据四大行在深圳近八成的小微信贷投放份额。

建设银行深圳分行行长王业在接受《21世纪经济报道》记者采访时表示，降低小微企业融资成本，不仅是降低资金价格，而且要提高小微企业的可贷性，也即小微企业到银行融资是否方便。

王业认为，小微企业融资贵，往往因其难以在银行获得信贷资金，而转向民间借贷。民间借贷的成本在20%、30%以上。这些高成本的社会融资，直接抬高了企业的债务成本，给企业盈利带来了风险和阻力。

随着金融科技的深入应用，银行资金更多的直接触达小微企业，融资成本随之降下来。银行进入后，还会形成溢出效应，原来社会上的民间资金就被调节去覆盖更大的客户群体，变相解决了一部分融资难题。

1. 提高不良容忍度

自2018年以来，在监管指导下，国有大行的小微信贷利率不断下降。王业认为，融资成本是一个比较成本的概念。深圳建行入场小微融资，贷款利率从2015年的8.8%降到7.55%，再到6.66%，当前是5.77%。“但如果给万科贷款是5个点，小微企业也是5个点，那么市场就扭曲了。”

2019年4月，央行货币政策司经过测算得出结论：如果风险控制得好，不良率控制在3%以下，这个利率盈亏平衡点应在5%～5.7%，这样的贷款才能实现“保本微利”和商业可持续。

小微信贷如何做到盈亏平衡，王业算了一笔账：一是央行对小微定向降准降低部分资金成本；二是小微企业普惠性税收减免，补充占到30%～40%。银行信贷不只看不良，还要看最终损失率，深圳建行10年损失率仅为1‰。

王业表示，希望各方面对普惠金融有一定的容忍度。比如部分小微企业、个人不分家，根据现有技术，银行无法百分之百监控资金去向。此前监管对这块要求很高，对业务发展造成了一定压力。

6月5日召开的国务院常务会议要求，引导金融机构降低小微企业融资实际利率和综合成本，将小微企业不良贷款容忍度从不高于各项贷款不良率2个百分点放宽到3个百分点。

2. 解构小微批量融资术

“此前建行在深圳干了30年，大中型对公信贷客户才1 000多户，但从2015年开始做小微，到现在达到4.3万普惠客户，这在2015年之前是想不到的。”王业说，“关键在于，一定是新技术出现，才能大规模做好，要有场景和技术。”

以往，传统模式主要依靠人工方式核查企业经营数据，小微企业经营不规范，无法通过报表等材料掌握真实经营情况，风险甄别难度很大，而且一户一户来做，业务效率很低。

当前，小微企业经营已从围绕传统核心企业转移至互联网、产业链平台，企业有真实良好经营，平台拥有企业物流、资金流、信息流等数据。但这些场景、数据与银行授信之间被“割裂”，平台经营价值无法被挖掘，仍靠抵质押担保的传统方式向银行获取资金。

金融科技进步给业务带来了颠覆性变化，大行小微利率降了那么多，也能做到保本。王业表示：“目前，我们已研究了一百多个场景，这些场景能破解的话，可以服务海量小微企业的融资需求。”

一个案例是滴滴营运司机快贷。此前，一个司机要拿到一辆车来跑营运，往往要通过民间借贷筹集十几万元资金，借款利率通常在18%以上。银行借助司机在滴滴平台订单数据、收入流水和汽车行驶数据，实现对人、车穿透式授信管理，营运司机快贷的司机贷款成本只要5%左右。

另一个案例是围绕比亚迪供应链做的“交易云贷”。以往，比亚迪每年的采购量七百多亿元，供应商收到比亚迪的商业票据到银行贴现的成本在10%以上。建行依托比亚迪核心企业，搭建交易云贷服务系统，取得业务环节中的资金流、物流、信息流信息，把金融服务做到链条里去。比亚迪可在系统平台上开出“迪链”，作为应付账款的凭证给到供应商，“迪链”在系统中可拆分、转让，实现了产业链上的商业信用传递。供应商也可以拿“迪链”来建行贴现。比亚迪在全国有1万多家供应商，融资成本也相应降下来了。

资料来源：辛继召．一位大行基层行长眼中的小微盈亏平衡术：如何做到放贷1 100亿元、覆盖4.3万户［EB/OL］．(2019-06-20)［2022-05-26］．https：//m.21jingji.com/article/20190620/a2624f8d91b33bcc748e864fd7b34914.html.

案例评析：案例中的基层银行行长对小微贷款产品的定价考虑了盈亏平衡。通过信息技术的加持，可将小微企业的融资成本降低，银行也可获得利润，实现可持续发展。

二、需求导向定价法

需求导向定价法是以客户的产品价值认知为基础的定价方法。在对供给成本基本一致的金融产品定价过程中，需要考虑到客户的需求及价格承受能力。对于无形化程度很高的金融产品，这是一种重要的定价方法，具体方法包括以下几种类型。

（一）认知价值定价法

认知价值定价法是以客户为导向的定价方法。金融企业运用各种营销策略和手段，影响客户对产品价值的认知，再根据产品在客户心中的价值来进行定价。该方法的关键在于对客户的购买价值意愿要估测准确。

金融企业在运用认知价值定价法之前，必须进行市场调研，明确金融产品的市场定位，加深目标客户对产品价值的感知程度，提高其愿意支付价格，从而确定符合客户需求且在其可承受范围之内的产品价格。

（二）需求差别定价法

需求差别定价法是根据不同客户群体、不同销售地点和时间等所产生的需求差异，对同一金融产品制定不同的价格。根据需求的不同，差别定价法有以下几种具体形式。

1. 客户差异

由于不同职业、年龄、收入的客户对金融产品的需求不同，因此可以针对不同的客户制定不同的价格，以增加销售收入。例如，中国工商银行根据客户办理业务的情况进行星级评定，由高到低分为七星级、六星级、五星级、四星级、三星级和准星级六个等级，五星级（含）以上即可享受贵宾服务。星级是客户享受该行优先优惠服务的依据，星级越高，享受的优惠越多。

2. 时间差异

由于时间因素的影响，可能导致客户对产品需求的变化，因此金融产品价格也可按时间差别做适当调整。

例如，商业银行对于存款期限不同的客户，给予不同的存款利率，表 6－1 是 2022 年 8 月中国工商银行整存整取的存款年利率。

表 6－1　中国工商银行整存整取的存款年利率（2022 年 8 月）

期限	年利率（%）
三个月	1.35
半年	1.55
一年	1.75
二年	2.25
三年	2.75
五年	2.75

资料来源：http：//www.icbc.com.cn/icbc.

3. 地点差异

生活在不同地域的客户因其所处环境不同，对金融产品的需求往往有很大差异，所以在产品价格中也应该有所体现。例如，我国西部、中部及沿海地区的金融产品价格是有一定差异的。

三、竞争导向定价法

在现实生活中，很多客户在购买某家金融企业的产品前，总会“货比三家”。因此，金融企业在定价时往往需要考虑竞争对手的情况，这种定价方法就是竞争导向定价法。具体包括以下几种方法。

（一）随行就市定价法

随行就市定价法是指金融企业跟随同类产品的市场主导价格或是市场平均价格，使得自己产品的价格与市场产品价格保持一致。该定价方法是竞争导向定价法中最简单的一种定价方法，一般广泛运用于金融企业对市场需求不清楚或是金融企业为了避免竞争风险的情形下。

该方法的优势体现在三个方面：首先，一定程度上避免了同业价格战。其次，用该方法确定的价格能够反映整个行业的盈亏状况和利润水平。最后，该方法简单易操作，无需考虑产品的成本和需求状况。

该方法的主要缺点是定价被动，忽略了金融企业的自身情况，不利于金融企业对自身定价能力的培养。

（二）竞争价格定价法

竞争价格定价法不同于被动的随行就市定价法，该方法是主动进攻型，是金融企业通过在价格因素上的优势主动出击，获取竞争优势的一种定价方法。

采用这一方法的前提是金融企业已认真进行市场调研，充分了解竞争对手的情况以及自身产品的优势，谋定而后动。因此，该方法一般适合有产品特色或是较强竞争力的金融企业采用。

（三）竞争投标定价法

竞争投标定价法常用于大型、有投标竞价价值的产品，如大额存单、巨额贷款等。该方法是在国家法律、政策允许范围内，让若干家客户投标竞价，取其优者作为竞价产品的价格。

在竞价过程中，投标者只知道自己的出价，而很难确定竞争对手的投标战略。

总之，成本导向、需求导向、竞争导向的定价方法各有优劣，金融企业在对产品定价时应综合考虑各种因素，制定出适合自身产品的价格。

任务四　金融产品定价策略

在金融业激烈竞争的环境下，金融企业应当灵活运用多种定价策略，兼顾盈利目标和客户需求的满足，才能获得长远发展。

一、金融新产品定价策略

新产品刚刚投入市场，还没有被客户所熟知，这时需要采取各种价格策略来打开市场。具体有以下三种策略。

（一）撇脂定价策略

撇脂定价策略也称高价策略，是指金融企业将新产品以高价投放市场，以期在初期获取高额利润。当新产品在市场中销量降低时，再降低产品价格，以保持一定的市场份额。这种价格策略犹如从鲜奶中撇取奶脂一样，从厚到薄，层层递减，故被称为“撇脂定价”。

采用该策略的优势在于：首先，有利于金融企业在短期内获取丰厚利润，及时收回投资；其次，有利于金融企业提高金融产品的身价，同时树立品牌形象；最后，有利于金融企业掌握竞争主动权，价格后期调整空间较大。但同时该策略也存在一定的缺点，即由于价格高，可能失去部分客户，影响销路；同时容易加剧市场竞争，不适合长期使用。

该策略的适用条件：一是产品需求价格弹性较小；二是新产品有显著特点，对客户有较强的吸引力；三是金融企业短期内不可能大量提供该产品。

（二）渗透定价策略

渗透定价策略是一种低价策略，通常金融企业在新产品刚投入市场时，会以低价来快速打开销路，提高市场占有率。当产品达到目标市场份额时，再适当提高价格。

该策略的优点有：第一，薄利多销；第二，不易引发激烈竞争，便于金融企业长期占有市场。其缺点在于投资的回收期较长，风险较大；价格调整空间较小，不利于应对突发状况。

渗透定价策略的适用条件：一是产品需求价格弹性较大，低价可增加销量；二是金融企业具有一定实力，可以承受产品低价投入市场的风险。

（三）适中定价策略

适中定价策略也称平价营销策略，是一种介于撇脂定价和渗透定价之间的定价策略。该策略力求将产品价格稳定在一个适当的水平，从而获得稳定增长的利润。这一策略既能避免产品高价带来的风险，又能防止低价销售给金融企业带来的弊端。该策略主要适用于客户基础广泛、市场较稳定的金融产品。

二、折扣定价策略

折扣定价策略是金融企业为争取客户而作出的一定价格让步。一般来说，金融企业通过给予客户一定形式的折扣，一定程度上降低产品价格，调动客户积极性，扩大销量。折扣主要有以下几种形式。

（一）现金折扣

因通常与付款条件有关，现金折扣也可称为“付款折扣”。当客户用现金一次性付款或提前付款时，金融企业一般会给予客户一定的价格折扣。现金折扣在商业银行中运用广泛。例如，在信用卡业务中，通常客户在一定时期内还款或提前还款，则无须支付利息。

（二）数额折扣

数额折扣是指当客户购买金融产品达到一定数量或金额时，金融企业给予其一定比例的价格折扣，以鼓励客户大量购买该产品。数额折扣在一般产品的销售中很常见，在金融产品营销中也会视情况而选择使用。例如客户一次性购买巨额保险或是存款总额数量较大等，金融企业都会根据成本效益的均衡来给予客户某些优惠。

（三）周期折扣

周期折扣一般适用于季节性消费的产品或市场需求随时间变化而有较大变化的产品，在某些特殊时期给予客户一定价格折扣。金融产品大多属于服务性产品，季节性不是很强，但其与经济周期的变化、金融市场的变化等密切相关。如在经济繁荣时期，银行通常会提高存贷款利率；而在经济增长缓慢或衰退期，银行则会降低存贷款利率。

（四）交易折扣

交易折扣也称“功能折扣”，是指金融企业根据代理商或中介在市场营销中的功能，给予不同的价格折扣。如保险公司会根据所售出保险的金额给予保险经纪人一定的提成。再如商业银行经营中间业务，代销基金和保险产品获得一定提成。这些都是交易折扣的表现形式。

三、心理定价策略

心理定价策略是金融企业根据客户的心理，采用某些定价技巧，满足客户对产品或服务的需求。主要包括以下几种具体策略。

（一）尾数定价

尾数定价是指金融企业在对金融产品定价时，尽可能在价格数值上采用非整数而保留零头。这种定价策略能够让客户产生一种感觉，认为这种金融产品的价格是经过认真的成本核算而制定的，可信度比较高。尾数定价法一般运用于价格需求弹性较大的普通金融产品的营销中。

（二）声望定价

声望定价是金融企业利用在客户中的声望，将某种金融产品价格定得适当高于同类产品。与尾数定价策略迎合客户的求廉心理相反，声望定价策略迎合了客户“价高质必优”的心理。这种定价策略主要考虑到有些客户以价格高低作为衡量产品质量优劣的标准，认为价高就是质优。此外，也是为了满足某些特殊消费群体特别是高收入阶层追求品质的心理。

（三）招徕定价

招徕定价是金融企业有意将少数金融产品价格定得低于市场价格水平，满足部分客户的求廉心理，刺激客户消费，进而带动其他产品的销售。

❖案例链接

10 块钱抢拍千元好礼？年底这档活动，千万别错过！

新秀丽拉杆箱、康宁透明锅、菲仕乐锅组、华为 Mate30Pro 手机 666 元购买权益……这些礼品每件都价值上千元，但在招商银行信用卡正在举行的“10元风暴”10周年超级大回馈活动中，却能以10元就可轻松抢拍。作为招行信用卡年度保留节目，招行信用卡在打造“10元风暴”品牌效应的同时，也借此不断探索与用户进行多种互动的可能。

今年（2019年）“10元风暴”玩法与去年相仿，通过消费集喵、组队PK集喵、掌上集喵等方式收集小招喵，以此兑换品质好礼，但礼品数量、质量创新高。据悉，去年“10元风暴”共有30多万份实物礼品，今年实物礼品有50多万份。除了实物礼品，今年“10元风暴”也为参与者带来更丰富的票券、积分等兑换奖励。用户可使用相应数量的小招喵兑换5 000信用卡积分、200元生活礼包、200加油卡抵用券、饭票影票抵用券、刷卡金、话费券等权益，并且活动门槛极低，即使只有1只喵，也能兑换相应积分。

除了在礼品数量上创新高，今年“10元风暴”的礼品质量也可圈可点，不仅实物礼品的品类升级到16种，还加入1 000份价值6 299元的华为mate 30 pro手机666元购买权益，用户只要集够小招喵就可通过限时抢拍的方式获得好礼。

资料来源：10块钱抢拍千元好礼？年底这档活动，千万别错过！[EB/OL].（2019-12-11）[2022-05-26]. http://www.itxinwen.com/xiaofei/20191211/33914.html.

案例评析：招商银行通过“10元风暴”活动，引起客户的好奇心，适应客户的“求廉”心理，以此来提高信用卡的销量。该活动连续举办10余年，已逐渐树立起了产品形象。

四、关系定价策略

关系定价策略是指金融企业通过某些价格策略，建立与客户之间持续且稳定的长期合作关系。金融产品作为一种特殊的服务型产品，本身与客户之间的关系就具有持续性。关系定价将这种持续性不断强化、稳定、延长，从而使金融企业获得长期可持续发展。因此，金融企业越来越重视关系定价策略的使用。该策略主要包括长期合同和组合优惠两种方式。

（一）长期合同

争取与具有良好发展前景的客户建立长期信用关系，选择签署长期合同是加强与现有客户关系或发展新客户的有效方法。这一策略能够将业务服务转变为一系列稳定的、可持续的交易，金融企业获得长期稳定的收入的同时，还能节约成本，将更多的资源集中发展优质特色产品，增加其竞争力。

❖案例链接

中国银行与深圳市人民政府签署全面战略合作协议

2019年11月，中国银行与深圳市人民政府签署《中国银行服务支持深圳建设中国特色社会主义先行示范区全面战略合作协议》。

根据协议，双方将聚焦深圳建设中国特色社会主义先行示范区的金融需求，围绕现代经济体系建设、对外开放和全球合作、金融科技和智慧城市等领域开展合作。

据悉，未来五年，中国银行将为深圳符合条件的各类企事业单位、居民提供不低于5 000亿元的新增授信支持。根据协议，中国银行与深圳双方将围绕支持深圳加快实施创新驱动发展战略，加快构建现代产业体系，参与粤港澳大湾区重点区域建设，支持重大项目、重大平台建设等。

签约仪式后，中国银行相关机构与4家企业签署了战略合作协议。此外，双方还共同为中国银行在深圳筹设的7家机构揭牌。

资料来源：吴梦帆，吴小萍．中国银行与深圳市人民政府签署全面战略合作协议［EB/OL］．（2019－11－25）［2022－05－26］．http：//m.xinhuanet.com/gd/2019－11/25/c_1125272982.htm.

案例评析： 长期合作是金融企业与客户发展长期稳定关系的方式之一。通过签署战略合作协议，可实现金融企业与客户双方的合作共赢。

（二）组合优惠

组合优惠也称组合定价，是将两种或两种以上的相关产品或服务组合起来一起销售。这种组合营销方式会给客户一种“一起购买比分别购买更便宜”的感觉。对于金融企业而言，这种策略不仅能降低销售成本，还有利于加强与客户的联系。例如，银行在客户办理银行卡业务时，会通过减免年费或消息提醒等服务费来鼓励客户开通手机银行或网上银行业务，无形中使客户提高对该银行卡的使用频率。银行还可从客户的消费信息中发现客户的潜在需求，适时向客户推销其他产品。

❖素养提升

保险差别定价是否合法？

保险差别定价包括：按不同的价格把同种保险产品卖给不同的投保人群体；同一保险产品因时间、地点的不同而价格不同。

从法理上来讲，价格歧视有可能违法，为了限制垄断企业通过差别定价来获取超额利润，世界各国的反垄断法规基本上都对其进行了限制。我国2019年12月1日施行的《健康保险管理办法》有如下相关规定：

第16条　保险公司应当严格按照审批或者备案的产品费率销售短期个人健康保险产品。

> 第 17 条　除家族遗传病史之外，保险公司不得基于被保险人其他遗传信息、基因检测资料进行区别定价。
>
> 这些法律法规从一定程度上使得保险差别定价不会损害社会福利和社会公平。

项目小结

- 金融产品定价的方法与策略
  - 金融产品定价与定价目标
    - 金融产品定价
      - 金融产品的价格
      - 金融产品定价的基本流程
    - 金融产品定价的目标
      - 追求利润最大化
      - 巩固和提高市场占有率
      - 应对同业竞争
      - 树立品牌形象
  - 金融产品定价的影响因素
    - 金融产品的成本
    - 金融产品的需求
      - 金融产品需求的价格弹性
      - 金融产品需求的收入弹性
      - 金融产品需求的交叉弹性
    - 市场的竞争状况
    - 其他因素
      - 政策法规
      - 经营风险
  - 金融产品定价的方法
    - 成本导向定价法
      - 成本加利润定价法
      - 目标利润定价法
      - 盈亏平衡定价法
    - 需求导向定价法
      - 认知价值定价法
      - 需求差别定价法
    - 竞争导向定价法
      - 随行就市定价法
      - 竞争价格定价法
      - 竞争投标定价法
  - 金融产品定价策略
    - 金融新产品定价策略
      - 撇脂定价策略
      - 渗透定价策略
      - 适中定价策略
    - 折扣定价策略
      - 现金折扣
      - 数额折扣
      - 周期折扣
      - 交易折扣
    - 心理定价策略
      - 尾数定价
      - 声望定价
      - 招徕定价
    - 关系定价策略
      - 长期合同
      - 组合优惠

教学一体化训练

【重要概念】

需求价格弹性　盈亏平衡　成本导向定价法　需求导向定价法　竞争导向定价法　撇脂定价　渗透定价　折扣定价　心理定价　关系定价

【课后自测】

一、单项选择题

1. （　　）是银行金融产品价格的主要形式。

A. 利率　　B. 汇率　　C. 咨询费　　D. 结算费

2. 下列各项中，（　　）不是影响金融产品定价的主要因素。

A. 成本　　B. 需求　　C. 风险　　D. 竞争

3. 以产品成本为定价基础，在此基础上考虑定价，这种定价方法是以（　　）定价。

A. 需求导向　　B. 竞争导向　　C. 预计利润　　D. 成本导向

4. 为鼓励客户购买更多产品，金融企业给那些大量购买产品的顾客的一种减价称为（　　）。

A. 现金折扣　　B. 数额折扣　　C. 周期折扣　　D. 交易折扣

5. 当消费者对价格比较敏感且市场容量较大时，金融企业为阻止竞争对手进入这一市场，可以考虑采用（　　）策略。

A. 尾数定价　　B. 撇脂定价　　C. 声望定价　　D. 渗透定价

二、多项选择题

1. 需求导向定价法具体包括（　　）。

A. 需求差别定价法　　B. 随行就市定价法

C. 盈亏平衡定价法　　D. 认知价值定价法

2. 以下属于金融产品定价策略的有（　　）。

A. 折扣定价　　B. 尾数定价　　C. 招徕定价　　D. 长期合同

3. 成本导向定价法的缺点有（　　）。

A. 忽略了市场竞争　　B. 忽略了市场需求

C. 实际销量难以估计　　D. 简单便捷

4. 金融产品定价的基本流程包括（　　）。

A. 选择定价目标　　B. 分析影响因素　　C. 确定定价方法　　D. 确定定价策略

5. 下列属于影响金融产品定价的主要因素的是（　　）。

A. 成本　　B. 竞争　　C. 风险　　D. 需求

三、判断题

1. 尾数定价法通常适用于高级奢侈商品。（　　）

2. 随行就市定价法在一定程度上可以避免价格战。（　　）

3. 撇脂定价策略适用于需求价格弹性较小的新产品。（　　）

4. 目标利润定价法是最常见、最简单的定价方法。（　　）

5. 需求差别定价法只是针对不同客户群体的。（　　）

四、简答题

1. 金融产品价格的表现形式有哪些？

2. 什么是产品定价目标？金融产品定价目标有哪些？

3. 简述金融产品定价的影响因素。

4. 金融企业的产品定价方法有哪几类？请简要说明。

5. 金融产品定价的策略有哪些？试举例说明其中三种。

五、案例分析

国际金融机构认为当前金融产品定价对气候变化风险因素考虑不足

全球风险专业人士协会（GARP）的一项调查显示，多数参与调查的金融机构认为，当前金融产品定价并未充分考虑气候变化所带来的风险。

此次调查对象涵盖 43 家银行、13 家资产管理公司以及包括保险公司在内的其他 15 家金融机构，时间为 2019 年 12 月至 2020 年 2 月。今年调查比去年调查的范围更广，受访公司数量是去年的三倍多。

该调查显示，绝大多数受访者认为，由于气候变化预测的复杂性和缺乏可靠的气候风险数据，导致当前市场金融产品只是部分或者完全忽视气候变化所带来的风险。

受访者认为，在短期内，气候变化风险定价面临的主要问题为：一是缺乏可靠的气候变化风险模型，二是监管政策的不确定性。调查同时显示，受访金融机构大多已开始加强对气候变化的风险管理，90%的受访单位已经建立起气候变化风险相关的公司治理体系，高于 2019 年的 81%，但只有 30%的受访单位认为其公司能有效应对 5 年以上的气候变化风险。

调查还显示，93%的受访单位没有专门团队来管理气候风险。这可能是因为大多数公司认为气候风险是一种横向风险，跨越信用风险、市场风险和运营风险等多种风险类型，现有风险管理团队可以应对气候变化风险。与此同时，企业同样认识到气候变化可能带来的市场机遇，3/4 的公司已经推出气候变化相关的新产品或服务。

资料来源：国际金融机构认为当前金融产品定价对气候变化风险因素考虑不足［EB/OL］.（2020-05-29）［2022-05-26］. https://baijiahao.baidu.com/s?id=1667988587036013650&wfr=spider&for=pc.

阅读材料，回答以下问题：

1. 金融产品定价通常受到哪些因素的影响？

2. 气候变化风险因素会通过哪些方面影响金融产品定价？

职业技能训练

1. 训练目标

（1）培养学生运用金融产品定价策略的能力。

（2）在金融产品定价方法的理论知识基础上，了解互联网金融产品的定价方法。

2. 训练内容

（1）借助网络或书籍资料，了解一款互联网金融产品的“前世今生”。

（2）分析该互联网金融产品的定价方法，撰写报告，并进行课堂交流汇报。

3. 训练评价

（1）互联网金融产品选择恰当，理由充分。（20 分）

（2）产品定价方法分析、把握准确。（30 分）

（3）书面报告详略得当、逻辑清晰。（30 分）

（4）课堂汇报语言表达清晰、准确。（20 分）

项目七

金融产品分销策略

知识目标

1. 熟悉金融产品分销渠道及类型。
2. 了解影响金融产品分销渠道选择的因素。
3. 掌握金融产品分销渠道的拓展策略。

能力目标

1. 具备对金融产品分销渠道细分的能力。
2. 具备为金融产品合理选择分销渠道的能力。

素养目标

1. 能够理解金融产品分销渠道受到国家政策和法律法规等因素的影响。
2. 能够认识到金融产品分销渠道的拓展应建立在更好地满足客户需求的基础之上。

案例导入

银行理财子公司产品销售新规出炉

为规范商业银行理财子公司理财产品销售业务活动，保护投资者合法权益，促进理财业务健康发展，中国银保监会2020年12月25日发布《商业银行理财子公司理财产品销售管理暂行办法（征求意见稿）》（以下简称《办法》）向社会公开征求意见。《办法》共8章69条，从划定销售机构范围、厘清产品发行方和销售方责任、规范销售机构和人员行为等方面对银行理财子公司理财产品销售进行统一规范。

《办法》明确，理财产品销售机构包括两类：一类是销售本公司发行理财产品的银行理财子公司；另一类是接受银行理财子公司委托销售其发行理财产品的代理销售机构，包括其他银行理财子公司、商业银行、农村合作银行、村镇银行、农村信用合作社等吸收公众存款的银行业金融机构，以及国务院银行业监督管理机构规定的其他机构。

对于通过营业网点向非机构投资者销售理财产品的，《办法》要求，理财产品销售机构按照监管规定实施理财产品销售专区管理，在销售专区设置明显标识，并在销售专区内对每只理财产品销售过程进行录音录像。除非与投资者当面书面约定，评级为四级以上理财产品销售，应当在营业网点进行。

对于通过电子渠道向非机构投资者销售理财产品的，《办法》要求理财产品销售机构积极采取有效措施和技术手段完整客观记录营销推介、产品风险和关键信息提示、投资者确认和反馈等重点销售环节，确保能够满足回溯检查和核查取证的需要。

银保监会有关部门负责人表示，《办法》现阶段允许银行理财子公司和吸收公众存款的银行业金融机构作为代理销售机构，保持了现有理财产品销售制度的连续性和平稳性。下一步，银保监会将根据银行理财产品的转型发展情况，适时将理财产品销售机构范围扩展至其他金融机构和专业机构。

此外，《办法》还对银行理财子公司和代理销售机构分别提出机构和产品尽职调查要求。针对银行理财子公司一方，要求其对代理销售机构的条件要求、专业服务能力和风险管理水平等开展尽职调查，明确规定准入标准和程序、责任与义务、存续期管理、利益冲突防范机制、信息披露义务及退出机制。针对代理销售机构一方，要求对拟销售的理财产品开展尽职调查，承担集中审批职责，并纳入本机构统一专门名单管理，不得仅以银行理财子公司相关产品资料或其出具意见作为审批依据。

资料来源：贺觉渊．银行理财子公司产品销售将迎来统一监管规则［EB/OL］．（2020－12－26）［2022－05－26］．https：//stock. stcn. com/djjd/202012/t20201226_2671597. html.

【感悟】

随着商业银行理财子公司阵营不断壮大，在现有竞争格局下，需要建立适合自己的产品分销渠道。理财产品销售环节多、涉及面广、影响大，因此监管部门对于产品销售机构、风险管理与内部控制、产品销售管理、销售人员管理和投资者合法权益保护等方面提出了规定和要求，对于商业银行理财子公司理财产品分销渠道的拓展提供了有力指导。

任务一　金融产品分销渠道及其类型

对于金融企业来说，只有将满足客户需求的产品方便、快捷地提供给目标客户，才能实现其营销目标，为金融企业带来利润。金融企业需要根据金融产品的特点，合理地选择分销渠道，并使产品及时触达客户。

一、金融产品分销渠道的定义

金融产品是资金融通过程中的各种载体，包括货币、黄金、有价证券、外汇、存单、基金、资产管理等。将储蓄转化为投资是金融市场的一个重要功能，一方面为资金的需求者提供了筹资的机会，另一方面为资金的供给者提供了投资的机会，资金的需求者通过出售金融产品从而实现筹资，资金的供给者通过购买金融产品实现投资。

一般而言，分销渠道是指商品从生产领域转向消费领域所经过的路线和通道，是连接商品提供者与消费者的桥梁与纽带。金融产品分销渠道是指金融企业将金融产品推向市场、流向客户所经历的市场通道。合理设计和选择金融产品的分销渠道，将金融产品及时、有效、便捷地提供给金融市场和金融产品的购买者，既发挥了金融市场的功能，也为金融市场合理、有效地运行提供了保障。

二、金融产品分销渠道的类型

金融产品分销渠道是在一定环境下运行的，受国家政策、法律、市场环境、金融产品特性以及出售金融产品的金融企业等多种因素的影响。传统的金融产品分销渠道主要是金融企业的分支机构及其营业网点。广设网点和人海战术曾经一度是我国金融企业争夺市场的传统模式，其典型代表就是商业银行，一些大型银行有着遍及各地的分支机构和营业网点。但是广设网点会导致成本上升和效益下降，因此 21 世纪初商业银行开始纷纷减少分销网点。

随着金融市场内外部环境变化、竞争加剧以及信息技术不断进步，金融产品和服务的分销渠道也日趋复杂化和多样化。金融行业在扩大规模和技术更新的过程中，人员和资本也不断增长，金融产品分销渠道的变化亦是必然趋势。

金融产品分销渠道可以从不同角度分类，如按营业场所性质分类、按渠道控制程度分类、按营业时间分类等。具体采取哪种分销渠道或是分销渠道的组合，要根据金融企业营销的需要和目的决定。

（一）按营业场所性质分类

按营业场所性质分类，金融产品分销渠道的主要形式有营业网点柜台、ATM 设备、POS 机、电话银行、网上银行、手机移动设备、客户经理上门服务、邮寄销售等。随着信息技术的不断发展，无柜台式的直复营销渠道将逐渐占据主要地位。

金融产品和服务的销售或交易场所多样化是一个新趋势。对客户来说，传统的金融营销渠道往往需要去金融企业的物理网点办理各项手续，需要投入大量的时间成本；对金融企业来说，则需要投入大量的人力和物质资本。随着信息技术发展和金融产品与服务创新，新的、高效率的交易途径不断出现。例如，银行存取款服务可以通过 ATM 设备、网上银行、手机银行提供；股票委托交易可以通过电话、手机、网络实现。

一些金融企业开始将渠道触角伸向商业企业，通过与商业企业合作的方法，在其销售的商品中渗透自己的产品或服务，并借助其销售网点和客户群体扩张自己的市场，典型的例子是银行的联名信用卡，如招商银行百货联名卡，还有住房、汽车等大额消费品信贷等。

❖案例链接

打造汽车服务消费新模式

2016年4月，国内领先的一站式互联网汽车服务平台盛大汽车与中国银行江苏省分行共同举办了“尊享积分兑换汽车服务”启动典礼，宣布将中国银行江苏省分行贵宾尊享积分服务与盛大汽车的汽车服务进行跨平台整合，携手打造互联网时代汽车服务的新模式。

事实上，作为国内领先的一站式互联网汽车服务平台，盛大汽车在和银行等金融机构的跨平台合作上，一直走在行业前列。尤其在跨平台的积分兑换体系流程上，具备了丰富的经验和成熟的案例。据了解，包括中国银行、建设银行、交通银行、民生银行、广发银行等在内的国内各大银行都已经和盛大汽车建立了良好的合作模式。

作为第一站开启仪式，中国银行江苏省分行副行长吴敏出席了本次活动，省分行也邀请了250名中行尊贵客户到场见证此次活动。江苏省分行领导表示，相信合作会给银行贵宾客户带来更尊贵的体验。

在当天的活动上，随着双方高层携手在大屏幕前按下手印，“中银尊享积分兑换汽车服务”正式拉开了序幕。

对于此次合作，盛大汽车集团相关领导在接受采访时表示，互联网汽车和金融的跨平台合作是行业的一大趋势，未来在这个模式上，盛大汽车将进一步探索出更好的合作方案，积极推动汽车服务主动出击，为高消费力人群提供更为便捷、更优质的汽车服务。

据悉，除了与银行等金融机构的业务合作外，目前盛大汽车已与众多银行、电信供应商、保险公司等签订了长期合作协议，为机构客户提供汽车美容保养、酒后（商务）代驾、机场（高铁）接送、24H道路救援、代办年检等服务。

资料来源：于南．中国银行与盛大汽车跨界合作 打造汽车服务消费新模式［EB/OL］.(2016-04-21)［2021-10-28］. https://www.sohu.com/a/70712041_362056.

案例评析：金融企业通过与商业企业的合作，如案例中的中国银行和互联网汽车服务平台盛大汽车的合作，能够增加金融产品触达客户的渠道，更好满足客户多方位的需求，形成合作共赢。

（二）按渠道控制程度分类

随着金融业态越来越丰富、信息技术手段日新月异，金融产品分销渠道的类型也趋于多样化和复杂化。按照金融企业对分销渠道的控制程度分类，金融产品分销渠道可以分为自有渠道、合作渠道、第三方渠道，控制程度依次递减。

1. 自有渠道

自有渠道包含最传统的分销渠道形式，也是随着信息技术进步变化最大、形式较多的一类金融产品分销渠道。自有渠道包括物理网点渠道、自助渠道、电子银行渠道、客户经理渠道等。在这类渠道中运作的设备和营销人员隶属于金融企业内部管理。自有渠道的特点是管理决策快、风险控制程度高，但同时成本也较高。

2. 合作渠道

合作渠道建立的基础是互利共赢，一旦利益发生冲突，合作或可能解散。典型的例子是信用卡与特约商户的合作渠道。信用卡发卡机构要大规模普及信用卡，不仅要发展大量的持卡人，还要开发愿意接受刷卡购物的特约商户，建立用卡商户渠道。“银信合作”的渠道近年来也得到大力发展，银行与信托公司的合作极大地促进了彼此的业务发展。

❖案例链接

银信合作，创造共赢市场

2021 年 1 月 18 日，由财信信托主动管理的混合浮动收益类产品——“财信致远 3 号集合资金信托计划”在建设银行湖南省分行下属支行营业网点代理销售。该产品系财信信托资本市场打新类项目，采取对冲打新投资策略，通过委托公募基金设立基金专户方式参与网下新股申购，获取相对稳定的收益。该产品受到了广大高净值人群的欢迎，建行湖南省分行各代销支行营业网点的客户踊跃认购。

近年来，财信信托在积极创新的同时，不断深度开拓银行代销渠道，壮大财信信托的朋友圈，并与中国银行、工商银行、邮储银行、中信银行、北京银行、长沙银行、华夏银行等多家金融机构建立了友好和谐的合作关系。

此次是财信信托与建设银行湖南省分行在银信同业合作下，首次开展代理推介混合类集合资金信托产品的合作，丰富了其自身财富管理产品的种类，给予了高净值人群资产配置更多的方案选择，同时也标志着继长沙银行、北京银行、华夏银行等银行代销之后，财信信托代理推介渠道建设及业务发展创新领域又谱写了新的篇章。

资料来源：开启银信合作新篇章　建行湖南省分行首次代理推介混合类产品迎开门红[EB/OL].（2021 - 03 - 03）[2022 - 03 - 10]. http：//k. sina. com. cn/article _3363163410 _c875cd1202000zkde. html.

案例评析：合作共赢已经成为金融业发展的趋势，通过合作交流，加强了彼此的金融服务能力，拓展了产品的分销渠道。

3. 第三方渠道

第三方渠道是以与金融交易双方无直接利益关系的商家作为第三方，金融企业将产品嵌入第三方的业务或平台中销售给客户。目前金融企业利用的第三方渠道主要是电商平台、社交媒体平台等，如支付宝平台代销了多款证券投资基金。通过第三方渠道，金融企业可以非直接触达用户而实现产品的推广和销售。

（三）按营业时间分类

许多金融服务在一定程度上有较强的实时性。传统的金融服务在时间上有很大的局限，例如金融企业的营业网点有营业时间的限制。信息技术的发展为金融企业打破营业时间上的局限提供了可能和条件，因而产生了另一类基于信息技术的渠道形式，即电子网络渠道，如银行的 ATM、电话银行、网上银行，证券公司和保险公司也推出了类似的渠道形式。电子网络渠道突破了传统上下班和节假日带来的时间限制、柜台资源的限制以及相对烦琐的手续，可以随时随地提供服务。

❖案例链接

工商银行提供 24 小时线上服务助力疫情防控

新型冠状病毒肺炎疫情发生以来，工商银行广东分行积极发挥线上服务优势，对网上银行、手机银行小额支付限额全面放开，以满足客户在家 7×24 小时快速办理资金汇划需求，并对通过工行个人手机银行转账汇款全部免手续费。

该行按照广东银保监局、人民银行广州分行的统一部署和要求，利用微信公众号、融 e 联公众号等渠道进行疫情防控知识宣传，倡导客户使用手机银行、网上银行等离柜服务，减少人员流动，规避交叉感染风险。该行同时对客户高频金融服务需求，如账户查询、转账汇款、生活缴费等开展业务宣传及办理流程指导，满足个人和企业的金融服务需求。

据统计，2020 年农历除夕至大年初五 6 天时间，广东地区客户通过工行个人手机银行办理业务 7 605 万笔，交易金额 198 亿元，比 2019 年农历同期分别增长 29%和 11.2%。同时，为支援湖北抗击疫情，确保各项财政资金拨款、捐款等疫情专款“零延迟”到付，工行广东分行成立专门应急处理小组并建立 24 小时假期值班制，实时响应处理各类突发事项。

工行个人手机银行紧急开通对湖北有关慈善机构的专属捐款通道，企业手机银行及网上银行小额支付限额也全面放开，且对所有单位和个人通过工行向中国红十字会等慈善机构账户或疫区专用账户汇划的捐款、防疫专项款项等，一律免收手续费。

资料来源：工商银行提供 24 小时线上服务助力疫情防控［EB/OL］.（2020 - 02 - 01）［2021 - 10 - 10］. http：//gd. people. com. cn/n2/2020/0201/c123932 - 33755162. html.

案例评析：在抗击疫情的特殊时期，工商银行广东分行积极发挥网上银行、手机银行等电子网络渠道的优势，减少人员流动的同时，满足了个人、单位和企业的金融服务需求。电子网络渠道的优势在于能够满足客户实时服务的需求，同时还有助于降低传统营业网点柜台的服务压力和成本。

任务二　金融产品分销渠道的影响因素及拓展策略

在金融企业的营销过程中，产品分销渠道发挥着重要作用。金融产品分销渠道是连接金融企业与客户的纽带，积极拓展分销渠道，有助于金融企业拓宽经营空间，增强服务客户的能力。

一、金融产品分销渠道选择的影响因素

金融企业在选择产品分销渠道时，往往需要考虑许多因素，例如目标市场环境、自身资源能力、金融产品的特性和种类、竞争对手状况等。

（一）目标市场环境

目标市场环境是选择金融产品分销渠道的基础，一个分销渠道成功与否，很大程度上取决于是否与目标市场的客户需求相匹配。客户需要什么（what）、为何需要（why）、何时需要（when）以及如何购买（how）决定了如何选择金融产品的分销渠道。这些往往由客户本身的特征所决定，如年龄、性别、职业以及收入状况等。金融企业在选择分销渠道时需要充分考虑客户因素和客户需求。

（二）自身资源能力

自身资源能力决定了金融企业所选择渠道的类型和渠道成员的关系。若金融企业自身资源能力不足，无力占领多个市场，在选择分销渠道时，就要把自己的力量集中在一个或少量的细分市场上，实行专业化销售。

（三）金融产品的特性和种类

金融产品的特性在金融企业选择分销渠道时起着重要作用。对于同质性产品，金融企业在选择分销渠道时，可采用无差异性市场策略，即把整个市场看作一个大目标市场，所有的客户对某种金融产品有着共同的需求，忽视客户之间实际存在的差异。对于差异性较大的产品，金融企业在选择分销渠道时，可以采用差异性市场策略，即把整个市场分成若干个细分市场，再根据自身条件和市场环境状况，可同时在两个或更多的细分市场上从事营销活动。金融产品的种类也是金融企业在选择分销渠道时应考虑的一个重要因素。如果金融企业提供大批量、单一的金融产品，在选择分销渠道时，适宜采取无差异性策略。若提供小批量、多品种的金融产品，开展多种金融服务，应采取差异性策略来选择分销渠道。当金融企业开发出新的金融产品时，可以采用密集性市场策略，使用强有力的推销手段，组成营销队伍直接向客户推销，也可委托代理商协助销售。

（四）竞争对手状况

金融企业的产品分销渠道也受到竞争对手所使用的渠道的限制。在金融市场上，金融企业之间的竞争往往比其他行业更加激烈，有些金融企业往往采用和竞争者相同的渠道，而有些金融企业则避开竞争者所使用的渠道。此外，还要判断竞争对手的强弱，假如竞争对手不强，也可不列入考虑因素。

二、金融产品分销渠道的拓展策略

相较于其他行业，金融业的竞争尤为激烈，分销渠道是否通畅、覆盖范围是否广泛，很大程度上决定了金融企业的竞争能力和市场份额。面对不同金融市场的差异性，金融产品分销渠道的拓展可以采取不同的策略，包括开拓、代理、并购、联合等。

（一）开拓

金融企业分销渠道的开拓，通常包括建立分支机构（网点）、远程服务网络、电子金融网络、扩大直销范围和增加营销人员等，这种方式往往适合于自身资源能力较强的金融企业。但是，金融企业增设物理网点往往受资本、成本、监管等条件的约束，尽管如此，这种方式仍然是金融企业扩张分销渠道的重要方式。

金融企业业务与产品高度信息化的虚拟属性，使其成为电子技术和信息技术运用的前沿。例如，网上银行、电话银行、手机银行等已经成为商业银行最活跃、发展最快的分销渠道。电子渠道作为营销和服务方式的发展，为金融企业带来了营销理念和服务模式的变化，物理网点不再是交易和服务的唯一渠道。

互联网技术的发展，给金融企业带来了从管理模式到经营理念的巨大变革，这种变革也推动着金融企业产品营销方式的创新。借助互联网渠道开展营销活动，突破了时间和地域的限制，也拓展了金融企业的获客渠道，但同时也减少了金融企业与客户面对面沟通的机会，如何合理运用新的产品分销渠道，是金融企业未来竞争的关键领域之一。

（二）代理

代理渠道是指通过代理商协助金融企业实现和扩大产品的销售，尽可能将分销渠道延伸至目标市场和目标客户。一些金融企业通过发展代理渠道，推销便于考核的规格化金融产品。例如，保险公司通过招募大量的保险代理人销售保单。再如，基金管理公司通过银行、证券公司以及第三方机构等渠道代理销售证券投资基金产品。

金融企业在选择代理商的时候，既要考虑代理商的专业化能力、社会形象、稳定性等因素，还要考虑代理成本，以便增进客户的信任，更好地扩大产品的销售，同时合理控制营销成本。

❖案例链接

传统基金销售渠道谋变突围

互联网第三方代销渠道近年来强势崛起，倒逼传统基金销售渠道谋求转型。近期，交通银行、平安银行等多家银行陆续行动，推出多重措施，提供财富管理服务。

业内人士表示，传统基金销售渠道逐步意识到财富管理的重要性，开始谋求转型，提供便捷的基金销售服务。就整体而言，具有互联网化、包容性强的基金销售渠道有望在基金保有量上实现较快增长，能够迅速转变思维的传统销售渠道也有望获得较大市场份额。

● 0费率购基吸引投资者

交通银行App推出了“0元购基上交行”活动。据悉，交通银行上线了超1 300只C份额基金，提供买入0费率的优惠措施。

交通银行紧跟市场热点推荐基金产品。具体来看，基于光伏行业、新能源汽车、有色金属、军工国防等热点板块，交通银行推荐了天弘中证光伏C、汇添富中证新能源汽车产业指数（LOF）C、南方有色金属联接C、鹏华国防C等基金产品。

与A类份额不同，C份额基金在申购阶段不收取费用，只在持有期间收取销售服务费。从整体来看，传统基金销售渠道逐渐将C份额基金作为主推产品。

平安银行也打破行业传统，在线上全面主推C类基金份额，用户通过平安银行口袋银行App购买基金，以及购买安心投、目标盈等基金组合，0申购手续费，覆盖近1 600只基金。

同时，平安银行、招商银行等多家银行渠道对大部分公募基金采取优惠费率措施，对非首发基金、非定制的A份额基金推出1折申购费模式，吸引投资者。

此外，传统的基金销售渠道越来越重视线上销售基金，尤其是移动端的销售场景，逐渐趋向基金销售互联网化。记者注意到，交通银行、平安银行、招商银行、中国银行等银行App逐步优化界面模块，陆续出现了财富号、新发基金、优选基金、基金热卖榜等多个模块，一些互联网渠道偏爱的优惠费率、操作便捷、社区运营等特征也都陆续出现在传统基金销售渠道。

● 传统渠道实力仍不容小觑

基金业协会公布的数据显示，截至二季度末，共有29家银行入围公募基金销售保有规模百强名单。

非货币基金保有规模超千亿元的银行共有12家，股混基金保有规模超千亿元的银行有11家。其中，招商银行以7 961亿元的非货币基金保有规模和7 535亿元的股混基金保有规模稳坐头把交椅，其股混基金保有规模二季度增长824亿元。工商银行非货币基金保有规模5 875亿元，股混基金保有规模5 471亿元，位列第二。

一位资深人士表示，一般来说，传统银行渠道拥有成熟的销售模式，具有比较强的壁垒，体现在筛选基金的模式、对基金公司的议价能力、对客户的精准识别和差异化服务上，在基金销售上的积累较为深厚，在市场上具有很强的竞争力。“同时，银行渠道在全国各地拥有广大的理财经理群体，能够直接触达投资者，具有广泛的资源基础。”

● 发力线上销售谋变

上述资深人士认为，银行近期在移动端、线上渠道发力，符合当前线上交易、便捷理财、注重客户服务体验的趋势和需求。“一方面是受到互联网第三方渠道的冲击；另一方面，银行已经开始从基金销售机构向财富管理机构转变，从以产品为中心、以销售收入为目标转向以客户为中心。”

基金公司依然重视产品在银行渠道上的销售。华南一位基金经理表示，通常来说，传统基金销售渠道设有白名单限制，能够进入白名单的基金产品、优选基金池，大多能获得比较好的资源倾斜。

对于基金销售渠道之争，华南一位市场人士表示，互联网第三方渠道培养了投资者的投资习惯，主要体现在互联网平台开放性、便捷性、个性化的服务，但并不意味着能够完全替代传统基金销售机构。从银行角度来看，发力线上销售不只是在收复失地，谋求转型之后，利用科技手段为基金销售赋能，还会巩固优势，强化竞争力，做大做强。

资料来源：何漪．逐渐趋向互联网化　传统基金销售渠道谋变突围［N］．上海证券报，2021-08-12（3）．

案例评析：我国基金代理销售渠道逐渐形成银行、券商和独立销售机构为主的多元化格局，对于基金管理公司来说，有助于拓宽市场触角，同时也为投资者提供了更加多元化和便捷的选择。商业银行等传统基金销售渠道的谋变突围，一方面巩固了自己的市场份额，另一方面给投资者带来了更好的服务体验。

（三）并购

并购是现代金融企业快速扩张的重要途径，尤其是跨国或跨区域进入另一个市场时，并购往往会为金融企业节省大量的成本。并购按目标和行业主要分为并购代理机构的扩张策略、金融企业相互并购的扩张策略等。

1. 并购代理机构的扩张策略

金融企业通过并购代理机构的方式，与其建立紧密的联系，从而达到稳定代理机构、使其成为忠实的分销渠道的目的，同时有利于扩大市场份额。例如，住宅银行并购地产代理公司，信用卡公司并购代理发卡公司，保险公司并购保险代销机构等。

2. 金融企业相互并购的扩张策略

同类金融企业之间通过开展相互并购，迅速扩大机构规模，有助于形成规模效应，增加营销渠道的覆盖面。不同类型的金融企业之间的并购还有利于拓展经营边界，形成优势互补，为客户提供更为丰富和广泛的金融产品。例如，银行并购保险公司，既可以补充保险公司的资本金，还可以利用彼此的客户资源和网络优势促进业务的共同发展，扩展交叉营销的产品范围和渠道。

（四）联合

营销渠道的联合已经成为金融企业跨国经营和拓展业务的重要方式。金融企业根据各自的优势，通过签订协议，建立战略联盟与合作，相互提供服务，增强彼此的业务拓展能力，并以此为基础实现双方的共赢。通过联合的方式拓展分销渠道，重在相互借用各自的营销渠道，其风险小于并购。

❖案例链接

中国建设银行与小米金融的战略合作

2019 年 9 月 17 日，中国建设银行与小米金融在北京召开了“小米零钱卡”和“米金宝”产品发布会暨战略合作签字仪式。

根据合作协议，双方将发挥各自在产业资源、金融资源、产品服务等方面优势，实现资源共享、优势互补、互利共赢，构建稳固、可持续的战略合作伙伴关系，共同推进结算、支付、消费金融、理财与基金、电子账户、信用卡、保险等多个业务领域深度合作。此次战略合作，双方共同打造的“小米零钱卡”银行电子账户正式对外发布。据介绍，基于小米钱包App，“小米零钱卡”旨在为小米手机用户提供便捷安全的支付及理财等一系列服务。

中国建设银行营运业务总监牟乃密表示，此次合作是积极落实央行移动支付便民示范工程，旨在为用户提供更便捷的支付结算手段，建行银行有信心与小米金融联手，共同为广大用户提供更全面、更优质的金融服务。小米金融相关领导表示，金融业需要发挥金融科技的赋能作用，与中国建设银行的此次合作正是利用小米的互联网科技优势，探索金融与科技的融合，致力丰富金融科技服务渠道、完善产品供给，提升金融科技的服务质量与效率。

资料来源：陈莹莹．中国建设银行与小米金融签署战略合作协议［EB/OL］．（2019-09-19）［2021-10-26］．http：//www.cs.com.cn/jg/08/201909/t20190919_5985766.html.

案例评析：中国建设银行与小米金融通过战略合作，有助于发挥各自的优势，实现资源共享和优势互补，共同为客户提供更全面、更优质的金融服务。

※素养提升

为规范理财公司理财产品销售业务活动，保护投资者合法权益，促进理财业务健康发展，中国银保监会发布实施《理财公司理财产品销售管理暂行办法》（以下简称《办法》，自2021年6月27日起施行）。

《办法》明确理财公司理财产品销售包括面向投资者开展的以下部分或全部业务活动：（1）以展示、介绍、比较单只或多只理财产品部分或全部特征信息并直接或间接提供认购、申购、赎回服务等方式宣传推介理财产品；（2）提供单只或多只理财产品投资建议；（3）为投资者办理理财产品认购、申购和赎回；（4）银保监会认定的其他业务活动。同时，《办法》与资管新规统一要求紧密衔接，明确规定未经金融监督管理部门许可，任何非金融机构和个人不得代理销售理财产品。

《办法》将理财产品销售机构分为两类：一类是销售本公司发行理财产品的理财公司；另一类是接受理财公司委托销售其发行理财产品的代理销售机构。《办法》现阶段允许理财公司和吸收公众存款的银行业金融机构作为代理销售机构，保持了现有理财产品销售制度的连续性和平稳性。理财公司属于新型非银行金融机构，机构类型、产品属性、品牌声誉等处于起步培育阶段，区分辨识度需要逐步提升。现有销售机构范围总体延续了银行理财产品销售的成熟渠道模式，便于投资者识别。下一步，银保监会将根据银行理财产品的转型发展情况，适时将理财产品销售机构范围扩展至其他金融机构和专业机构。

《办法》规定了理财产品销售机构及其销售人员从事理财产品销售业务活动的禁止行为，具体包括误导销售、虚假宣传、不当展示业绩比较基准、与存款或其他产品进行混同、强制捆绑和搭售其他服务或产品、诱导投资者短期频繁操作、违规代客操作、强化产品刚兑、私售“飞单”产品等方面，着力针对资管产品销售面临的突出问题，进一步明确规则要求，强化行为规范。

资料来源：中国银保监会有关部门负责人就《理财公司理财产品销售管理暂行办法》答记者问［EB/OL］.（2021－05－27）［2021－10－26］. http：//www.cbirc.gov.cn/cn/view/pages/ItemDetail.html？docId＝986450&itemId＝917&generaltype＝0.

项目小结

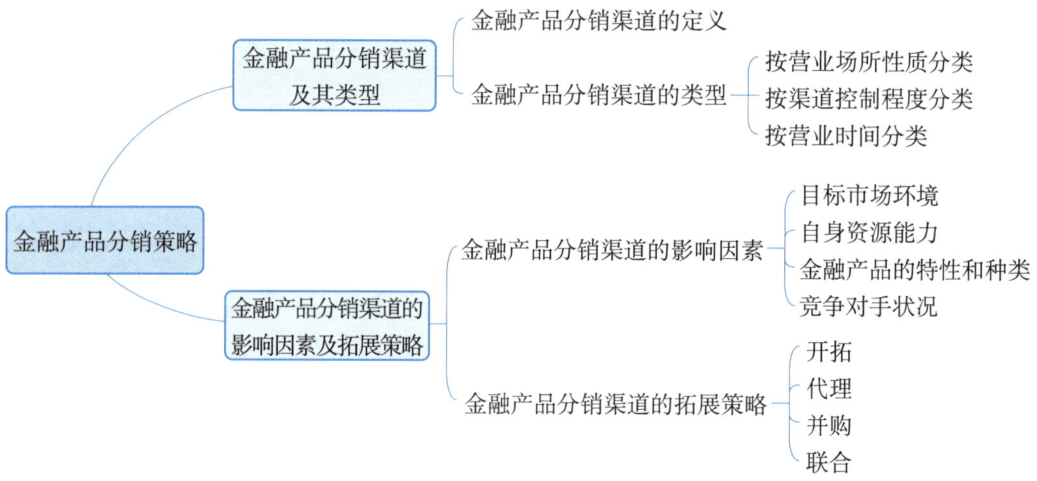

教学一体化训练

【重要概念】

金融产品分销渠道　直复营销　自有渠道　合作渠道　第三方渠道　目标市场环境　开拓　代理　并购　联合

【课后自测】

一、单项选择题

1. 下列不属于金融产品的是（　　）。

A. 黄金　　B. 有价证券　　C. 存单　　D. 服装

2. 下列属于金融产品分销渠道的主要影响因素的是（　　）。

A. 国家政策　　B. 法律　　C. 市场环境　　D. 汇率

3. 下列说法中错误的是（　　）。

A. 物理网点是金融企业唯一的分销渠道

B. 直复营销是指金融企业不经过物理网点，直接由买卖双方完成交易的一种分销方式

C. 金融企业可以通过第三方渠道销售产品

D. 对于同质性产品，可采取无差异性市场策略

4. 下列不属于金融产品分销渠道拓展策略的是（　　）。

A. 开拓　　B. 并购　　C. 联合　　D. 分散

二、多项选择题

1. 按渠道控制程度划分，金融产品分销渠道可划分为（　　）。

A. 自有渠道　　B. 合作或联盟渠道

C. 第三方渠道　　D. 电子渠道

2. 选择金融产品分销渠道拓展策略，需要考虑的因素有（　　）。

A. 目标市场环境　　B. 自身资源能力

C. 金融产品的特性　　D. 竞争对手状况

3. 采取并购的方式拓展金融产品的分销渠道，具有的优势是（　　）。

A. 有利于节约营销成本　　B. 有利于迅速扩大市场份额

C. 有利于风险管理　　D. 有利于形成优势互补

4. 下列属于银行产品分销渠道的是（　　）。

A. 分支网点　　B. 金融监管机构　　C. 手机银行　　D. 电话银行

三、判断题

1. 在金融市场上，资金的需求者通过出售金融产品从而实现筹资，资金的供给者通过购买金融产品实现投资。（　　）

2. 金融产品和服务的销售或交易场所多样化是一个新趋势。对客户来说，新兴的金融营销渠道往往需要办理各项复杂手续，需要投入大量的时间成本。（　　）

3. 增设物理网点是现代金融企业快速实现跨区域扩张市场的常用做法。（　　）

4. 随着信息技术的发展与进步，无柜台式的远程网点方式将逐渐占据主要地位。（　　）

5. 第三方渠道是以与金融交易双方均有直接利益关系的商家作为第三方。（　　）

四、简答题

1. 基于金融产品的特点，金融企业通常应如何选择分销渠道？

2. 金融企业选择适宜的分销渠道时往往需要考虑哪些因素？

3. 按渠道控制程度，如何划分金融产品分销渠道？谈谈各渠道的特点。

4. 谈谈采取联合的方式拓展金融产品分销渠道的优越性。

五、案例分析

友邦保险拟入股中邮保险　补缺分销渠道和客群

友邦保险控股有限公司发布公告，同意通过其全资子公司友邦保险有限公司（以下简称“友邦保险”）投资120.33亿元人民币（约合18.6亿美元）认购中邮人寿保险股份有限公司（以下简称“中邮保险”）24.99%股权，交易有待监管部门批准。

资料显示，中邮保险成立于2009年，是中国邮政集团有限公司的子公司，系银保渠道巨头。中国邮政集团有限公司旗下的邮储银行拥有遍布全国的约4万个网点，服务超过6亿零售客户。中邮保险通过与邮储银行的分销合作关系，目前在21个省份销售产品，覆盖邮储银行分销网络的80%。

友邦保险为何短时间内再度大手笔入股中邮保险？友邦保险相关负责人告诉《中国银行保险报》："相信对中邮保险的股权投资将扩大友邦保险在中国寿险市场的增长机遇，能在分销渠道和客群方面与现行策略互补，使友邦保险得以把握由此带来的巨大价值创造潜力。"

入股中邮保险后，友邦保险将继续向快速增长的中产阶层和富裕客群提供高端保障，而中邮保险可触达分布广泛的零售金融分销网络。

资料来源：谭乐之．友邦保险拟入股中邮保险［EB/OL］．（2021-07-05）［2022-03-26］．http：//xw. sinoins. com/2021-07/05/content_400457. htm.

阅读材料，回答以下问题：

1. 保险产品通常有哪些分销渠道？
2. 本案例中，友邦保险入股中邮保险的原因何在？能给友邦保险带来哪些好处？

职业技能训练

1. 训练目标

（1）培养学生分析金融产品的能力。

（2）使学生进一步了解金融企业选择产品分销渠道的依据。

2. 训练内容

（1）分析一家金融企业的产品特征，了解目前其金融产品的分销渠道有哪些。

（2）结合实际情况，比较这些分销渠道的优缺点，给出该金融企业拓展产品分销渠道的策略。

3. 训练评价

（1）对于金融企业产品特征把握准确。（20分）

（2）对于产品分销渠道的分析评价恰当。（30分）

（3）能够为该金融企业制定合理的产品分销渠道拓展策略。（30分）

（4）分析报告表达清晰、准确，逻辑性强。（20分）

项目八

金融产品促销策略

知识目标

1. 了解广告宣传和人员推销的特点和方式。
2. 了解营业推广和公共关系的概念和方法。
3. 掌握促销组合的基本含义和实施步骤。
4. 熟悉金融产品促销组合策略的具体内容。

能力目标

1. 具备针对各类金融产品特性合理运用各种促销形式的能力。
2. 具备综合运用各种促销思维，利用线上线下各种平台进行金融产品促销的能力。

素养目标

1. 从金融产品促销的基本形式入手，了解金融企业促销的手段，感受金融行业的发展，培养具有社会责任感和法律意识的高素质技能人才。

2. 能够对自己的职业生涯规划有深入的认识，对今后进入金融机构的主要工作内容有具体的了解，有较强的集体意识和团队合作精神。

案例导入

携手互联网企业，推动数字化转型

2019 年 12 月，中国邮政储蓄银行（以下简称“邮储银行”）以“开放、共享、共赢”为主题在北京举办互联网合作论坛。随着新一轮科技革命和产业变革深入推进，金融科技快速发展，科技赋能有助于推动普惠金融发展，提升金融服务实体经济的能力和水平。当前，商业银行纷纷联手互联网科技企业，在营销获客、技术研发、渠道整合等方面开展了大量合作。在金融科技发展的大趋势下，邮储银行全面推动数字化转型，与互联网企业深化沟通交流、扩大合作领域、提升合作层次，大力挖潜新零售。

过去一年，邮储银行与蚂蚁金服、腾讯、京东、度小满等多家头部互联网企业对接交流，围绕服务实体经济、发展普惠金融、助力消费升级等领域，积极探讨开放合作的新做法、新路径。在场景金融上，将零售信贷产品嵌入消费和经营场景，实现渠道融合、拓展综合金融服务；在业务合作上，与互联网平台联合发行联名借记卡、信用卡、ETC等，共享资源、互通权益、相互引流。

邮储银行具有独特的资源禀赋和鲜明的零售特色。数据显示，邮储银行拥有近4万个网点并共享邮政集团旗下邮政网点、60余万个邮政加盟店，拥有6亿客户且71%的客户分布在三四线城市及县域地区，下沉市场基础牢固。

据介绍，邮储银行依托其天然优势，通过开放合作，正在打造“邮储食堂”、泛生活平台“邮储YOU生活”、开放式缴费平台三大平台，构建“金融+服务”的智慧生态圈，加速推进新零售转型。

邮储银行依托“邮储食堂”，通过总对总、供应商直供产品和服务的方式，为供需两端提供便利，为会员提供增值服务。目前“邮储食堂”会员已突破900万人，未来致力于发展成为客户规模达亿级的平台。泛生活平台“邮储YOU生活”，把优质金融服务与高频生活需要紧密融合，让客户真正感受到“金融如水，无处不在”。此外，邮储银行打造了开放式缴费平台，依托广阔的县域市场，通过与第三方机构开放合作，打破缴费业务原有的封闭模式，开启互联网场景化服务的转变，将金融服务无缝嵌入民生消费场景。

资料来源：开放 共享 共赢——中国邮政储蓄银行举办互联网合作论坛[EB/OL].(2019-12-17)[2021-10-26]. https://www.sohu.com/a/361000012_120050937.

【感悟】

随着金融科技迅速发展，金融机构想要达到促销目标，就要针对不同区域和人群，利用不同的促销手段，向客户传达有效信息，进而开发潜在客户，留住既有客户，扩大市场份额，树立起积极的企业品牌形象。

任务一　金融产品促销的基本方式

金融产品促销是指金融企业将自己的金融产品和服务通过适当的方式向客户进行宣传、说明以引起和刺激客户的购买欲望和兴趣，促进其购买行为或让客户对金融企业产生好感的活动。产品促销方式分为四大类型，即广告宣传、人员推销、营业推广和公共关系。

一、广告宣传

金融企业在促销宣传中，首先要应用的方式就是广告。广告宣传是指由商业组织、非营利组织或个人借助广告经营者的策略、手段，通过一定的媒体或形式向公众宣传广告信息的活动。

（一）广告宣传的作用

广告宣传作为金融企业向客户传递信息的一种主要促销方式，其主要作用如下。

1. 宣传金融产品

金融产品在初期往往不被大众所了解，这时，广告就能发挥快速传递信息的作用，广告具有高度普及公开性，渗透性强，能让更多客户了解新的产品信息，强化客户对产品的印象，使客户明白哪些产品能够满足自己的需求，引导客户到金融企业办理业务。

2. 树立品牌形象

广告可以产生竞争力，培育品牌是一种金融产品区别于另一种金融产品的标志。广告不能改变金融产品本身的价值，但是却能塑造独一无二的品牌个性，提升产品在消费者心中的价值。品牌是一种无形资产，源源不断地为金融企业带来盈利。金融企业创造品牌，在此基础上，通过广告宣传强化客户的记忆，从而提高金融企业和产品的知名度和美誉度。

3. 激发需求，增加销售

一则好的广告能诱导消费者的兴趣和感情，引起消费者购买该产品的欲望，直至促进消费者的购买行动。

（二）金融企业的广告策略

1. 明确广告目的

广告是金融企业用来向客户传递信息的最主要的促销方式，其主要目的是通过媒体向市场传递信息。

广告大致可以分为三类：通知类广告、说服类广告和提醒类广告。

通知类广告主要是通过向消费者介绍产品的性质、用途、价格和操作方式等，从而促进消费者对产品产生需求的广告。该广告属于开拓性广告，主要用于新产品的入市阶段，其目的是向客户宣传新产品的用途，引导客户的消费观念，宣传企业的经营特点，树立品牌形象，扩大企业的影响力和知名度。例如，民生银行的广告语“服务大众，情系民生”，这八个字非常简练地说明了民生银行的服务对象和服务特性。

说服类广告是指产品由开拓阶段进入成长阶段，为了取得竞争优势，确保一定的市场占有率所继续进行的宣传，以加强客户对本企业产品品牌的注意，进而产生选择性需求的广告。该广告具有劝说作用，告诉消费者某产品的独到之处，进而改变消费者的看法。例如，微众银行曾联合一出租车公司开展战略合作，在租车的场景中，围绕汽车出行、会员服务、金融保险等服务开展多维度创新合作，将支付技术、保险服务、金融科技等元素融入租车场景，一方面，支付、保险等功能将满足客户的金融需求，另一方面，金融科技满足了客户的出行需求。

提醒类广告是指提醒消费者购买，或加强消费者对已购买产品的了解和印象，提示客户不要忘记某产品的品牌，以刺激重复购买的广告。该广告主要适用于成熟期的金融产品。例如，中国工商银行的广告语为“您身边的银行，可信赖的银行”，通过很简练的广告语，给客户以安全感。

由于金融企业提供的产品具有多样化特征，因此，在了解产品特性的前提下，金融企业在决定广告策略时，首先要明确广告目的，其次还要了解客户的需求、金融机构网点的分布状况、客户对象的性质等诸多因素，这些都将影响广告策略的选择。

2. 明确广告类型

由于金融企业在提供的金融产品和服务范围上差别不大，行业间同质现象严重，难以区别各家产品的特色，因此产品广告主要是宣传金融产品和服务项目，以区别其他金融机构。如果金融企业想要达到树立声誉这一目标，就要对形象广告予以重视，通过形象广告，全面树立和提升企业形象，在客户心中留下能得到安全保证的好印象。

3. 进行广告策划

进行广告策划需要考虑以下主要因素：

（1）预算。在明确广告类型之后，还要对广告活动的成本和所得利益进行预估。从产品上看，在金融产品的引入期，需要大量的广告来引起消费者的注意，从而需要大量的广告费；在产品的成长期，需要较高的广告费来提升产品的知名度，在产品已经站稳市场或即将退出市场时，应该减少预算。从品牌上来看，如果一个具体的品牌已经拥有一定的市场占有率，且其消费者基础较好，那么所需广告费用就较少，反之，广告费用就要高出许多。

（2）宣传对象。金融企业在设计广告创意和内容时，为了达到效果，必须对那些可能感兴趣的个人、家庭或组织进行市场调研。只有确定了广告对象，才能有针对性地制定激发他们购买欲望的广告。找准广告对象的指标有多种，包括性别、年龄、文化、兴趣、职业等。

（3）广告创意。金融企业广告的内容主要是阐述产品和服务所有的条件和要求，让客户直观地了解该产品，而广告如何吸引消费者，这就需要创意。创意是广告运作中难度最大的一环，它需要创造性地表达出产品信息，迎合消费者的心理。在广告中，一句广告词或者广告的场景令观众产生了共鸣，那就是一个好的广告创意。

（三）选择广告媒体

金融企业在明确广告内容后就要开始选择广告媒体。广告媒体分为电视、广播、报纸杂志、网络广告、户外广告等，每一种媒体形式都有各自的特点。

1. 电视

电视是现代所有媒体中最家庭化的娱乐媒体，对视听者的亲近感也很强烈，它可以通过视觉和听觉将客户吸引进画面，富有感染力。电视能让观众直接看到事物的情境，使观众产生亲临其境的现场感和参与感。生动的场景描述可以更好地说明金融产品的功能，使客户产生浓厚的兴趣。同时，它的传播速度快，收视观众多，影响力大。其主要缺点在于选择性、针对性较差，且电视广告制作的成本较高，因此，一些复杂的金融产品，需要冗长复杂的介绍说明，一来播放时间太长，容易使客户失去兴趣，二来成本过高。

2. 广播

广播与电视同属于电子媒介，广播可以向全国或特定的区域市场做广告，主要优点在于信息传播迅速、传播范围广、成本低。但是广播逐渐成为个人化媒体，只有声音、没有图片，听众对广播信息的注意力容易分散，因此金融企业较少采用广播媒体。

3. 报纸杂志

从职业和受教育程度来看，阅读报纸的阶层可以说是媒体中幅度最广泛的。以不同阶层读者的资料为基础，报纸广告要实施区域性的计划就变得更加容易。可以在报纸上设置专门的版块，对于金融产品关注者来说更有针对性。作为广告媒体，杂志的长处在于它是被读者特意选购的。杂志读者的可靠性是使用杂志媒体的优势，杂志的读者已经处在该杂志的影响之下，比起其他媒体，登载在杂志上的报道与读者之间的关系处在更自然的关系下。总的来说，报纸杂志的优点是易被接受、覆盖率高；其缺点在于读者范围较窄，传播效果受限。

4. 网络广告

网络广告是以互联网为传播媒介的广告。互联网以其极高的知识和技术内涵以及广泛的传播范围，成为21世纪最具价值的传播媒体之一。金融企业可以通过两种方式做广告：一是建立自己公司的网站，二是向某个互联网运营商购买一个广告空间。随着时代的发展，网络广告的优势越来越明显，网络广告可以根据更加细微的个人差别将客户进行分类，分别传递不同的广告信息，并且不受时间限制，同时互动性强，会把广告所要表达的信息与客户“对话”，一旦客户对起初的信息感兴趣，广告商就会传递专门针对该客户的信息。另外，网络广告成本低，操作灵活，在发生问题时，可以及时修改，这是传统媒体广告所不具备的。但是随着广告的形式增多，网络广告信息内容也可能会出现差异。

5. 户外广告

凡是能在露天或公共场合通过广告的表现形式同时向许多消费者进行展示，能达到推销产品目的的物质都可称为户外广告媒体。户外广告可分为平面和立体两大类型。平面广告有路牌广告、招贴广告、壁墙广告、海报、条幅等；立体广告分为霓虹灯、广告柱以及广告塔、灯箱广告等。户外广告表现形式丰富多彩，具有自己的特色，而且户外广告的费用较低，但其覆盖面小，只针对在户外活动的人，效果难以预测。

二、人员推销

（一）人员推销的特点

由于金融产品的无形性、不可储存性的特点，产品难以展示，金融企业在做广告宣传的同时，配备大量的推销人员，以此与客户进行面对面沟通交流，这种形式就是人员推销。人员推销就是金融营销人员以促成销售为目的向客户直接推销产品或提供服务。在进行广告宣传之后，对金融产品感兴趣的客户无法直观地感知产品，所以需要通过推销人员具体清楚地解释产品和服务，以此来让客户了解产品，并获得客户的信任。人员推销作为人与人之间的传播方式，具有以下特点。

1. 方式灵活，针对性强

在人员推销方式中，推销人员通过直接向消费者推销产品，成为消费者和产品提供者之间最直接的桥梁。由于人员推销能够充分利用推销人员对产品的熟悉程度，并根据消费者对产品的不同欲望、要求、动机和行为，采取不同的解说和介绍方法，从而实施针对性较强的推销，促成消费者购买。

2. 及时促成购买

人员推销的直接性，大大缩短了从促销活动到采取购买行为之间的时间间隔。如采取广告促销，客户往往会有一个接收、思考、比较、认定再到购买的时段，而人员推销活动，则可以使客户的种种问题迎刃而解，在推销人员面对面的讲解、说服和帮助下，可以促使客户立即采取购买行为。

3. 容易与客户建立联系

推销人员可以和客户之间建立合作关系，维持良好的合作关系对销售的实现具有至关重要的作用。一方面，推销人员在帮助客户选择适合的产品时，解决了产品使用过程中可能出现的问题，使客户对推销人员产生亲切感和信任感；另一方面，客户对推销人员的良好行为予以肯定和信任，也会积极宣传金融企业的产品，帮助推销人员拓展业务，这不仅可以使客户需求得到满足，还在推销的过程中传播了企业文化。

（二）推销人员的类型

金融机构的推销人员分为固定推销人员和流动推销人员。其中，固定推销人员主要包括机构人员和坐席人员等；流动推销人员主要包括保险中介、客户经理、投资顾问等。推销人员的主要类型如表 8-1 所示。

表 8-1　推销人员的主要类型

推销人员的类型	具体分类
固定推销人员	机构人员
	坐席人员
流动推销人员	保险中介
	客户经理
	投资顾问

机构人员和坐席人员都是金融企业内部的工作人员。机构人员主要包括银行的柜面工作人员，证券公司、保险公司基层机构的业务员等。坐席人员的主要工作内容是通过接听电话或者外拨电话来处理服务、销售、信息调查、客户回访等事务。

保险中介的类型多样，主要包括保险代理人、保险经纪人等。保险代理人是根据客户的委托，在授权的范围内办理业务；而保险经纪人是针对客户的实际需求，为客户提供投保方案。客户经理主要负责向客户推销产品、确定谈判费用、达成交易、提供售后服务等，客户经理是服务客户、维系客户关系的桥梁和纽带。投资顾问是指专门通过提供投资建议而获得薪酬的人士，是投资服务中非常重要的角色。投资顾问的任务是帮助客户达成投资目标，因此一个优秀的理财顾问，不仅应该熟悉金融产品，还要熟悉各种投资工具和产品，如保险、证券、不动产甚至邮票、黄金等，同时要熟练掌握及运用相关法律法规。只有具备相应的专业知识和敏锐的洞察力，且将自己所学所知不断更新，才能为客户提供有价值的资讯。

（三）金融企业的人员推销形式

金融企业的人员推销主要有上门推销、坐席销售、电话销售、会议推销等形式。

1. 上门推销

上门推销是最常见的人员推销形式。上门推销是由推销人员携带产品的说明和订单等走访客户，推销产品。上门推销是对重点潜在客户入户拜访的方式。上门推销可以直接同客户接触，客户可以根据推销人员的描绘对产品和企业形成一定的看法和印象，这是上门推销的优势所在。当然，这并不意味着一个好的推销员就一定可以获得推销的成功，但是，可以给客户留下很重要的第一印象。至少当客户要购买时，最先想起来的可能就是这位推销员。这种推销方式的缺点是成本太高，成功率比较低。

2. 坐席销售

坐席销售是指金融企业坐席人员的销售活动或客服人员的咨询、服务活动等。例如，保险公司会专门寻找场地为潜在客户提供理财讲座等，以此来吸引潜在客户。

3. 电话销售

电话销售是以电话为主要沟通手段，借助网络、传真、短信、邮寄递送等辅助方式，通过专用电话营销号码，以金融企业的名义与客户直接取得联系，完成产品的推介、咨询、报价以及产品成交条件确认等主要营销过程的业务。电话销售要求销售人员必须具有良好的讲话技巧、较高的表达能力和一定的产品知识。电话销售的成本低，可直接传递金融产品信息，但是容易被拒绝。

4. 会议推销

会议推销是通过开展产品说明会的方式，由金融专家向客户宣传金融产品与服务，借此使客户了解金融企业的业务范围、服务方式、操作指南等的销售模式。会议推销的魅力在于：可以迅速地使金融产品在市场上崛起；可以借此宣传金融知识，让更多的人了解金融产品；有助于金融企业在短期内收回投资；可以极大程度地利用社会资源。

三、营业推广

营业推广又称销售促进，是指除了人员推销、广告和公共关系以外，在一个比较大的目标市场，金融企业为了刺激需求，鼓励消费者购买而采取的一系列优惠措施。营业推广很少单独使用，一般是作为广告宣传和人员推销的辅助手段。

（一）营业推广的类型

根据市场特点、销售目标、推广目的的不同，营业推广可分为以下三种类型。

1. 对消费者的营业推广

其目标是：配合广告活动，鼓励老客户重复购买，更多地使用产品；吸引新客户使用；与同类竞争者争夺客源等。

2. 对分销商的营业推广

其目标包括吸引分销商代理新的产品，建立并巩固分销商的品牌忠诚等。金融企业拓展个人零售市场时可以考虑采取此方式。

3. 对推销人员的营业推广

其目标包括促使推销人员积极推广金融企业的产品和服务，激励他们开拓新市场，寻找潜在客户。如按推销绩效发放红利、奖金等。

（二）营业推广促销工具的选择

营业推广的促销工具有很多，金融产品的类型也有很多，不同的产品适合的促销工具也会有所不同，因此选择促销工具时要考虑各个金融产品的特点。金融企业常用的促销工具有以下几类。

1. 赠品

赠品是金融企业最常用的促销手段之一，赠品的形式多种多样，在客户购买或使用金融产品时，金融企业会给客户赠送一些小礼物以吸引其购买。例如，银行在办理信用卡时会赠送办卡者一些小礼品，如杯子、雨伞等。由于金融企业所提供的金融产品大多数具有无形性，因此金融企业在赠送礼品时更多的是赠送一些主体产品的附属物品，例如中国工商银行在客户办理信用卡时免费赠送网上银行 U 盾。赠品的价值通常很小，主要目的是吸引新客户购买和巩固与老客户的关系。

2. 专有权利

专有权利是指对现有客户提供某种特殊的权益或方便。当金融市场竞争加剧时，为了推广业务、吸引客户，金融企业往往会针对特定客户采取免费服务的促销手段。

3. 消费积分

消费积分常用于银行信用卡业务。信用卡持有人在网上或实体店进行刷卡消费时，根据消费金额的多少可获得相应的信用卡积分，信用卡持有人可以通过积分兑换相应的礼品，积分越高，兑换礼品的价值越高。例如，邮政储蓄银行的信用卡金卡主附属卡在持卡人生日当天消费累计双倍积分，持卡人可登录信用卡商城进行礼品兑换或参加各种奖励活动，也可使用积分抵扣年费及部分购物金额。

4. 折价销售

为了吸引客户，金融企业一般在节假日会推出一定的促销活动，或者在金融产品成熟阶段，金融企业将其限期折价出售。例如，交通银行曾推出限时信用卡分期手续费折扣活动。

5. 有奖销售

有奖销售是对购买产品或服务的客户给予相应的奖励，这一方式主要用于银行存款、信用卡消费等方面。例如：信用卡用户有积分抽奖活动，以鼓励客户消费；兴业银行客户办信用卡以手机作为奖品；邮政储蓄银行的“聚宝盆”豪礼限时抢活动等。

6. 合作推广

合作推广是金融企业配合其他企业组成策略性销售联盟，共同向客户提供金融产品与服务。例如，2011 年 6 月，支付宝宣布和中国工商银行达成战略合作，双方除了在快捷支付、网络支付、银行卡收单等方面建立合作外，支付宝还选择工商银行作为支付宝的备付金存管银行。随后，中国工商银行与银联、支付宝进一步合作，率先实现工银 e 生活与支付宝主扫支付功能，成为首家与支付宝实现二维码互认互扫的商业银行。合作推广有很多好处，可以充分利用联盟对象现有的资源为自己招揽客户，提高市场份额，还有助于提高金融产品的优势，提升自己品牌的影响力。

四、公共关系

（一）公共关系的内涵

公共关系在金融产品营销中是指金融企业为了树立良好的形象，通过在日常运转中所发生的各种内部和外部的信息沟通、形象塑造、协调关系等活动，与公众建立良好的关系，最终达到销售的目的。对金融企业来说，公共关系的目的不仅追求短期的、既得的销售量的增加，而且着眼于金融企业在社会中的良好信誉和长远利益。

金融企业的公共关系不仅要建立与客户、其他企业的建设性关系，还要与大量对金融产品感兴趣的公众建立良好关系，加强公众对金融企业的了解与合作。公共关系促销不仅仅是促销产品，更是推销金融企业的品牌，树立企业的良好形象，即使生意做不成，也要把关系建立起来。在功能上，公共关系不具有直接的推销功能，而是具有间接的促销功能，从效果上来说，公共关系更注重长期的效果和影响。

（二）公共关系的内容

为了实行有效的产品促销，金融企业要与各界公众建立良好的关系。金融企业的公共关系活动包括以下方面。

1. 金融企业与政府的公共关系

地方政府及有关部门肩负着本地区经济建设的领导责任，对本地区所管辖的工商企业、经济组织实施具体的领导、监督和管理，因此政府既是金融企业的领导者，也是金融企业的间接客户。处理好与政府部门之间的关系，是保证金融企业开展各项经营活动的重要条件。例如，金融企业的公关部门应尽量加强与地方政府及各职能部门的公关工作，同时，了解和掌握地区经济发展，在支持地方经济建设的同时，主动争取与政府合作。

2. 金融企业与同业机构的公共关系

金融企业与同业机构的关系体现为一种既竞争又合作的关系。从竞争的角度来看，金融企业与同业机构存在着争夺客户、争夺市场以及各种服务间的竞争。从合作的角度来看，金融企业与同业机构间也存在着业务合作、业务人员间的沟通联系等。这种既对立又统一的关系有助于形成金融企业间的良性竞争，更好地为客户提供服务。

3. 金融企业与新闻媒体的公关关系

新闻媒体对金融界各种事项的宣传、社会舆论对金融企业的看法，常常会引起金融业务的大波动，其传播面之广、影响力之大，是金融企业所不容忽视的。与新闻媒体建立良好关系是为了通过新闻媒体的传播，引起社会对金融企业和金融产品的关注，向社会提供关于金融企业的正面报道。因此，金融企业除了要密切关注新闻媒体的各种报道和舆论，研究社会动态对金融业的影响以做到防患于未然，还应与记者、编辑、新闻媒体从业人员保持经常接触，争取得到他们的支持，营造良好的金融舆论环境。

❖案例链接

东亚银行遭遇“短信门”

受财务状况不稳定传闻的影响，东亚银行（0023. HK）股价大幅震荡，盘中一度急挫11%。2008年9月24日下午，该行紧急对外澄清，东亚银行管理层更发布声明称“有关谣言绝非真实而且全无任何事实根据”，香港金融管理局也声明，香港的银行体系财政状况稳健。

据悉，有关东亚银行受到美国金融风暴的冲击导致财务状况不稳定的消息，是以电子短信的方式于23日中午开始流传的，东亚银行各分行24日陆续出现挤兑人潮，警方也到场了解事件。业内人士分析认为，此次事件的导火线可能源自

9月18日晚间东亚银行发表的声明。该声明指出，由于公司一名交易员在未经授权的情况下，擅自操控衍生工具遭受损失后，又擅自修改交易记录，导致公司需要重新公布中期业绩，其税后利润由9.3亿港元减少至8.21亿港元。

东亚银行非常关注此次谣言的散播，得知消息后立即知会香港警方及金融管理局，并随即发表澄清声明，表示正注意市场上一些关于其业务不稳定的恶意谣传，这些传言并没有事实根据。东亚银行的财务状况稳健，截至6月30日止，综合资产总额为3 966亿元，资本充足比率达到14.6%，远超国际规定水平。

在9月24日下午召开的记者会上，东亚银行副行政总裁兼执行董事彭玉荣表示，东亚银行持有14只CDO（债务抵押证券组合），其中涉及美国国际集团（AIG）及雷曼的相关投资，估计损失约6 000万美元，但只是占东亚银行相当小比例的资产。东亚银行目前的资金足以应付客户，不需要同业或政府协助。他还表示该传言会扰乱香港的金融秩序。东亚银行旗下各分行昨日全部延迟半小时关门，以应付客户需要，而存户提款没有上限，即使定期存户也可以提款。

为了安抚公众，香港金融管理局24日亦出面澄清有关东亚银行财务状况不稳的传言是没有依据的，认为目前香港本地银行体系安全而且健康，资本化状况良好，而且流动性充足，银行资产质量良好且业务正常，请投资者无需担心。香港金管局总裁任志刚表示，金管局支持东亚银行，该行若有任何流动资金需要，金管局都将协助。他还重申，香港银行体系稳健，投资者应保持冷静。

资料来源：吴家明，郭蕾，唐曜华．东亚银行遭遇“短信门”[N]．证券时报，2008-09-25（4）．

案例评析：东亚银行采取公开透明的媒体应对策略，制造良好的舆论环境，降低了恶意谣传的不利影响，缓解了危机。

4. 金融企业与社区的公共关系

社区主要包括当地的居民、社区管理部门和地方团体组织等。由于一般的金融企业网点大多集中于社区，因此公共关系的方式大多是人际传播与交流。例如，银行介入社区的公益活动，资助促进社区发展的有意义的活动。

任务二　金融产品促销组合

一、金融产品促销组合的含义

金融产品促销组合是指把广告宣传、人员推销、营业推广和公共关系这四种基本的促销方式组合为一个策略系统，使金融企业的全部促销活动互相配合、协调一致，最大限度地发挥整体效果，从而实现促销目标。

由于所处的金融市场环境和金融企业自身的发展阶段存在差异性，金融企业对于促销方式的选择也各有不同。例如，处于成长期的商业银行和已经发展成熟的商业银行在促销银行产品时所选择的促销方式会有所不同。因此，在掌握促销策略的基础上，金融企业还要结合具体所处的市场环境和自身的实际发展情况等因素，选择最适宜的产品促销组合，达到促销目标。

二、金融产品促销步骤

金融产品促销步骤主要包括确定促销对象、决定促销目标、设计促销信息、确定促销预算、决定促销组合以及促销实施与控制等。

（一）确定促销对象

促销的目的是让潜在客户在接受、理解促销信息的基础上认可、接受企业或产品。促销对象是指接受这些信息的潜在客户。首先，金融企业在促销活动之前要确定目标对象，每一种金融产品都有其特定的目标客户；其次，要分析目标客户对企业或产品的熟悉程度，根据客户的熟悉程度来决定促销宣传的内容和方式；最后，金融企业还要分析目标客户对企业或产品的偏好程度，了解客户偏好什么、偏好的原因是什么，从而有针对性地调整促销的内容和形式。

（二）决定促销目标

促销目标是指金融企业开展促销活动所要达到的目的。促销活动要制定合适的目标，主要包括以下方面。

1. 告知

告知即广而告之，是指通过促销宣传手段提高金融企业及其产品与服务的知名度，让更多的客户了解并熟知该企业及其产品。

2. 激发

激发即激起客户对某一产品或服务的初始需求，增加客户对某一竞争激烈、选择性较强的金融产品的消费欲望。

3. 劝说

劝说即通过促销宣传说服更多的客户使用某种产品或服务，进而扩大销售、提高市场占有率。劝说的主要目的是将消费者的消费欲望转变成消费行为。

4. 提示

提示即通过促销宣传提醒消费者牢记本企业的产品与服务，希望消费者能够反复购买和使用本企业的产品，以巩固市场地位。提示的主要目的是将首次消费者变为持续消费者。

5. 偏爱

偏爱即在目标市场中营造企业与产品的独立风格和个性，树立企业的形象，使消费者对该产品产生偏爱。偏爱是为了让消费者从消费企业产品变为忠诚企业产品。

当然，促销的最终目标是将潜在客户变为现实客户，使产品和服务能够持续售出。

（三）设计促销信息

促销信息是指对金融企业或产品所作出的真实客观的描述。有效的促销信息能够引起消费者的注意，激发需求并产生购买欲望，还可以树立企业形象。

1. 信息内容

信息内容主要是金融企业想要表达的内容，通常描述了金融企业和产品的优势及特点，并强化优势，让消费者了解和熟悉产品。

2. 信息结构

信息结构即设计促销信息时所需要使用的表达方式，主要是为了把金融企业和产品的优势展现在消费者面前，让消费者对该产品感兴趣。

3. 信息形式

信息形式即信息内容的具体表现方式。同样的广告内容，不同的设计，就会有截然不同的效果。

4. 信息来源

信息来源主要分为人员渠道和非人员渠道。人员渠道即人际信息沟通，主要来自与客户直接地、频繁地接触，了解客户的需求。非人员渠道指各种媒体、环境及公共关系活动等获得的信息。信息来源要保证其专业性、可信性和有效性。

（四）确定促销预算

促销预算是指金融企业在计划内用于促销的费用预算。促销费用过低会影响促销效果，促销费用过高又有可能影响金融企业所获得的利润。促销预算是把某一特定时期内促销活动所需开支的费用详细列明，用货币体现出来。确定促销预算的方法一般包括以下几种。

1. 销售百分比法

根据目前或预期销售额的某一个百分比来确定促销预算。这种方法应用比较广泛，根据金融企业的负担能力来制定促销费用，但是难以预测竞争对手的百分比。

2. 量力而行法

这种方法是根据金融企业所能够负担的促销费用作为促销预算。它是一种最简单的预算方法，适合新产品上市或小型金融企业，但是很难确定所花费用是否有效，且不易反映出促销支出与销量变化的关系。每年促销预算多寡不定，使得制定长期市场规划较为困难。

3. 竞争比较法

这是根据竞争对手的促销费用来确定自己预算的一种方法。在当前竞争日益激烈的金融市场中，促销也变成了一种竞争的工具。采用这种方法编制的预算具有针对性，适合市场竞争的需要，但是，它完全依据竞争对手的情况而定，竞争对手的预算资料不容易取得，存在一定的被动性，甚至可能引起恶性促销竞争。

4. 目标任务法

这是根据金融企业要达到的目标和任务来确定预算的方法。营销人员首先设定其市场目标，然后评估为达成该目标而必须执行的工作任务所需投入的促销费用为其预算。

目标任务法是最符合逻辑的预算确定方法。这种方法比上述几种方法更科学化，能够明确预算费用和促销结果之间的关系。目标任务法实施的困难在于通常很难确定实现特定目标所对应的工作任务。

（五）决定促销组合

金融企业的促销活动一般由一系列的具体活动所构成，主要有广告、人员推销、营业推广和公共关系四种手段。促销组合决策就是要确定一种最佳的促销组合，也就是金融企业在促销组合的各个构成要素之间如何分配促销预算和选择。不同的促销方式各有优劣，组合运用则可以扬长避短。金融企业需要分析各种因素，对不同的促销方式明确其侧重点，灵活运用各种促销组合，以达到良好的效果。

（六）促销实施与控制

促销实施与控制就是对促销活动进行监督和管理的过程，必要时及时采取改进措施。例如，基金管理公司开放式基金销售面对中小散户的促销活动，在基金份额发售前，促销重点主要在对客户进行知识教育方面，培养潜在客户基金投资的理念，并树立企业的品牌；在募集期内，则需要重点宣传公司以前经营的各种基金产品的历史表现，以及公司自身的背景、实力、规模等，建立起客户对该公司的信任，从而形成销售。

※案例链接

武城农商银行全面推进厅堂营销

武城农商银行积极组建营销队伍，全面推进厅堂营销。一是以网点为基础组建了23支营销队伍，其中支行由“会计主管＋大堂经理＋柜员＋客户经理”组成，分理处由“会计主管＋大堂经理＋柜员”组成，在“逢客户必营销”的基础上，重点把握客流高峰期，利用宣传折页、室内电视宣传片、集中讲解等方式对存贷款、理财产品、贵金属等进行介绍。二是针对客户等待时间长且未获得应有的重视或关注而引发客户投诉、抱怨的现象，及时组建“大堂经理＋会计主管”的增值服务队伍，推出系列“趣味抽奖活动”，如吉日大抽奖、整点业务大抽奖（即每个整点在办理业务的客户均可获赠精美礼品）、叫号单吉祥号码大抽奖等，盘活客户等候时间。三是组建了“综合部＋会计部＋审计部＋风险部”的督查小组，定时对厅堂文明服务、客户分流、卫生环境、客户业务咨询等进行抽查回访，对工作不到位、疏于客户服务的大堂经理、会计主管等进行处罚。

资料来源：武城农商银行全面推进厅堂营销［EB/OL］.（2021-08-30）［2022-03-18］. https://k.sina.com.cn/article_7517400647_1c0126e4705901bedv.html.

案例评析：通过合理设计促销方案，加强营销队伍建设，让厅堂营销真正在员工中落地生根，武城农商银行的厅堂营销收到了良好的效果。

三、影响金融产品促销组合的因素

营销人员在设计和管理促销组合时，需要了解促销组合的影响因素，以便形成最佳的促销组合方案。

（一）金融产品的性质

金融产品性质的不同，决定了客户购买产品的目的不同，因此金融企业采取的促销组合也有所差异。例如，大额贷款这类金融产品主要针对的客户群体是工商企业，客户相对集中且专业性较强，适合采取以人员推销为主的促销组合。而对于保险类产品、信用卡类产品，主要面向个人客户，客户相对分散，则适合将广告和营业推广作为主要促销方式。

（二）客户的需求

由于客户对金融产品的购买基于不同的需求，在设计促销组合的时候，要充分考虑客户的需求，采取合理的促销方式向客户推介。

（三）金融产品的生命周期

金融产品的生命周期是从开始进入市场到退出市场的整个过程，一般包括导入期、成长期、成熟期和衰退期四个阶段。在生命周期的不同阶段，金融产品所面临的市场环境不同，金融企业的促销目标不同，因此对应的促销组合也有所不同。

（四）目标市场的条件

目标市场的条件包括市场规模和市场性质。市场规模的大小决定了潜在客户群的大小。如果目标市场规模较大，客户数量多，可以采取广告和营业推广为主的促销组合；如果目标市场规模较小，客户数量少，适宜采取人员推销为主、广告和营业推广为辅的促销组合。对于不同性质的目标市场，应选择不同的促销组合。例如，对于相对集中且客户数量有限的目标市场，应采用以人员推销为主的促销方式。

（五）促销预算

促销组合的方式和类型不同，促销的费用也不同，促销预算是影响促销组合的一个重要因素。无论采取哪种促销组合，都会受到促销预算的制约。金融企业应该在能够负担的预算范围内选择促销组合，以尽可能低的促销费用来取得最好的促销效果。

四、金融产品促销组合策略

一般来说，金融企业会充分考虑影响促销组合的各种因素，选择合适的促销组合策略。

（一）推式策略

推式策略是指金融企业利用人员推销、营业推广为主的促销手段，把金融产品推入各个分销渠道，并向最终消费者推荐。推式策略强调分销渠道上各环节的促销，要求营销人员针对不同客户的需求和不同产品的特性开展促销活动，促成潜在客户的购买决策。

（二）拉式策略

拉式策略是指针对最终消费者，金融企业通过运用密集广告、营业推广、公共关系等促销手段，向消费者展开强大的促销攻势，使其产生强烈的兴趣和购买欲望，从而达成交易。拉式策略强调对最终消费者的吸引，从而激发其购买动机。

（三）推拉结合式策略

在开展实际促销活动时，金融企业往往并非单一采取推式策略或者拉式策略，而是将两种策略结合使用，并侧重其中一种。将两种策略结合起来的促销方式比单独利用推式策略或拉式策略更有效，但需要注意以下几点：第一，根据金融产品的不同特性，促销的侧重点要有所不同；第二，在客户购买决策的不同阶段，要区别运用推拉策略；第三，推与拉必须有机配合，协调启动，把握好时机。

❖素养提升

在一些网络场景中，不时会有“首月0元”“零首付”“免费保障”“抽奖获取”等互联网保险产品广告页面出现，有的消费者在未清楚了解保险内容、保费缴纳等情况下，便被“免费”诱导而投保。这种营销引流模式存在诱导营销、信息披露不当等问题，侵害消费者知情权和自主选择权，易引发消费纠纷或投诉。为此，中国银保监会消费者权益保护局发布风险提示，提醒消费者要清晰地认识到“免费”是诱导，极有可能暗藏陷阱和风险。

从保险产品本身看，一些“首月0元”“免费保障”等宣传未全面展示保费缴纳整体情况，实际上是将保费分摊至后期，消费者并未真正享受到保费优惠。从监管要求看，保险险种的条款和费率，应当报监督管理机构备案或批准。“首月0元”类的销售宣传行为，存在未按照规定使用经批准或者备案的保险条款、保险费率的问题。从营销方式看，营销片面强调“首月0元”，却未对保费缴纳整体情况、保险责任等重要内容充分提示，易使消费者忽视产品重要信息。加之一些广告界面设置不规范，故意诱导消费者勾选“购买”“领取”“自动续费”等选项，侵害消费者的知情权和自主选择权。

为保护消费者合法权益，防范诱导销售等风险，中国银保监会消费者权益保护局提醒消费者购买保险应根据自身风险保障需求和消费能力与保险公司订立相应保险合同。消费者要提高警惕，在购买保险产品时不要被“免费”诱导，以防自身权益受到侵害。

资料来源：中国银保监会．关于防范保险诱导销售的风险提示［EB/OL］．（2021-10-21）［2022-03-18］．http：//www.cbirc.gov.cn/cn/view/pages/ItemDetail.html? docId=1013727&itemId=915&generaltype=0.

项目小结

- 金融产品促销策略
  - 金融产品促销的基本方式
    - 广告宣传
      - 广告宣传的作用
      - 金融企业的广告策略
      - 选择广告媒体
    - 人员推销
      - 人员推销的特点
      - 人员推销的类型
      - 金融企业的人员推销形式
    - 营业推广
      - 营业推广的类型
      - 营业推广促销工具的选择
    - 公共关系
      - 公共关系的内涵
      - 公共关系的内容
  - 金融产品促销组合
    - 金融产品促销组合的含义
    - 金融产品促销步骤
      - 确定促销对象
      - 决定促销目标
      - 设计促销信息
      - 确定促销预算
      - 决定促销组合
      - 促销实施与控制
    - 影响金融产品促销组合的因素
      - 金融产品的性质
      - 客户的需求
      - 金融产品的生命周期
      - 目标市场的条件
      - 促销预算
    - 金融产品促销组合策略
      - 推式策略
      - 拉式策略
      - 推拉结合式策略

教学一体化训练

【重要概念】

广告宣传　人员推销　营业推广　公共关系　促销组合　促销组合策略

【课后自测】

一、单项选择题

1. 以下属于金融产品促销最常用方式的是（　　）。

A. 广告宣传　　B. 人员推销　　C. 营业推广　　D. 公共关系

2. 促销的目的主要是引发消费者产生（　　）。

A. 购买行为　　B. 购买兴趣　　C. 购买决定　　D. 购买倾向

3. 以下不属于广告策划考虑的主要因素的是（　　）。

A. 预算　　B. 宣传对象　　C. 明星代言　　D. 广告创意

4. 以下（　　）不属于人员推销的特点。

A. 方式灵活　　B. 针对性弱

C. 及时促成购买　　D. 容易与客户建立联系

5. 金融企业配合其他企业组成策略性销售联盟属于营业推广促销工具中的（　　）。

A. 消费积分　　B. 专有权利　　C. 有奖销售　　D. 合作推广

二、多项选择题

1. 人员推销的形式主要有（　　）。

A. 上门推销　　B. 电话销售　　C. 会议推销　　D. 坐席推销

2. 确定促销预算的方法一般包括（　　）。

A. 销售百分比法　　B. 量力而行法　　C. 竞争比较法　　D. 最小投入法

3. 促销组合应该考虑的主要因素有（　　）。

A. 产品因素　　B. 消费者需求　　C. 市场状况　　D. 促销预算

三、判断题

1. 金融企业在其促销活动中，在方式的选用上只能在人员促销和非人员促销中选择其中一种加以应用。（　　）

2. 促销预算是影响促销组合的一个重要因素。（　　）

3. 在开展实际促销活动时，金融企业只能采取单一的推式策略或者拉式策略。（　　）

4. 在金融产品生命周期的不同阶段，对应的促销组合有所不同。（　　）

四、简答题

1. 简述影响促销组合的因素。

2. 简述人员推销的作用和形式。

3. 金融企业制订产品促销方案一般包括哪些步骤？

4. 推式策略和拉式策略的侧重点有何不同？

五、案例分析

龙支付 分外惊喜带给您

在合家福超市排队等待结账时，小海打开了建行手机银行，点击龙支付的付款码，为付款做好准备，后面一位阿姨看到小海拿的手机，好奇地问："小姑娘，你用的是什么支付方式啊？"

小海答道："这个是建行的龙支付，下载建行手机银行就能开通和使用了，不仅能使用二维码付款，还能给朋友转账和发红包，还能进行二维码取款呢。"

"那这个其他软件也能做到啊，为什么要用龙支付呢？"阿姨把问题抛向了小海。

"阿姨，这您就不知道了，建行的龙支付是建行整合了现有网络支付、移动支付等全系列产品。最重要的一点是现在建行为了回馈客户，推出了分外惊喜的活动，使用龙支付进行消费奖励综合积分呢。"小海如数家珍。

"综合积分?"阿姨满脸疑惑,"综合积分是什么? 有什么用呢?"

"综合积分是建设银行对个人客户在建设银行办理的各类特定业务,按照一定标准计算得出的分值的总和。您在建设银行办理业务产生的个人综合积分都记录在您的个人名下。综合积分可以在建行的善融商务买东西,500 积分可以当 1 元钱用呢。不仅用龙支付消费能获得积分,而且星级客户还能额外获得奖励积分,1~2 星级客户每消费 1 元奖励 1 积分;3~4 星级客户每消费 1 元奖励 3 积分;5 星级以上客户每消费 1 元奖励 5 积分。阿姨,您可以登录手机银行,在首页搜索星级,可以看到您的星级种类。"小海拿着自己的手机给阿姨做着示范。

阿姨照葫芦画瓢在手机银行上操作,"哈哈,没想到我还是五星级客户!"

"说明您是建行的优质客户,比如您今天使用龙支付消费 500 元,还可以另外积分 2 500,相当于一共可以省 6 元钱呢。"

"回家就开通一个龙支付!我分外惊喜啊!"阿姨拍着手说。

资料来源:龙支付　分外惊喜带给您 [EB/OL]. (2019 - 04 - 10) [2022 - 03 - 18]. http://www.ccb.com/cn/ccbtoday/jhbkhb/20190410_1554887925.html.

阅读材料,回答以下问题:

1. 建设银行龙支付采取了哪些促销方式?
2. 评价这些促销方式的应用效果。

职业技能训练

1. 训练目标

(1) 培养学生对金融产品的进一步认识以及对产品促销方式的掌握。

(2) 使学生能够准确把握促销步骤,并且运用到具体实践中。

2. 训练内容

(1) 选择一家金融企业的某一产品作为研究对象,对该产品进行调研。

(2) 为该产品设计促销方案并选择合理的促销组合策略。

3. 训练评价

(1) 金融产品特性和需求分析得当。(20 分)

(2) 金融产品促销方案设计合理。(30)

(3) 金融产品促销组合策略选择适当,理由充分。(30 分)

(4) 语言表达清晰准确,逻辑性强。(20 分)

项目九

金融企业人员管理策略

知识目标

1. 掌握金融企业内部营销的活动内容。
2. 了解金融企业内部营销成功的前提。
3. 熟悉内部营销的概念及管理过程。
4. 了解金融企业服务人员的地位和重要性。

能力目标

1. 能够运用不同的内部营销手段。
2. 能够自主设计内部营销体系。

素养目标

1. 通过对企业内部营销的分析，了解我国金融从业人员的发展现状与趋势，了解相关法律法规。
2. 能够深入理解企业内部营销的各个环节，做到将理论与实践相结合。

案例导入

人才科技双驱动

早在 2018 年 5 月 28 日和 6 月 2 日，平安银行就先后在硅谷、纽约举办金融科技分享暨人才招聘会。针对技术类、大数据类、风险类、互联网产品类、传统金融类岗位，向全球优秀人才发出招募邀约，吸引人才回国发展。现场近 200 人参会，平安银行收到近 100 份高质量简历。平安银行数名高管在现场做起了“推销员”，介绍平安集团和平安银行的“金融+科技”双轮驱动战略和人才战略，并以亲身经历分享了他们在平安工作的感受。

2018年底，平安银行零售业务营收、净利润、零售贷款对全行贡献均已超半壁江山，尤其是2018年底平安信托财富团队加入平安银行后，该行零售资产管理规模(AUM)、私人银行业务均呈现加速增长趋势。平安银行管理层也在2018年年度业绩会上表示：以零售贷款为发力点的零售转型第一转型目标已基本达成。

2019年前三季度，平安银行财富客户增长26.5%、私行达标客户增长36.2%；9月末私人银行达标AUM规模近6 700亿元，较年初大增46.2%。截至目前，平安银行零售AUM余额已增长至转型初期的近3倍。

平安集团多年发展综合金融，在保险、银行、资产管理、科技等业务板块均取得稳健较快增长，每个细分领域的子公司均占据行业领先地位，并孵化了多个“独角兽”公司。银行业层面，近年来，在整个行业监管趋严、利率市场化、金融脱媒等背景下，银行纷纷转向有着利润“稳定器”作用的零售业务。过去一年，平安银行围绕“科技引领、零售突破、对公做精”的核心策略，持续推进零售战略转型，大力投入零售人才与金融科技创新。

未来10年，平安集团将不断推进“金融+科技”双轮驱动战略，积极探索“金融+生态”健康发展模式。平安银行也将步入新一轮快速发展周期，对海外人才的需求将越来越大，提供的发展空间更为广阔。在平安集团前100名高管中，海外人士占比逾60%，均来自国际顶尖企业。在2017—2018年，平安银行就吸引了400多名具有海外学历背景的专业人才和高校毕业生加入，近60%的人才流向零售、IT岗位。全行“海归”人才总数超过1 700人，19名总行及分行高级管理干部、高级专业人才均具有海外教育背景。

在战略上，平安银行制定了外资（资本国际化）、外体（国际领先的经营管理体制和机制）、外脑（国际化的高阶人才队伍）的“三外”国际化战略；在机制上，全面覆盖的培训体系可以帮助个人快速成长、融入组织；在文化上，平安银行具有简单务实、包容合作、信任授权的团队文化，海外人才可快速适应；在平台空间上，在“金融+科技”的战略引领下，平安银行将步入新一轮快速发展周期，同时内部职业渠道畅通，个人成长机会多。

事实上，不只平安银行，整个金融业近年来都在抢招全球优秀人才。当前以大数据和人工智能为代表的技术革命浪潮，正给传统银行的内外经营模式带来重大挑战。各大银行在转型过程中对金融科技人才的需求剧增。全球招聘顾问公司米高蒲志(Michael Page)发布的《2017中国薪资和就业报告》显示，目前国内金融科技人才总缺口达150万人。银行业内人士表示，在零售转型的赛道上，传统银行要抢夺金融科技人才，必须完善人才机制、建立敏捷型组织形式、形成包容的文化氛围，以吸引国际化的优秀人才加盟。在这方面，平安银行已经走在行业前列。

资料来源：周萃．实施“金融+科技”双轮驱动战略 平安银行赴美招贤纳士[N]. 金融时报，2018-06-06；马传茂．人才科技双驱动　平安银行零售AUM突破2万亿[N]. 证券时报，2020-01-10.

【感悟】

随着我国金融业的发展，金融企业对优秀人才的需求越来越大。金融机构提供产品的核心是服务，通过提供金融产品服务于社会和经济的发展，满足顾客的金融需求。因此，对金融企业服务人员的管理成为企业关注的一大焦点。金融企业应当通过合适的内部营销手段来提高员工的满意度和忠诚度，进而使员工为顾客提供更加优质的服务。

任务一　金融企业服务人员的地位与服务利润链

一、金融企业服务人员

随着服务经济的发展，顾客对服务质量的要求越来越高，而金融服务的过程十分依赖服务人员与顾客彼此间的沟通。因此，高素质的服务人员对金融企业提升服务质量是非常关键的。

（一）金融企业服务人员的内涵

金融企业的服务人员可以分为前台服务人员和后台服务人员。

1. 前台服务人员

前台服务人员是金融企业形象的代表，是连接金融企业和外界的桥梁，在沟通企业和公众双方信息方面发挥着关键作用。因此，前台服务人员的形象和举止可能直接影响到顾客对企业的认知和评价。高素质的前台服务人员在给顾客提供服务时，会在沟通中发现顾客的潜在需求，从而推荐顾客可能感兴趣的产品或服务，提升顾客对企业的整体评价。

2. 后台服务人员

后台服务人员为金融企业提供了管理支持，如人力资源部门明确了各项工作和职位的具体责任，并通过员工培训等措施，引导员工以顾客为中心，激发了整个组织对顾客提供优质服务的积极性，从而提高了服务品质。

后台服务人员还为金融企业提供了技术支持。硬件方面，技术开发部门在服务设备诸如电脑、打印机等出现故障时，可以及时进行维修，从而优化顾客体验。软件方面，技术开发部门负责支持金融企业自身的系统，缩短业务时间并减少出错率，从而提高服务质量。

（二）金融企业服务人员的重要性

服务产品的生产依赖于服务人员的参与，服务人员和服务产品是不可分割的整体，他们是服务端重要组成部分。在金融服务过程中，服务人员是对顾客所需产品和服务的直接提供者，是顾客所购买的整体服务中不可分割的一部分，他们会影响到顾客对服务和企业的整体评价。一名高素质的服务人员能给顾客展现更好的形象，从而可能帮助顾客选择该企业的产品，并能够让顾客在购买产品和享受服务时感受到更高的价值。

❖案例链接

寒潮中的农商银行“温度”

2021年1月7日，济南迎来了70年来同期最冷的一天。济南农商银行润丰支行营业室员工一早便在大堂准备了现煮的姜茶，为每一位前来办理业务的客户送上姜茶，也送去了农商行的关爱和温暖。

“莱芜农商银行门口添置帐篷了，还有热水供应和电暖器，服务真是太周到、太暖心了！”刚取完养老金的济南市莱芜区大王庄镇的张大爷连连向周边的人推介。原来，鲁中地区气温骤降至近零下20摄氏度后，莱芜农商银行为做好基层网点疫情防控工作，有效解决营业厅办理业务人数受限的问题，通过搭建暖心帐篷并配备取暖器的方式解决了实际问题。该行定时消毒，为每位前来办理业务的客户准备热水，让广大客户感受到了农商银行的暖心与温情。

窗外白雪皑皑，窗内温情永存。蓬莱农商银行城区支行、水城支行工作人员在营业前铺上防滑垫，竖起提醒标识，早早将驱寒物品准备到位，为前来办理业务的客户提供舒适、安全的环境。同时，城市环卫工人在辖区街道开展扫雪除冰工作时，该行工作人员热情邀请环卫工人到网点取暖休息，为他们提供热水、口罩等。

山东省农信联社指导全省农商银行认真践行以“客户为中心”的服务理念，想客户所想，急客户所急，通过提供便捷高效的金融服务，让客户能在第一时间感受到农商银行的温暖，推动各项业务实现持续健康发展。截至1月10日，全省农商银行各项存款余额达2.23万亿元，较年初增加288.7亿元，各项贷款余额达1.47万亿元，较年初增加47亿元。

资料来源：王爽．寒潮中的农商银行“温度”[N]．大众日报，2021-01-13.

案例评析：金融企业的服务人员代表了金融企业的形象，案例中的济南农商银行润丰支行营业室员工通过送温暖的形式，让顾客感受到农商银行对百姓的关心，使得银行更加值得百姓信赖。

二、金融企业服务利润链

（一）服务利润链理论

詹姆斯·赫斯科特等五位哈佛商学院教授组成的服务管理课题组在1994年提出了“服务利润链”的概念，试图从理论上揭示服务企业利润的决定因素。他们认为：服务利润链可以形象地理解为一条将盈利能力、客户忠诚度、员工满意度和忠诚度与生产力之间联系起来的纽带，它是一条循环作用的闭合链，其中每一个环节的实施质量都将直接影响其后的环节，最终目标是使企业盈利。

基于服务利润链理论，企业利润受客户忠诚度影响，忠诚客户给企业带来了超额利润空间。而客户忠诚度受客户满意度影响，客户满意度则受到外部的服务质量影响，外部服务质量又受到员工的忠诚度和生产效率影响。企业通过提升内部服务质量，才能提高员工的满意度，进而提升员工的忠诚度和生产效率，最终实现盈利。换言之，企业内部服务质量能够影响企业的利润和未来发展。因此，一个优良的服务支持系统和相应的内部营销方案对企业的生存和发展是至关重要的。

（二）服务利润链在金融企业内部营销中的运用

1. 提高金融企业的内部服务质量，增进员工满意度

金融企业的内部服务质量决定员工满意度。企业首先应将员工看待为内部客户，明确内部客户服务的重要性，尽可能地满足内部客户的需求，提供优质内部服务。内部服务质量取决于员工对工作本身满意与否以及员工之间的关系两个方面。工作本身满意取决于其完成预定目标的能力以及在这一过程中所拥有的权力。当员工具备了上述两个条件时，会因为达到了预期目标而对工作满意、对企业满意，并最终对企业忠诚。同时同事之间能维持一种和谐、平等、互相尊敬的关系并且相互合作、相互服务。在这样的工作环境中，员工满意度和工作效率会有大幅提高。

2. 员工满意度促进员工忠诚度和效率

员工的满意度主要是指对金融企业提供的报酬、学习、晋升机会、环境、地位、企业的承诺等方面是否满意，企业可以通过员工网上调查、员工满意度调查和员工服务热线等方式了解员工的满意度。员工对所在金融企业满意度决定了员工对企业未来发展的信心，如在高满意度的情境下，员工的工作热情更容易被激发出来，会自觉承担起一定的工作责任，提高服务的质量。此外，员工满意也能有效提高员工工作效率，降低员工流失率。在服务业企业，员工由于不满意而流失跳槽造成的损失不只是重新招聘、雇用和培训而产生的费用，还包括由于生产率的下降和客户满意度的降低导致客户流失所造成的损失。因此，提高员工的满意度对金融机构的发展具有深远意义。

3. 员工忠诚度和效率影响外部服务质量

金融企业外部服务质量来源于服务人员的忠诚度和工作效率。员工较高的工作效率能够让他们创造更高的价值，高忠诚度的员工更有可能产生更高的服务价值。要培养员工的忠诚度，金融企业可以从以下几个方面做起：

（1）给予员工提供更多的发展机会和更具有挑战性的工作，让员工有成就感。

（2）建立员工管理团队，让员工享有一定的股权，让员工有归属感。

（3）对员工进行精准定位，让员工自身特质与员工岗位相吻合。

（4）加强与员工的公开交流和沟通，促进员工和组织之间互相认同，使员工有信心在为企业做贡献的同时达到自己的预期目标。

任务二　金融企业内部营销及其成功的前提

一、金融企业内部营销概述

金融服务营销具体包含内部营销、外部营销和互动营销。内部营销指企业基于营销

管理的角度管理并培训员工，和员工进行内部沟通，帮助员工提升传递服务的能力，使员工更好地向顾客传递服务。外部营销是指企业在外部市场的获得，通过传递服务来满足顾客期望，并作出承诺。互动营销指员工向顾客传递服务的技能。金融服务企业想要获得成功，必须发展外部营销、内部营销和互动营销，这三种类型营销活动相辅相成，构成了一个有机的整体。

（一）金融企业内部营销的含义

金融企业内部营销的含义包括两个要点：一是服务人员是金融企业的内部顾客，金融企业需要为其提供相应的服务。如金融企业为服务人员提供合理的岗位设置、良好的工作环境和福利待遇时，服务人员则更倾向于向外部顾客传递服务标准要求的服务，甚至超越标准要求，最大化企业的利润。二是服务人员对金融企业的文化、服务产品、目标、战略等具有高度认同感，自愿在顾客面前为企业做良好形象的代表。

金融企业内部营销的目的是获得有顾客意识、忠诚度和工作效率更高的员工，其本质就是把外部营销的营销思想、营销方法运用于金融企业内部，提高金融企业内部协调度，不断提高内部员工的满意度和忠诚度，进而提高外部顾客的满意度和忠诚度，从而形成强大的企业竞争优势。

（二）金融企业内部营销的特点

（1）金融企业内部营销不是一项独立的活动，而是包含服务倡议、质量机制、客户服务计划以及经营战略等方面，是一系列正式和非正式活动的有机组成。

（2）金融企业内部营销成功的前提和关键是内部沟通和信息交流，在全体员工相互合作且企业高层承诺支持下，内部营销可能会达到更好的效果。

（3）金融企业内部营销需要在实践和运用中不断发展，重点在于引导员工积极思考如何进步。

（4）金融企业内部营销是渐变、进化的，不是一蹴而就、一成不变的，它可以逐步消除部门间各种壁垒。

（三）金融企业内部营销的具体作用

（1）保持企业员工积极进取的服务态度的作用。内部营销以员工的需求为出发点，通过科学合理的人才管理策略，培养员工积极进取的服务态度，自发地为顾客提供高质量服务，使得金融企业在同行业竞争中胜出，增加企业的收益。

（2）创造和维持金融企业的良好形象的作用。在顾客看来，服务人员为金融企业销售产品，但同时也从属于服务产品本身，代表着金融企业形象。当员工的需求得到了满足后，将会具备更好的工作状态，为顾客提供更优质的服务。由此，金融企业的良好形象便能够得到创造和维持。

（3）内部营销有助于减少职能部门之间的冲突和摩擦，是人力资源管理的重要手段。同时，内部营销有助于推动金融企业革新精神的发扬，有助于金融企业的管理创新和业务创新。

（4）内部营销是进行外部营销的先决条件。

二、金融企业内部营销成功的前提

金融企业的内部营销需要一个完善的平台来支持活动的进行。支持平台需要满足三个条件：内部关系营销应是企业的营销战略内容之一；企业需要有能让员工认可并遵循的内部文化；管理者必须为内部营销提供持续且积极的支持。

（一）建立顾客导向的内部营销战略

为了引导员工在服务过程中以顾客为导向，金融企业需要开发一套对应的内部营销战略，该战略是内部营销取得成功的核心，具体有以下几种。

1. 人力资源战略

企业通过招聘渠道雇用具有服务意识和客户导向的人员。企业需要对这些人员进行培训与激励，并提供员工服务传递中所需的设备、技术和管理支持等。企业应通过加强对人力资源的管理，优化企业的服务形象。

2. 类营销战略

企业把员工看作内部顾客，利用市场营销战略来提升员工满意度，促进员工向顾客提供优质服务。企业可以通过市场调研的方式，运用 STP 战略对所有员工进行细分、选择和定位，再运用营销组合来满足不同内部目标市场的需求。

3. 综合性战略

企业可以先使用类营销战略中的市场调研和 STP 战略，然后针对不同员工群体制定营销组合方案，包括不同的培训项目、激励方式、考评方法和指标等人力资源活动。该方案能够更好地满足员工需求，从而引导员工在服务过程中以顾客为导向。

（二）打造金融企业内部文化

企业文化指企业在长期经营管理中形成，得到企业员工认可并遵循的内部文化，包括企业的价值观念、思维方式、行为准则、精神风貌、企业外部影响等要素的综合。金融机构的企业文化指金融机构在经营管理活动中所形成的，包括企业精神、经营目标、行为规范以及职工共同意识的组合，其核心在于企业精神，本质在于注重职工的共同意识和价值观。

金融机构企业文化具有其特殊性，主要体现在其服务文化、诚信文化、人本文化、尽职文化、风险管理文化等多个层面上。

1. 服务文化

服务文化是指向内外顾客提供优质服务的一系列价值观或信念。

2. 诚信文化

由于金融行业的特性，金融服务业务必须承担较强的道德责任和法律责任。因此，诚信文化是企业发展的基础，企业需要在此之上强化法制观念、诚信观念和忠诚观念。

3. 人本文化

在金融企业中，人是企业的核心。金融业倡导以人为本的文化，一方面体现每个人都需要经营自己、经营企业和经营市场，另一方面要求尊重员工、客户、合作伙伴以及每一个人。

4. 尽职文化

由于每个人的专业水平、服务态度和理念不同，金融终端服务产品的效果差距可能较大。因此，金融企业需要倡导尽职服务意识，推进团队意识的形成、学习型组织的建立。

5. 风险管理文化

相对于一般企业而言，金融企业的自有资金比率较低，因此金融业是一个高风险行业，需要始终贯彻风险管理。

（三）有效的组织支持和技术支持

内部营销涉及金融企业的经营理念、企业文化、激励机制、人才留用等诸多方面，因此需要企业管理者的大力支持，这样才能成功推进内部营销的进行。管理者同时需要转变思维，完成向服务者的转变，使企业员工在满意的基础上用优质的服务来赢得和维系顾客。从本质上来说，内部营销包括了态度管理和沟通管理，管理支持和内部对话在这两方面都有重要作用。管理支持激发了员工的工作积极性，内部对话使员工感到受重视，从而改进工作态度，提高工作效率。具体举措包括日常管理活动中对员工开展持续培训，给员工更多参与决策和制订计划的机会。

技术支持则是后台人员对前台人员的支持。内部营销的成功需要信息技术的支持，服务工作中信息的开发有利于员工提高效率，具体表现有客户电子档案的建立和存储、服务工作相关的信息处理和分析系统的完善。此外，信息库的建立可以实现信息共享，实现有效的内部沟通，从而减少部门间的摩擦，提高工作效率。

※案例链接

广发银行东莞分行建设“职工之家”

为进一步倡导“快乐工作，健康生活”理念，丰富员工业余生活，广发银行东莞分行高度重视“职工之家”的建设，继 2017 年 11 月正式成立分行本部“职工之家”后，又在全分行范围内予以大力推广，努力打造和谐、友爱、互动的职工之家。

经过一年多的建设，广发银行东莞分行本部“职工之家”已全面打造了集健身器械、瑜伽室、舞蹈室于一体的舒适空间，并邀请了专业的瑜伽老师、舞蹈教练现场教学，为分行本部员工提供了一个业余锻炼身体的好去处。在工作之余，员工既可沉浸在优美的音乐中练习瑜伽，舒缓工作压力，放松身心，也可通过舞蹈课程，伴着强劲的音乐尽情舞动，在大汗淋漓中释放工作压力，缓解工作疲劳。

2018 年下半年，广发银行东莞分行积极把“职工之家”这一品牌延伸至各支行网点，在全分行范围内大力推广“职工之家”建设，进一步丰富支行员工业余生活，努力培养团队合作精神，增进全体员工之间的交流与合作。目前，各支行根据网点情况已积极开展员工瑜伽班、舞蹈班、健身班、球类、徒步等各类活动，不断为员工提供业余锻炼身体、放松心情的渠道和平台。

广发银行东莞分行表示，接下来，分行将继续坚持“尊重、关爱、分享、成长”的人本理念，精心安排“职工之家”各类课程，努力打造和谐、友爱、互动的职工之家，全面引领各支行加强并深化职工之家建设，努力把“职工之家”建设成为健康之家、快乐之家和文化之家，激励广大员工健康、快乐工作，努力实现“服务客户、回报股东、成就员工、奉献社会”的企业使命。

资料来源：陈武东．广发银行东莞分行建设“职工之家”[N]．信息时报，2018-12-14.

案例评析：诸多银行通过建设“职工之家”的形式打造企业内部文化，提高员工工作满意度和工作效率，同时让员工形成以顾客为导向的价值观或理念。

任务三　金融企业内部营销体系的构建

一、内部市场调研

在服务链理论中，员工满意是客户满意的必要条件，因此，了解员工的情感和需求是提高员工满意度和实施对员工有效管理的前提。与外部营销相似，内部营销可以采用实地观察、一对一访谈、专题讨论、问卷调查等调研方法，用于建立员工档案，从而了解员工的基本情况、技能特长及价值观等。内部市场调研的目标市场不仅包括现有员工，还可以对潜在员工和离职员工进行调查，这样才能真正了解职业市场的劳动力供求趋势、人才分布结构、薪资福利水平和期望工作类型等。

二、内部市场细分

差异性和专业性是内部市场细分的前提，由于每位员工不同的受教育程度、人生经历等，进而导致了不同员工在工作能力、心理和性格上的差异，因此，企业需要将现代营销的市场细分理论应用于内部营销，将企业的内部市场进行细分，了解员工的工作能力、人格特质等，并根据员工不同的需要及特征，将其划分为不同的群体，实施不同的管理方法。通过有针对性的激励方式和沟通策略，企业可以采取不同的营销组合，帮助员工匹配与之相符合的工作岗位，从而减少员工流失、保持员工满意、提升员工忠诚度并充分调动每位员工的主动性，使之为实现企业的目标而积极服务。内部市场细分的变量较多，除员工个性、知识特点等心理和行为变量外，主要还有“员工在组织中所处的层次”及“员工与客户接触的程度”等。其中，高层管理者既是内部营销的目标客户之一，也是内部营销的领导者和发起者，只有得到他们的认同，内部营销的理念才更有可能得到全体员工的认同、接受，并融入企业文化且成为其中的一部分；同时，后台接触员工和支持性员工对创建、维护整个企业的客户意识和服务文化也发挥着重要作用。

三、招聘、教育和培训

企业在招聘人才时，可以采取笔试、面试等方式综合考察应聘者的专业技能、价值观、性格特征等，观察应聘者是否满足公司的发展方向和公司对该职位的要求，从而提高员工和企业之间的匹配度，进而开展内部营销。金融企业作为服务性企业，更需要关注人才是否具有服务意识、良好的言行和态度等。

在员工正式进入工作前，企业应对员工进行教育与培训，使员工能达到理想的工作状态。

除了对全体员工培训企业文化、企业目标战略以及行为准则等，还要对不同岗位的员工有针对性地进行培训。例如：增加前台员工的服务意识、人际交往技巧等方面的培训，提高其对客户需求的响应；增加对后台人员技术能力、知识更迭速度等方面的培训。当员工在岗位中出现纰漏时，应当进行提醒并就问题作出总结，帮助员工更好地适应工作环境。

四、激励与认可

企业可以采取适当的激励与认可方式，调动员工工作积极性，使员工有更大的主动性和自觉性，发挥更高的工作水平。如在短期可以支付高于合理水平的工资作为激励，而在长期可以给予员工符合其绩效表现的持续性奖励。

五、沟通

对于企业内部而言，沟通一般分为横向沟通和纵向沟通。首先，员工要正确理解和接受管理者下达的命令和任务，并可以通过正式或非正式形式进行沟通，从而保证正常的工作进行和企业运行。其次，在服务过程中，服务质量和服务效率不仅取决于前台员工的服务态度和服务水平，还取决于后台工作人员的技术技能和其他部门的工作。因此，一线员工和其他部门的沟通和信息交流，有利于减少部门间因消息不通带来的摩擦，有利于消除企业承诺与兑现的差距，提高顾客的满意度和忠诚度。

因此，有效的沟通有以下作用：有利于员工准确理解公司决策，提高工作效率，高度拥护和支持企业目标；有利于管理人员了解问题的本质，更好地解决企业存在的隐患；有利于激励职工，从而形成健康、积极的企业文化。

有效沟通的关键是渠道的有效性和信息发送者、接收者的理解。面对面沟通、会议沟通以及员工聚餐都是有效的沟通方式，此外，现在很多金融企业都有自己的内部网站、内部期刊等。

六、授权

授权是指通过赋予员工相应的独立性、自主性，使其能控制与工作相关的情况和作出决定的过程。为了能让基层员工作出正确的决定，企业应当赋予员工相应的权力和自主性。金融企业在为顾客提供服务时存在很多不确定性，需要员工有高度的创造性思维和随机应变能力，因此服务质量很大程度上取决于员工的工作经验和个人能力，这就需要企业加强对员工的授权。在授权时，一方面要避免一些人员过度用权以及一些员工不敢用权的情况，另一方面也要考虑成本，如员工的培训费用等。正确地运用授权，有助于减少员工的角色模糊和角色矛盾，增强员工的适应性和满意度，激发员工的自我实现愿望，最大限度地发挥员工才能。通过授权，一线员工在服务过程中能更好、更快地对顾客需求和期望作出反应，从而提供更个性化、更优质的服务。授权一般适用于定制化程度高、技术含量高的服务，如投资银行业务等。

❖案例链接

吉林银行实施人才兴行发展战略纪实

党的十九大以来，吉林银行党委以组织体系建设为重点，坚持党管人才原则，不断创新引才聚才机制，努力创造有利于人才成长的良好氛围，打造高素质专业化员工队伍，为建设可持续发展的、有竞争力的现代优秀城市商业银行积蓄力量。

吉林银行打破了传统选人渠道，拓宽选人用人视野，将公开竞聘、双向选择、市场招聘等多种方式结合起来，让员工队伍素质显著提升，各类人才的创造活力竞相迸发。吉林银行每年面向全国重点高校招聘优秀毕业生，面向社会招聘高级管理人员及专业人才，在招聘工作中坚持“公开、公正、透明、择优”的原则和“纳贤举才、尊重赋能”的用人理念，根据岗位履职需要实行双向选择，能力与岗位实现了对等的匹配与交融。

为适应现代商业银行的发展需要，按照“公开、竞争、择优”的原则，吉林银行普遍实现双向选择、多元发展、持续选拔，专业人才队伍劲强势足。立足人才发展需求和经营转型实际，形成涵盖核心人才、后备人才、储备人才、青年人才、技术序列、资历晋级的全方位人才梯队建设体系，构建多元化职业发展路径，为员工职业生涯规划、成长成才提供了良好平台。

吉林银行通过对营销条线和运营条线实施持证上岗和等级管理制度，充分调动一线员工的工作激情，提高工作主动性与能动性。持续开展基层员工成长计划、青年人才“千百工程”、青年核心人才选拔推荐，激发青年员工奋发有为、主动担当、积极作为。截至目前，全行主要营销与运营条线共有 5 131 人实现持证上岗，持证上岗率达到 100%。储备青年核心人才 300 余名，为吉林银行可持续发展提供了强大的人才保障。

吉林银行始终坚持“以人为本”的人才发展理念，践行“一起成长、一起分享”的核心价值观，逐渐形成了有影响力的品牌文化、管理文化、精神文化，在经营管理中重视员工、依靠员工，建立董事长-员工直通邮箱，实现与高层管理者的零距离沟通。

各级管理者倾听员工心声，为员工解决实际困难，开展“金点子”工程等献计献策活动，鼓励员工参与经营管理，关爱员工成长，关心员工生活，在基本养老、医疗保险基础上，为员工构建起涵盖企业年金、补充医疗、员工体检、互助基金等多种形式的多层次福利保障体系，解决员工后顾之忧，为人才发展提供良好的工作环境、团队氛围和福利保障制度。通过丰富多彩的主题活动，凝聚人心的企业文化建设，员工的认同感和归属感空前高涨，团队凝聚力和核心竞争力得到极大激发。

经过十余年的发展，吉林银行已逐步进入快速成长期，培训工作逐步由计划规模培训向质量效益培训转变。为此，吉林银行创新模式，实现了员工培训模式的多样化，有效开展培训激励计划。根据行业特点和不同类型人才的实际需要，采用集中培训、高级研修班、举办主题讲座和研讨、结合工作实践培训、网络培训、外派考察、鼓励自学等多种教学形式，提升培训实效性。吉林银行高层管理人员十分重视员工培训工作，带头学习，参加国内国际高端培训10人次，选派优秀管理人员、重要岗位及核心人才到国内外先进银行考察学习，拓宽视野，为员工发展提供更广阔的平台。

资料来源：吉林银行实施人才兴行发展战略纪实［EB/OL］.（2019－12－12）［2022－03－18］. https：//baijiahao. baidu. com/s？ id＝1652420696130079485&wfr＝spider&for＝pc，有删改.

案例评析： 吉林银行通过多种招聘方式选取到了与现代银行发展相匹配的人才，并通过系列相关培训、上下级沟通，形成组织文化等措施构建了一套较为完整的内部营销体系。

素养提升

为进一步规范银行业金融机构从业人员职业操守和行为准则，塑造共同价值观，加强行业自律和从业人员行为管理，推动清廉金融文化建设，经广泛征求和吸收会员单位意见，中国银行业协会修订了2007年发布实施的《银行业从业人员职业操守》，明晰了银行业从业人员行为规范，并将名称变更为《银行业从业人员职业操守和行为准则》（以下简称《操守和准则》），并于2020年9月2日发布。

《操守和准则》对之前的相关规范进行了全面修订：框架上不再按照与客户、同事等主体关系展开，而是按照规范职业操守和行为准则的目标设定框架；内容上结合监管要求和行业需求予以充实和完善；适用对象上尽量对相关银行业从业人员实现全覆盖。

强化机制夯实银行业清廉文化建设基础。按照《中国银监会关于印发〈银行业金融机构从业人员职业操守指引〉的通知》等有关要求，强化了职业操守自律机制建设。在银行业从业人员自我约束的基础上增加接受所在机构管理、接受银行业协会自律管理内容；专门规定了对银行业金融机构及高管的自律要求，促进营造风清气正的职场环境和氛围；明确了银行业协会通过银行业"黑名单""灰名单"等制度对违法违规违纪人员实施自律惩戒的机制安排。

具体而言，《操守和准则》提炼了"七项职业操守""三类行为规范""两个服务核心""一项名单惩戒机制"。其中，"七项职业操守"包括爱国爱行、服务为本、严守秘密、依法合规、专业胜任、诚实守信、勤勉履职；"三类行为规范"包括行为守法、业务合规和履职遵纪；"两个服务核心"为保护客户合法权益和维护国家金融安全；"一项名单惩戒机制"包括"黑名单""灰名单"及相关制度。

据介绍，《操守和准则》突出了爱国爱行等七大价值理念，借鉴了国际上关于银行业从业人员的职业操守和行为准则，体现了中国银行业的特色和国际通行做法。

资料来源：李林鸾 .《银行业从业人员职业操守和行为准则》发布［N］. 中国银行保险报，2020－09－28.

项目小结

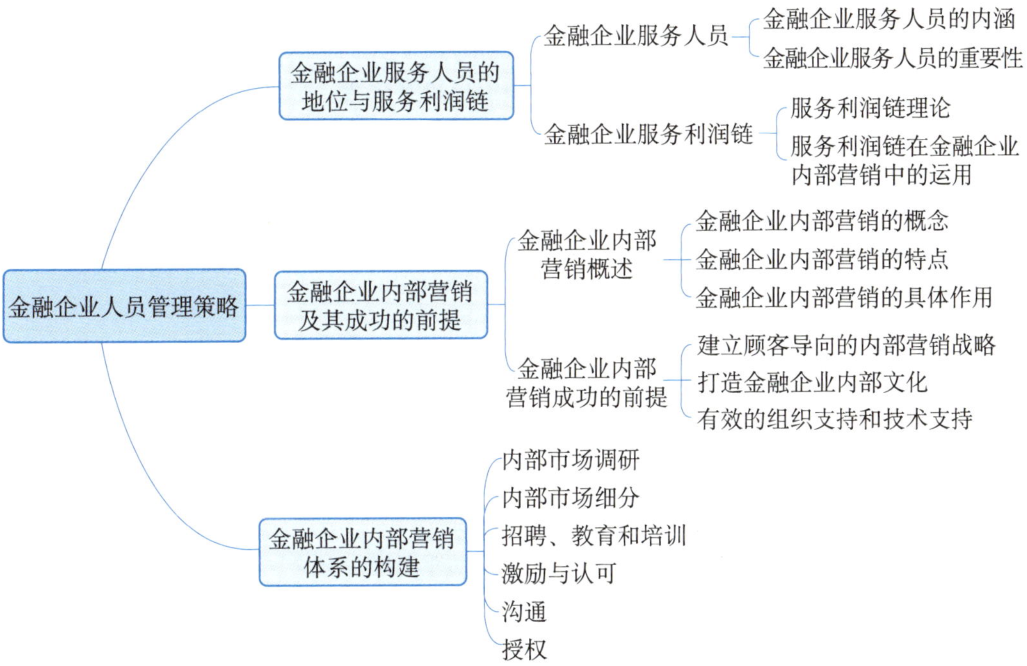

教学一体化训练

【重要概念】

金融企业内部营销　服务利润链　内部市场调研　内部市场细分

【课后自测】

一、单项选择题

1. 以下不属于金融前台服务人员作用的是（　　）。

A. 宣传企业形象　　B. 传递企业讯息

C. 帮助企业与客户进行沟通　　D. 为企业运行制订计划

2. 以下不属于内部营销特点的是（　　）。

A. 独立于企业经营战略　　B. 由正式、非正式活动组成

C. 实验性过程　　D. 关键是信息交流

3. 以下不是内部营销的活动内容的是（　　）。

A. 内部市场调研　　B. 招聘教育和培训

C. 激励与认同　　D. 员工尽职调查

4. 以下关于金融企业内部市场调研的理解，不正确的是（　　）。

A. 采用多种调研方法建立员工档案

B. 对现有员工、潜在员工和离职员工都进行调查

C. 通过调研，企业可以了解就业市场的劳动力供求趋势和员工期望工作类型等

D. 外部营销的方法不适用内部营销

5. 以下对于员工满意度的理解，不正确的是（　　）。

A. 企业可以通过员工网上调查和员工服务热线等方式了解员工的满意度

B. 员工对所在金融机构满意度决定了员工对企业未来发展的信心

C. 员工由于不满意而流失造成的影响集中在重新招聘、雇用和培训的费用

D. 员工满意能有效提高员工工作效率，降低员工流失率

二、多项选择题

1. 以下关于打造金融企业内部文化的内容，正确的理解是（　　）。

A. 金融企业内部文化包括企业精神、经营目标、行为规范以及职工共同意识

B. 金融企业内部文化核心在于企业精神

C. 金融企业内部文化本质在于注重职工的共同意识和价值观

D. 相对于一般企业而言，金融企业的自有资金比率较高，这得益于风险管理文化

2. 以下对于内部营销中的沟通，正确的理解是（　　）。

A. 就企业内部而言，沟通一般分为横向沟通和纵向沟通

B. 员工只能通过正式形式与管理者进行沟通

C. 后台工作人员的技术技能对服务质量和服务效率也有影响

D. 有效沟通的关键是渠道的有效性和信息发送者、接收者的理解

3. 内部营销的方法有（　　）。

A. 实地观察　　B. 一对一访谈　　C. 专题讨论　　D. 问卷调查

4. 企业在招聘人才时需要注意（　　）。

A. 招聘时通过笔试、面试观察应聘者是否满足公司的发展方向

B. 在员工正式入职后，进行教育与培训

C. 对不同岗位的员工有针对性地进行培训

D. 当员工在岗位中出现纰漏时，应当进行提醒并就问题作出总结

5. 培养员工忠诚度的方法有（　　）。

A. 给予员工提供更具有挑战性的工作

B. 让员工享有一定的股权

C. 企业应当减少与员工的公开交流

D. 让员工自身特质与员工岗位相吻合

三、判断题

1. 有效的沟通有利于员工准确理解公司决策，高度拥护和支持企业目标。（　　）

2. 正确地运用授权，有助于减少员工的角色模糊和角色矛盾，增强员工的适应性和满意度，激发员工的自我实现愿望。（　　）

3. 企业内部文化不会影响企业内部营销。（　　）

4. 高层管理者既是内部营销的目标客户之一，也是内部营销的领导者和发起者。（　　）

5. 人力资源战略是指企业把员工看作内部顾客，利用市场营销战略来提升员工满意度，促进员工向顾客传递优质服务。（　　）

四、简答题

1. 简述服务利润链在金融机构内部营销方面的运用。

2. 简述内部营销战略的类型。

3. 简述金融企业文化的特殊性。

4. 简述内部营销体系活动的内容。

五、案例分析

临清农商银行：激励约束机制，激发员工价值创造活力

临清农商银行坚持“人才兴行”战略，树立“人力资源是企业发展第一资源”理念，强化队伍建设，以激励约束机制为抓手，在激发员工价值创造活力上发力，生机活力进一步增强，业务发展进一步拓宽。该行将薪酬激励、荣誉激励和关心关爱相结合，进一步助推青年员工成长成才，在农商行的平台上发挥个人价值。一是搭建全方位考核体系。进一步推进工资总额全面预算管理，深化薪酬分配制度，制定下发了《2020年度薪酬分配方案》，紧紧围绕“市场化、竞争力”的要求，推动分配制度改革。持续强化以效益为中心的考核理念，建立精细化绩效考核体系，印发覆盖各条线、各岗位的12个考核办法，坚持向--线倾斜，依据业务量计酬，牢固树立“挣工资”理念，合理拉开收入差距。2020年客户经理薪酬占比较2019年提高了5.16个百分点，绩效增幅达45.36%。二是实行等级管理制度。实行柜员和客户经理等级评定制度，根据层级兑现奖励。2020年以来，累计评选星级柜员38名，等级客户经理73名，兑现奖励16.65万元。对于表现优异的党员职工，在“七一”前后进行“两优一先”表彰，2020年评选省、市、县三级优秀党员共17名。三是关心关爱员工成长。建立健全党委书记和党员干部谈心谈话、中层干部与年轻员工“传帮带”制度，严格执行“家访”制度，确保每年度全员覆盖。定期召开青年员工座谈会，组织员工到党建文化活动中心进行现场教育，开展读书班、主题征文、知识竞赛、技能比武等活动，交流经验，掌握动态。加强对入职大学生的培养锻炼，“一人一档”建立成长档案，对能力特长、工作经历等进行分析，找准能力短板和经验盲区，激励青年员工担当作为、干事创业，为临清农商银行健康持续发展汇聚青年智慧、提供人才保障。

阅读材料，回答以下问题：

1. 从金融营销的角度，分析临清农商银行采取了哪些内部营销策略。

2. 帮助临清农商银行设计一个简单的内部市场调研方案。

职业技能训练

1. 训练目标

（1）帮助学生理解金融企业内部营销的内容与重要性。

（2）使学生能够构建并实践内部营销方案，解决金融企业实际问题。

2. 训练内容

（1）学生自行选择金融行业中的某一企业，收集资料进行内部市场调研与细分，发现金融企业内部市场现存问题。

（2）针对所选择的企业，设计一套合理可行的内部营销方案。

3. 训练评价

（1）金融企业内部市场分析客观、重点突出、条理分明。（30 分）

（2）方案内容设计合理，实践性强，与企业存在的问题高度相关，报告格式美观、大方。（40 分）

（3）语言表达清晰准确，逻辑性强。（30 分）

项目十

金融企业客户关系管理

知识目标

1. 了解客户关系管理的含义。
2. 了解客户关系管理的类型。
3. 熟悉客户关系管理的内容与作用。
4. 掌握金融企业的客户分级标准和分级管理策略。
5. 掌握金融企业客户服务管理、客户满意管理和客户忠诚管理的内容。

能力目标

1. 能够理解客户关系管理的内涵，具备客户关系管理的基本知识。

2. 能够了解客户关系管理的发展状况，掌握客户关系管理实施的具体内容，实现对客户的有效管理。

素养目标

1. 能够深刻理解金融企业“以客户为中心”的价值理念及其意义。

2. 通过对客户关系管理的学习，思考金融企业在经营活动中如何与客户建立良好关系。

案例导入

区块链方案：为客户关系管理添助力

长期以来，人们一直认为客户满意度是保障业务运作的关键因素。客户关系管理（CRM）的意义就在于帮助企业与客户开展有意义的交互，在降低成本的同时提高盈利能力，最终推动业务更上一层楼。2018年，全球企业在CRM软件方面的支出就高达482亿美元，较2017年增长了15%以上。但令人意外的是，只有46%的企业在过去一年中曾对CRM解决方案进行过投资。

一项调查显示，70%的销售专业人员每周至少要花四个小时向CRM系统中输入数据，又有60%的人员投入另外四个小时进行数据提取。在接受调查的全部销售与业务发展专业人士当中，有60%的受访者每天都在使用CRM，但只有23%的受访者表示从CRM中获取洞察见解还算轻松易行。

保障客户资料真实性的解决方案绝不只有一种。这要求我们对所有客户数据接触点进行全面改进——降低数据的输入、访问与分析难度，保证数据的安全共享，乃至跨企业甚至跨行业进行协作。只有这样，CRM才能真正发挥作用。可以预料，要克服传统CRM技术发展速度缓慢、定价过高以及难以适应市场趋势与客户需求变化的问题，我们必须找到一种新型基础架构，用以实现数据与服务的交付与连接。而区块链，正是最理想的答案。

借助区块链，我们可以通过以下方式克服传统CRM基础架构层面的缺陷：

（1）以经济高效的方式轻松对准确的数据内容进行传输。

（2）有助于提升数据准确性与完整性。

（3）实现以往不可能实现的跨平台与跨品牌服务能力。

然而，目前只有少数几家企业在探索分布式分类账技术在CRM领域中的应用。哈佛大学创立的核愿景公司（Nucleus Vision）正在着手利用其ION物联网传感器为企业提供实时客户洞察结论。这些传感器能够捕捉细粒度数据，例如各个区域的人流量以及顾客在店内特定区域内停留的时长。结合该公司的实时分析引擎Neuron AI，Nucleus Vision正在利用区块链构建一整套平台，企业能够在其中访问相关性最高的数据，从而推动真正以客户为中心的宣传活动。

传统意义上的CRM服务与产品往往存在效率低、成本高等问题，这相当于企业不断把资金砸向一台回报能力非常有限的机器。一家美国客户关系管理软件服务提供商曾经对此评论道："CRM的价值并不在于产品，而在于实际使用方式。"

区块链技术为CRM引入了一种全新的行业运作模式，并为数据的存储、分析以及使用带来新的标准。区块链甚至为所有参与者提供CRM当前最缺乏的重要功能之一：真正的互操作性。多个行业领先的解决方案正在以渐进方式利用区块链的力量重塑客户关系管理，相信在不久的将来，CRM的价值将真正得以释放。

资料来源：区块链方案：为客户关系管理添助力［EB/OL］.（2020-01-21）［2022-03-26］. http：//www. techwalker. com/2020/0121/3124326. shtml.

【感悟】

客户关系管理的意义在于帮助企业建立与客户的有效交互，真正实现客户满意，降低企业成本，同时提高盈利能力。而客户关系管理的运作模式在新技术的应用中不断得到改进。

任务一　金融企业客户关系管理概述

一、客户关系管理的含义与类型

(一) 客户关系管理的含义

最早提倡进行客户关系管理的国家是美国，在20世纪80年代初期已经有了“接触管理”（Contact Management）的概念，即企业决定在何时（When）、何地（Where）、如何（How）与客户进行接触，并围绕客户接触展开管理。1985年，巴巴拉·本德·杰克逊提出了关系营销的概念，使人们对市场营销理论的研究迈上了一个新的台阶。到了20世纪90年代初期，关系营销演变为包括电话服务中心与支持资料分析的客户关怀。经过不断发展，1999年著名的IT咨询公司高德纳（Gartner）提出了客户关系管理的概念。

高德纳公司认为，客户关系管理（Customer Relationship Management，CRM）是增进企业获利能力、收入和客户满意度的商业策略，客户关系管理所涉及的范围是整个企业而不是一个部门，为企业提供全方位的管理视角，赋予企业更完善的客户交流能力，最大化客户的收益率。IBM公司则将客户关系管理定义为包括识别、挑选、获取、发展和保持客户的整个商业过程。

无论怎样定义，客户关系管理应用的关键在于树立以客户为中心的服务理念，通过向客户提供个性化、创新性的优质产品和服务，满足客户多元化的需求，从而提高客户满意度和忠诚度。

(二) 客户关系管理的类型

按照功能和运行方式的不同，客户关系管理系统可分为运营型客户关系管理、分析型客户关系管理和协同型客户关系管理。

1. 运营型客户关系管理

运营型客户关系管理（Operational CRM）也称前台客户关系管理或者操作型客户关系管理，是与客户直接发生接触的部分，主要包括销售、市场和服务过程的流程化、自动化和一体化，目的在于构造一个面向客户的协作环境，帮助企业在各个客户接触点发掘市场机会。运营型客户关系管理的应用主要针对企业的销售、市场营销、客户服务和技术支持等与客户有关的部门，提高了业务处理的效率和流程的自动化程度，增强了企业与客户的交流能力。

2. 分析型客户关系管理

分析型客户关系管理（Analytical CRM）也称后台客户关系管理或者“战略”客户关系管理，是通过分析运营型客户关系管理所获得的各种数据，为企业的经营和决策提供可靠的依据，使得企业能够将有限的资源集中服务于所选择的有效客户，同这些客户保持长期和有效益的关系。分析型客户关系管理的核心技术通常包括数据仓库、数据挖掘、联机分析处理和决策结果展现等方面。分析型客户关系管理侧重于分析客户数据，使企业更加清晰地了解客户的类型和行为，把握不同类型客户的需求，有助于更好地满足客户需求，建立良好的客户关系。

3. 协同型客户关系管理

协同型客户关系管理（Collaborative CRM）也称协作型客户关系管理，借助多元化、多渠道的沟通工具，让企业内部各部门同客户一起完成某项活动，所强调的是交互性，即实现多种与客户交流的渠道，并全方位收集客户信息。协同型客户关系管理将多渠道的交流方式融为一体，用于提高在所有渠道上与客户交互的有效性和针对性，从而把合适的产品和服务通过合适的渠道，适时提供给适当的客户。

二、金融企业客户关系管理的内容和作用

（一）金融企业客户关系管理的内容

金融企业实施客户关系管理的目的在于把握客户需求，实现客户资源价值的最大化。金融企业客户关系管理的内容主要包括以下方面。

1. 识别客户

（1）发现客户。金融企业每天都会和大量的客户直接接触，而在正式启动客户关系管理之前，首先需要发现客户，可以通过电话、柜面等方式了解客户信息，以及客户购买金融产品的动因，以便对客户有一个初步的判断。

（2）客户差异化分析。进一步了解客户的背景资料，根据客户的特征对客户进行差异化分析，并对客户进行具体分类。例如，银行会根据借款人的还款能力、信用状况等因素划分等级。

（3）客户需求分析。客户的需求是多方面的、不确定的，要想准确把握客户需求，需要金融企业加强与客户之间的沟通。客户需求分析是在与客户沟通的过程中，通过语言及非语言的行为来了解客户的需求和欲望。客户需求分析是为了提高客户的忠诚度和满意度。例如，金融企业通常根据客户的生活习惯，分析客户的资金状况、消费偏好和价格需求等。

2. 制定产品与服务策略

在了解客户需求之后，金融企业需要确定应该提供什么样的产品和服务去满足客户的需求，也就是要解决产品与服务策略的问题。产品与服务策略是金融企业营销策略的基础，从一定意义上讲，金融企业成功与发展的关键在于其产品与服务满足消费者需求的程度以及采取的产品与服务策略正确与否。产品与服务策略主要包括商标、品牌、市场定位、产品与服务组合等方面。

3. 制定营销策略

营销策略是基于对客户和市场信息的全面分析，从而对市场进行细分，并组织高质量的市场策划活动。

4. 维护客户关系

客户关系具有多样性、差异性、持续性、双赢性等特征，良好的客户关系不仅可以

为交易提供方便，节约交易成本，还可以使金融企业深入理解客户的需求，为双方信息的交流提供更多的机会。维护客户关系的具体内容一般包括以下方面：

（1）经常与客户交流，听取客户对产品的建议。

（2）经常举办群体活动，例如：研讨会、交流会等。

（3）在客户的生日或重要的节假日寄送金融企业的贺卡、小礼品等。

（4）努力提升客户的潜在价值，进一步提升与客户的合作能力。

（二）金融企业客户关系管理的作用

加强客户关系管理，对于金融企业来说意义重大。客户关系管理的作用体现在以下几个方面。

1. 有助于金融企业保留客户，减少客户流失

随着市场竞争的日益加剧，金融企业开始意识到，与客户建立战略合作关系，可以有效地抵御外部环境变化带来的风险，因此，金融企业开始采用各种方法接近客户，收集客户信息，了解客户需求，利用客户关系管理系统对客户的交易、使用的产品以及相应的服务等进行预测和评估，对客户的行为进行跟踪反馈，把客户的信息存入数据库，在相关部门间共享客户信息，以达到留住客户、减少客户流失的目的。对客户来说，客户关系管理系统的建立可以为其提供更全面、更优质的产品和服务；对金融企业来说，通过客户关系管理系统，可以更好地了解客户的需求变化情况，并由此制定产品和服务的营销策略。

2. 有助于金融企业提高效率，整合资源

很多金融企业不断采用新技术，扩充业务品种和产品类型，以吸引新客户，达到提升客户服务，保持利润增长的目的。但是很多业务活动是独立存在的，数据的传递和共享较为困难，而客户关系管理系统的出现，可以有效地整合金融企业的客户资源，在部门之间完成信息共享，使得效率大大提高。例如，华夏银行的客户关系管理系统建立了统一的与客户互动的接触界面，包含各种操作业务信息和服务业务信息，形成了全面以客户为导向的数据库，实现了营销人员、服务人员等相关人员之间的相互协作。

3. 有助于金融企业降低服务与业务成本，提高利润

客户关系管理的实施能够更好地满足客户需求，从而有效降低营销成本与服务成本，还可以通过维系现有客户、开发潜在客户等手段促进产品销售的增长，利用电话呼叫中心等科技手段改善服务质量，减少人为差错，降低运营成本，提升金融企业的盈利能力。

任务二　金融企业客户关系管理系统的实施

金融企业客户关系管理系统实施的目的在于更好地满足客户需求，提升客户的忠诚度，使客户持续贡献价值，从而使金融企业能够稳定地获取利润，实现长远

发展。

一、运用数据库管理客户信息

客户关系管理是以客户为中心的管理，收集客户信息是分析客户行为的基础，如果金融企业对客户信息掌握不全面、不准确，后续的判断就可能出现偏差。在信息化时代之前，收集客户信息是一件非常困难的事情，随着互联网的普及和信息技术的发展，虽然客户数据越来越多，但是收集信息的效率越来越高。由于金融企业客户的信息量庞大，需要运用数据库来收集和管理客户信息。

（一）收集客户信息

1. 直接渠道

（1）在服务过程中获取客户信息。在服务过程中，客户会直接表达对产品的需求和看法、对服务的评价、对竞争对手的认识等。例如，通过服务热线电话，在给客户介绍产品信息的基础上，还可以了解客户的基本情况。

（2）通过调查获取客户信息。金融企业的工作人员可以通过面谈、问卷调查、电话调查等方法获取客户资料。随着互联网的兴起，网上调研成为许多金融企业获取客户信息的常用方式，其优点是调研的数据可以直接导入数据库，省去了数据录入这一环节。

（3）通过营销活动获取客户信息。越来越多的金融企业开始重视营销活动，通过广告宣传、微信公众号推广、理财沙龙等营销活动，吸引客户注意力，寻找潜在客户，获取客户信息。例如，在进行广告宣传后，潜在客户对产品感兴趣，会主动与金融企业联系，这时就可以得到客户的信息。

（4）通过博览会、展销会等形式获取客户信息。由于博览会、展销会针对性强且客户群体集中，因此可以成为快速收集客户信息、达成客户购买意向的场所。

（5）通过客户投诉获取客户信息。客户投诉虽然会对金融企业产生一定的负面影响，但同时也是金融企业了解客户信息的一个重要渠道，将客户的投诉意见进行分类整理，从中可以找到客户未被满足的需求，了解客户对产品的评价，为改进服务和产品提供基础数据资料。

2. 间接渠道

（1）各种媒介。这是指金融企业可以从公开的媒介中获得客户信息。如各类权威报纸、杂志、图书、电视、广播、互联网等发布的信息，这些都会涉及客户的信息。

（2）权威部门。这是指国家有关部门及驻外机构等发布的信息。国家有关部门一般掌握客户的资金情况、注册情况、经营范围等，是可靠的信息来源。对于国外客户，可以委托我国驻外机构的有关人员帮助了解。

（3）中介机构。国内外咨询公司、市场研究公司、评级公司等都能提供客户信息，这些中介机构具有业务范围广、反应速度快、所提供的信息准确等优势，金融企业可以充分利用这些渠道获取客户信息。

（4）其他金融企业。一般来说，某一客户可能与多个金融企业有业务往来，因此，金融企业之间可以相互合作，共享客户资源，但客户数据的共享应符合相关法律法规的要求。

（二）建立客户数据库

数据库是数据管理的有效技术，是由大量数据构成的有序集合。数据库能有效地帮助金融企业科学地管理各类客户信息资源。客户数据库是金融企业运用数据库技术，所收集和管理的关于客户的全部资料，这些资料可以被各个应用程序所共享。通过客户数据库，金融企业可以有效掌握客户的情况，分析客户的需求，从而开展营销等活动。

1. 建立客户信息档案

通过多种渠道充分收集客户信息之后，需要对客户信息进行整理。由于金融企业的客户数量庞大，因此需要建立专门的客户信息档案。客户信息档案一般包括：客户基本资料、产品结构、市场竞争状况、交易状况等。在开展营销活动之前，一般会要求客户登记基本信息，这时营销人员只能掌握客户的一些基本情况，可以先建立一份简单的客户信息档案。

2. 补充客户信息

金融企业的营销人员在开展营销的过程中，要随时了解客户的动态信息，定期对客户进行跟踪回访，记录每一次与客户接触的情况，在已有资料的基础上及时更新，不断完善客户数据库。

（三）客户数据库的管理

客户数据库是金融企业维护客户关系、获得竞争优势的重要手段，其中包含了所有客户的全部信息，因此，客户数据库需要有专人负责管理，并制定严格的管理制度，保障客户信息的安全。对于客户信息，要经常进行分析和跟踪，对于风险性较大的客户，要加以特别关注，及时了解其经营动态、资金状况等信息，确保客户档案的准确性、时效性，及时向相关业务部门和工作人员进行客户风险预警，合理控制客户风险。

二、客户分级管理

客户分级管理是指根据客户给金融企业所带来的价值进行分级管理。每一个客户能够给金融企业创造的收益是不同的，对金融企业来说，低价值的客户与高价值的客户享有同等的待遇会带来成本的增加和利润的降低。同时，低价值的客户与高价值的客户对产品的需求也有所差别，因此，金融企业需要对客户进行分级管理，将客户划分为不同层次，从而把有限的资源合理地配置给客户。

（一）金融企业客户分级标准

为了更好地实现客户资源的有效利用，金融企业需要根据客户的盈利性或其自身的价值对客户进行细分。客户细分的标准主要包括以下四个方面。

1. 客户忠诚度的衡量指标

该类指标具体包括客户对金融企业和产品的关注度、客户重复购买率、客户购买行为的选择时间、客户对产品风险的承受力、客户与金融企业的联络次数等。

2. 客户的财务状况指标

该类指标具体包括客户的经营状况、财务收支、现金流量、有无欠款、平均欠款额等。

3. 客户的交易指标

该类指标具体包括客户交易的利润贡献、交易金额、交易次数、资金成本、风险成本等。

4. 客户的自身情况指标

对个人客户来说，该类指标一般包括年龄、学历、婚姻状况、月收入、所属行业等。对单位客户来说，该类指标一般包括单位性质、地址、成立日期、注册地、经营地、经营范围等。

在进行客户细分时，金融企业内部应该建立一个统一的指标体系，对不同维度的指标合理设置权重，并根据客户细分的具体标准来划分客户。

（二）金融企业客户分级管理策略

根据客户细分标准，金融企业客户可分为重要客户、次要客户、普通客户和小客户四级或者相应级别。

1. 重要客户

重要客户是能够给金融企业带来最大价值的忠诚客户，可以为金融企业提供长期且大额的利润来源。这类客户不但具有很高的当前价值，而且具有巨大的增值潜力，可以帮助金融企业拓展新客户，未来在增量销售和交叉销售等方面有较大潜力可以挖掘。因此，金融企业需要重点维护与重要客户的关系，对重要客户实行一对一营销，利用客户数据库分析每位重要客户的交易历史，了解重要客户的需求，及时与重要客户沟通。

2. 次要客户

次要客户是金融企业产品和服务的主要使用者，具有较高的当前价值和较低的增值潜力。次要客户也会为金融企业推介新客户，但在增量销售和交叉销售方面可挖掘潜力较小，是仅次于重要客户的一类具有价值的客户。对于这类客户，维护重点在于使其继续保持对金融企业的忠诚。

3. 普通客户

普通客户是指除了重要客户和次要客户之外创造最大价值前 50%的客户，一般占客户总数的 30%左右。普通客户是具有较低的当前价值，但又具有较高潜力的一类客户，包含的客户数量较大，但其购买力、忠诚度以及能够给金融企业带来的价值低于重要客户和次要客户，普通客户与金融企业之间一般没有建立足够的信任与相互依赖的关系。对于这类客户，金融企业应该向其提供高质量的产品和服务，提高客户的价值和对企业的信任，从而获得客户的增量购买。

4. 小客户

小客户是重要客户、次要客户和普通客户以外的，对金融企业利润贡献最低的一类客户。这类客户通常交易量不多，忠诚度较低。对于这类客户，金融企业应该先判断其有无升级的可能。如果有较大的升级潜力，金融企业可以采取一些手段增加对这类客户的吸引力，促使其成长；如果没有升级的可能，金融企业可以采取提高产品和服务价格、降低服务成本的策略。

❖案例链接

实现“以客户为中心”的精细化管理

对于国内银行业来说，这是“最坏”的时代，也是“最好”的时代。一方面，金融同质化竞争加剧，银行业面对来自互联网金融的不断冲击；另一方面，信息技术快速发展，为银行构筑持久竞争力开辟了一条新通道。

以客户为中心的精细化管理成为银行业适应和创造用户需求、体现差异化服务、在竞争中脱颖而出的关键所在。CRM，即客户关系管理系统，是银行培育核心竞争力的重要手段。

华侨永亨银行引入了高亚科技 8 Manage CRM 系统，正是希望借助 CRM 这一客户管理工具，为其业务发展助力。

得数据者得天下，对于华侨永亨银行来说，要利用 CRM 系统实现更有效的客户管理，第一步、也是最为关键的一步，就是实现客户资源的整合。“永亨银行拥有存款、信贷、保险及投资类等多种金融产品，支撑这些业务的系统都相互独立，数据之间不能互联互通。永亨银行希望 CRM 系统能整合这些客户数据，并与银行的 CIF 系统实现全面对接”，高亚科技创始人及 CEO 罗叶明表示。也就是说，每个客户的借钱、存钱、保险、投资等存放于各个独立业务系统的信息，能自动化导入 CRM 系统。通过整合这些碎片化的数据，构成客户的 360 度全局视图，涵盖客户的基本信息、资产负债、持有产品、收益情况等。华侨永亨银行就能以此作为数据支撑，构建完善的客户分类体系。基于客户分类体系，银行可以从高价值用户到不活跃用户，根据其不同的需求，有针对性地开展市场营销，提供差异化的金融产品，更好地为客户提供服务。

作为企业实施客户管理的重要数字化工具，CRM 已经流行多年，但要避免 CRM 只是“看起来很美”，而实际功能却脱离业务需要，不仅依靠的是 CRM 供应商极强的技术能力，更需要对银行业务的深刻了解。“华侨永亨银行拥有很多复杂的金融产品，对其业务不熟悉，就没法为其量身定制 CRM 服务。高亚科技的创始人团队不少是金融行业出身，协助进行 IT 实施的 G4S 团队更是长期服务于银行业，所以才能根据华侨永亨银行的个性化需求，实现系统整合和很多定制化改造，让 CRM 真正用起来”，罗叶明指出。

资料来源：华侨永亨银行 CRM 实践：基于 8 Manage 实现“以客户为中心”的精细化管理[EB/OL].（2017－05－05）[2022－03－26]. http：//www.vsharing.com/k/others/2017－5/720573.html.

案例评析：通过应用 CRM 系统，华侨永亨银行实现了对客户资源的有效整合，并构建了完善的客户分类体系，在此基础上根据不同类别客户的需求提供差异化的产品，提升了服务的效果。

三、客户服务管理

客户服务管理是指金融企业为了建立并维护客户关系而进行的服务工作，其目标是了解客户的需求，让客户满意和忠诚。客户服务管理包括营销服务、产品服务等所有服务内容。

（一）服务管理的概念

服务管理是企业面临激烈服务竞争而产生的一种管理模式，其核心在于如何在服务竞争环境中对企业进行管理并取得成功。美国著名服务管理专家阿尔布里奇（Albrecht）将服务管理定义为"把客户感知和服务质量作为企业经营的第一驱动力的一种整体组织方式"。对于金融企业来说，由于其产品具有无形性的特点，做好服务管理显得尤为重要。

（二）客户感知服务质量

服务管理的核心是服务质量，国外对服务质量的广泛研究始于20世纪80年代初。其中最有代表性的是芬兰学者格罗鲁斯（Gronroos），他认为服务质量从本质上讲是一种感知，即客户的服务期望（Expectation）与客户的服务感知绩效（Perceived Performance）两者之间比较的结果。如果实际感知的服务绩效大于服务期望，则客户的感知服务质量良好；如果实际感知的服务绩效小于服务期望，则客户的感知服务质量较低，会导致客户的不满意。因此，金融企业服务管理的主要目标是要达到最佳的客户感知服务质量。

客户感知服务质量的基本构成要素包括技术质量（Technical Quality）和功能质量（Functional Quality）两个方面。其中，服务的技术质量是指服务结果的质量，即服务本身的质量标准、环境条件、网点设置、服务设施、服务项目和服务时间等是否适应于客户的需要；服务的功能质量是指服务过程的质量，即在服务过程中服务人员的仪态仪表、服务态度、服务流程、服务行为等是否满足客户的需求。

由此可见，金融企业的客户服务管理不仅要重视服务的结果，还要重视服务过程的管理，只有将两者结合起来，才能够给客户带来更好的服务感知和体验。

❖案例链接

"把玻璃打破"再造厅堂服务流程

柜台，不仅是银行服务的"窗口"，更是折射银行形象的"窗口"，如今，高高的柜台早已不见，银行柜台服务是否还有新的作为？

"我们能不能大胆设想，把柜台的玻璃全部打破，让我们的柜员为客户提供面对面的服务……"这是青岛银行在若干年前提出的理念。围绕这一理念，近年来，青岛银行在厅堂布局、劳动组合、流程优化等方面持续提升，打造运营服务新格局。

● 不再隔着玻璃服务

因新设企业较多，城阳区一直是青岛市对公新开户数量最多的地区之一。小企业主王女士到青岛银行城阳支行开立对公账户，这是她第二次选择到此开户。王女士表示，与之前感受不同的是，这次开户不用隔着玻璃交流了，柜员可以近距离地指导填单、盖章，不仅服务更好，效率也提升了不少。

青岛银行作为青岛市最大的现金回笼行，因现金业务量大，网点玻璃高柜柜台较同业更多。近年来，青岛银行勇于突破，从厅堂布局的变革开始，从柜台服务提升开始，从“把玻璃打破”开始，进行厅堂服务流程的再造。

● 低柜化趋势明显

“把玻璃打破”之后，青岛银行积极探索厅堂服务流程优化，在充分论证客群结构及业务特点的基础上，通过非现金业务低柜化分流，因地制宜推行“减高柜”，运营效率与客户体验得以明显改善，为业务快速发展注入新动能。

“把玻璃打破”也让青岛银行的服务触角延伸得更深更广。“减高柜”推行过程中，青岛银行围绕客户需求打造综合服务团队，通过打破固化劳动组合与渠道服务壁垒，提升厅堂岗位联动效能，为客户提供柜内柜外甚至是外出延伸等一站式金融服务。

● 数字赋能再提升

“减高柜”并不仅仅局限于减少高柜柜台，还包括借助数字化手段实现运营服务流程的再造。

2019 年以来，青岛银行持续深化系统流程建设，通过创新订单服务模式，以线上线下多渠道协同方式进行现金支票、定期存单、资产证明等多个业务流程再造，为客户提供“0 等待、0 接触”服务新体验；通过丰富智能化服务功能，以刷脸、扫码、短信、证件等多维度认证方式进行个人和对公存取业务自助化改造，为客户营造“无纸化、无介质”的便捷服务新体验，不断提升厅堂机具对高柜业务的分流能力。

此外，该行通过一体机应用及验印设备整合优化了服务人员操作动线，减少了业务办理中的冗余动作，进一步提升了效率。据统计，全行验印设备采购量较去年同期减少 78%，降本增效成果显著。

资料来源：王新蕾．“把玻璃打破”再造厅堂服务流程［EB/OL］．（2021－12－29）［2022－03－28］．http：//paper. dzwww. com/dzrb/content/20211229/Articel16003MT. htm.

案例评析：青岛银行通过再造厅堂服务流程，在厅堂布局、劳动组合、流程优化等方面不断优化，运营效率与客户体验得到了明显改善，有效提升了客户感知服务质量。

四、客户满意管理

在竞争日趋激烈的环境下，客户资源已经成为金融企业重要的战略资源。达成客户满意，进而实现客户忠诚，是金融企业在竞争中立于不败之地的关键。

（一）客户满意的概念

客户满意是指客户根据经验所形成的对产品和服务的预期与实际感知比较后形成的愉悦或失望的感觉状态。客户满意度则是客户期望值与客户实际体验的匹配程度，是用来衡量客户满意程度的指标。早在 1965 年，美国学者卡多佐（Cardozo）就在实验研究的基础上将客户满意的概念引入营销领域，并指出“提高客户的满意度会使客户产生再次购买行为”。

如果客户对金融企业产品和服务的实际感知低于期望值，客户就会感觉失望，处于不满意的状态；如果客户对金融企业产品和服务的实际感知与期望值相符，客户会感觉基本满意；如果客户对金融企业产品和服务的实际感知高于期望值，客户则会感觉非常满意。对于金融企业来说，通过实施客户关系管理系统，为客户提供满意的产品和服务，才能与客户之间建立和保持稳定、良好的合作关系，最终实现利润的最大化。

（二）客户满意度调查与评价

1. 客户满意度调查

客户满意度调查一般采用问卷调查的形式，这是最常用的数据收集方式。一般具体采用的方式为现场发放问卷调查、电话调查、邮寄调查和网上问卷调查等。

问卷调查一般包括三个方面的内容：第一部分是关于客户的基本情况，如性别、年龄、受教育程度、职业、家庭月收入等有关问题，以了解客户的基本特征；第二部分是关于客户购买行为特征的问题，如何时购买、何地购买、购买了哪些产品、通过什么途径购买等问题；第三部分是主体问题，以指标评价体系为基础设计满意度测量问题，要求客户在问卷上表明其赞同程度，从“非常满意”到“非常不满意”。

金融企业在客户满意度调查后，应该针对调查问卷进行分析，得出客户满意度的评价结果，分析存在的主要问题，并提出改进的对策。

2. 客户满意度评价

在进行客户满意度评价时，较常采用四分图模型和 ACSI 模型。

（1）四分图模型。

四分图模型又称重要因素推导模型，属于定性分析的诊断模型，如图 10－1 所示。

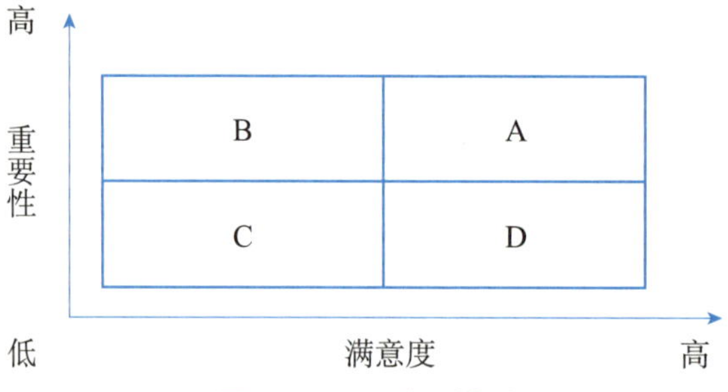

图 10－1　四分图模型

应用四分图模型时，首先要在客户满意度调查问卷中针对相关产品和服务的绩效指标分别设置满意度与重要性两个属性，根据客户对绩效指标的满意度与重要性的打分，将影响客户满意度的各个因素归进四个象限内，横轴代表满意度得分（从左往右表示满意度越来越高），纵轴代表重要性得分（从下往上表示重要性越来越高）。

指标落在不同的象限中分别对应不同的状况，金融企业可以按照归类结果对不同的指标分别分析，并制定针对性的优化对策。

A 区域是优势区，表示高重要性和高满意度。在该区域中，表示对客户来说是关键的指标，同时，客户对这些指标有较高的满意度评价。针对这些指标可以继续保持或进一步突出。

B 区域是修补区（改进区），表示高重要性和低满意度。在该区域中，这些指标对客户来说是重要的，但是客户对这些指标的满意度较低，应该及时进行加强和改进。

C 区域是机会区，表示低重要性和低满意度。在该区域中，这些指标对客户来说不重要，同时客户也是不满意的，对金融企业的影响不大，可以延缓解决。

D 区域是维持区，表示低重要性和高满意度。在该区域中，客户对这些指标满意度较高，但是重要性较低，对金融企业来说实际意义不大，可以适当减少对这些指标的关注，继续保持现有水平即可。

（2）ACSI 模型。

ACSI（American Customer Satisfaction Index，美国客户满意度指数）模型是由美国学者费耐尔（Fornell）在瑞典客户满意度模型（Sweden Customer Satisfaction Barometer，SCSB）的基础上建立的基于产品和服务的消费过程对客户满意度水平进行综合评价的指数。

ACSI 模型包含 6 个变量，分别是：客户期望、感知质量、感知价值、客户满意度、客户抱怨和客户忠诚。ACSI 模型如图 10－2 所示。

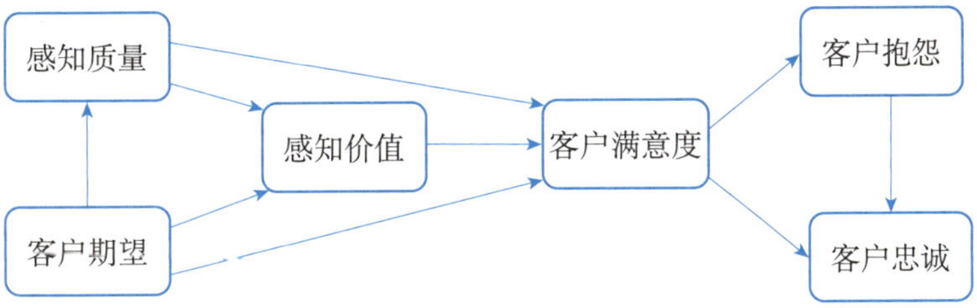

图 10－2　ACSI 模型

客户期望，是指客户在购买前对某种产品或服务的期望，包含客户对个人需求满足程度的期望、对产品或服务质量可靠性的期望等。

感知质量，是指客户在使用产品或服务时对其质量的实际感受，包含客户对个人需求满足程度的感知质量、对产品或服务的整体感知质量等。

感知价值，是指客户在综合考虑产品或服务的感知质量和价格等成本之后对产品或服务的评价，感知价值对客户满意度有着直接影响。

客户满意度，是模型所要测评的目标变量，主要取决于感知质量和预期的理想产品或服务的比较。

客户抱怨，是指客户的正式或非正式抱怨，用于测定客户的不满意度，通过统计客户抱怨的次数和抱怨的程度来确定客户抱怨的数值，客户满意度和客户抱怨之间呈反向关系。

客户忠诚，是模型中最终的因变量，包括两个观测变量（客户重复购买的可能性和客户对价格变化的容忍程度），客户满意度对客户忠诚有正向的影响，但这种影响在不同的企业和行业之间有较大的差异。

（三）金融企业客户满意度的提升和管理

1. 客户感知价值管理

客户感知价值是将客户从所购买的产品或服务中获得的感知质量与其所付出的成本

进行比较，从而作出的对产品或服务效用的综合评价结果。客户感知价值取决于客户对产品和服务的主观认知，强调了客户所获得的利益和付出的成本之间的比较。客户感知价值对客户满意度会产生直接的影响，良好的客户感知价值能够带来客户满意度的提升，而较低的客户感知价值则会降低客户满意度。因此，对于金融企业来说，提升客户满意度可以从提升客户感知价值入手，以客户需求满足为导向，主动创新产品和服务，提升产品和服务的品质，尽量降低客户所付出的货币成本、时间成本、精神成本、体力成本等，从而给客户带来心理上的满足，而不是让客户被动接受产品或服务。

2. 客户期望值管理

客户期望值是客户认为金融企业所提供的产品或服务应该达到的状态和水平。当客户所感知和体验到的产品或服务质量达到所期望的水平，客户就会感到满意。金融企业需要对客户期望值进行管理，合理引导客户期望并将客户期望值维持在一个适当的水平。客户期望值管理的前提是充分掌握客户信息，了解和把握客户的基本情况、消费水平、个人偏好、行为特征、核心诉求等，分析客户的需求特征。在此基础上，合理引导客户期望，避免在营销中过度夸大产品和服务的功能，对于无法满足的客户额外要求不进行承诺，防止客户期望不恰当地攀升，通过营销推介、情感交流、有效沟通等方式使客户充分了解自己能够从相关产品或服务中所获得的收益，从而适当地调整客户期望值。针对客户不同层次的需求和期望，采用分级的方式，提供相应的产品和服务，从而提升客户满意度。

五、客户忠诚管理

客户忠诚体现了客户对于金融企业产品或服务的信任和认可，客户忠诚有利于金融企业巩固市场份额，降低营销成本，在竞争中获得优势。

（一）客户忠诚的概念

客户忠诚理论是在市场营销组合理论和客户满意度理论的基础上产生并发展的。客户忠诚是指客户在获得满意的基础上对于某种产品或服务形成信赖和偏好，进而重复购买的一种倾向。客户忠诚度则是指客户忠诚于企业的程度。客户忠诚通常表现为客户在某一段时间内会重复购买该企业的产品或服务，客户能够在多次购买中产生愉悦感和对企业的信任感。

客户忠诚是客户满意的升华，但客户满意不等同于客户忠诚。客户满意是客户在过去的交易中所获得的心理满足，是客户购买产品或服务后所表达的态度。客户忠诚则体现为客户的一种持续性重复购买的行为。对于金融企业来说，更加需要关注的是，在实现客户满意的前提下，尽可能提升客户忠诚。

（二）客户忠诚的层次

一般而言，客户忠诚可以按照其程度分为四个层次，分别是：认知忠诚、情感忠诚、意向忠诚和行为忠诚。

认知忠诚，是指客户经由产品或服务品质信息直接形成的最浅层次的忠诚，是客户对于所购买产品或服务的一种认可。认知忠诚可能会因为兴趣、环境等因素的变化而转移。

情感忠诚，是指客户使用产品或服务后获得持续满意并形成对该产品或服务的偏爱，是基于偏好的忠诚。情感忠诚使得客户较少关注竞争对手的产品或服务。

意向忠诚，是指客户对于某类产品或服务有重复购买的冲动，倾向于再次购买，但购买意向还没有转化为购买行动，可能受到外在因素的影响。

行为忠诚，是基于行动的忠诚，客户在一定程度上已经形成了购买习惯。行为忠诚的客户忠诚度最高，往往愿意为了购买特定产品或服务而克服一些障碍，持续时间也最长。

（三）金融企业客户忠诚的提升

1. 提供高质量的产品和服务

客户感知的产品和服务如果低于预期的效果，客户就会不满意，进而导致忠诚度下降，因此，产品和服务的质量是影响客户忠诚的重要因素。对于金融企业来说，金融产品和服务具有无形性和同质性的特点，金融企业要想在众多产品中吸引客户的注意力，一方面需要不断研发和快速推出新产品，另一方面还要重视提高产品和服务质量，满足客户多样化的需求，为客户创造更多的价值。

2. 强化“以客户为中心”的理念

在金融业竞争日益激烈的现实下，强化“以客户为中心”的理念越来越重要。只有重视客户，了解客户，积极满足客户需求，才能提升客户忠诚。为客户提供量身定制的个性化产品和服务，从客户的角度来处理问题，关注客户需求的变化，并且重视维系与客户之间的情感，加强客户关怀，才能赢得客户的信任，让客户对金融企业产生依赖感，从而实现客户忠诚。此外，金融企业应该通过员工培训等途径，让员工时刻牢记“以客户为中心”的服务宗旨，将客户的满意作为员工奋斗的目标。

3. 正确对待客户投诉

正确处理客户投诉和抱怨是提升客户忠诚的有效途径。要建立合理的客户投诉处理机制，快速响应客户投诉。在面对客户投诉时，金融企业的相关人员要保持平和的心态，积极妥善处理，要避免流露出不耐烦的态度和反感情绪。将客户投诉视为建立客户忠诚的契机，只要处理得当，就能够赢得客户的谅解，避免客户的流失。对于客户投诉的问题要及时分析，积极改进，避免类似问题的出现。

❖素养提升

为规范银行保险机构应对突发事件的经营活动和金融服务，中国银行保险监督管理委员会制定并发布了《银行保险机构应对突发事件金融服务管理办法》（以下简称《办法》）。

《办法》强调，银行保险机构应当做好应对突发事件的组织管理、制度和预案体系建设工作，及时启动应对预案，健全风险管理，确保基本金融服务功能的安全性和连续性，加强对重点领域、关键环节和特殊人群的金融服务。

《办法》要求，在金融服务受到重大突发事件影响的区域，银行保险机构应当在保证员工人身和财产安全的前提下，经向银行保险监督管理机构报告后，采用设立流动网点、临时服务点等方式提供现场服务，合理布放自动柜员机（ATM）、销售终端（POS）、智能柜员机（含便携式、远程协同式）等机具，满足客户金融服务需求。银行保险机构因重大突发事件无法提供柜面、现场或机具服务的，应当利用互联网、移动终端、固定电话等信息技术方式为客户提供服务。

银行保险机构应当及时预估受突发事件重大影响的企业恢复生产经营的资金需求情况，加强对受突发事件影响的重点地区、行业客户群体的金融服务，发挥在基础设施、农业、特色优势产业、小微企业等方面的金融支持作用。

《办法》还指出，银行保险机构应当加强突发事件期间对消费者权益的保护，确保投诉渠道畅通，及时处理相关咨询和投诉事项。银行保险机构不得利用突发事件进行诱导销售、虚假宣传等营销行为，或侵害客户的知情权、公平交易权、自主选择权、隐私权等合法权利。

资料来源：银行保险机构应对突发事件金融服务管理办法［EB/OL］.（2020-09-09）［2021-03-26］. http：//www.gov.cn/gongbao/content/2020/content_5565832.htm.

项目小结

- 金融企业客户关系管理
  - 金融企业客户关系管理概述
    - 客户关系管理的含义与类型
      - 客户关系管理的含义
      - 客户关系管理的类型
    - 金融企业客户关系管理的内容和作用
      - 金融企业客户关系管理的内容
      - 金融企业客户关系管理的作用
  - 金融企业客户关系管理系统的实施
    - 运用数据库管理客户信息
      - 收集客户信息
      - 建立客户数据库
      - 客户数据库的管理
    - 客户分级管理
      - 金融企业客户分级标准
      - 金融企业客户分级管理策略
    - 客户服务管理
      - 服务管理的概念
      - 客户感知服务质量
    - 客户满意管理
      - 客户满意的概念
      - 客户满意度调查与评价
      - 金融企业客户满意度的提升和管理
    - 客户忠诚管理
      - 客户忠诚的概念
      - 客户忠诚的层次
      - 金融企业客户忠诚的提升

教学一体化训练

【重要概念】

客户关系管理　运营型客户关系管理　分析型客户关系管理　协同型客户关系管理　客户分级管理　感知价值　客户满意　客户忠诚

【课后自测】

一、单项选择题

1. 服务的价值取决于（　　）。

A. 服务本身　　B. 客户需要　　C. 商品性价比　　D. 客户的感觉

2. 下列关于客户关系管理的描述，不正确的是（　　）。

A. 客户关系管理有助于企业保留客户，减少客户流失

B. 客户关系管理包括识别、挑选、获取、发展和保持客户的整个商业过程

C. 客户关系管理是一种商业策略

D. 客户关系管理通常只涉及企业的某个部门

3. 从管理科学的角度来考察客户关系管理，客户关系管理是（　　）的。

A. 以产品为中心　　B. 以服务为中心

C. 以客户为中心　　D. 以数据为中心

4. 最具有价值的客户是（　　）。

A. 重要客户　　B. 次要客户　　C. 普通客户　　D. 小客户

5. （　　）是指客户对某一特定产品或服务产生了好感，形成偏好，进而重复购买的趋势。

A. 客户满意度　　B. 客户价值　　C. 客户忠诚　　D. 客户利润率

二、多项选择题

1. 客户关系管理的类型有（　　）。

A. 运营型客户关系管理　　B. 分析型客户关系管理

C. 协同型客户关系管理　　D. 并发型客户关系管理

2. 客户关系的特征为（　　）。

A. 多样性　　B. 差异性　　C. 持续性　　D. 双赢性

3. 收集客户信息的直接渠道包括（　　）。

A. 问卷调查　　B. 服务热线　　C. 客户投诉　　D. 各种媒体

4. 客户忠诚可分为（　　）。

A. 认知忠诚　　B. 情感忠诚　　C. 意向忠诚　　D. 行为忠诚

5. 客户满意度主要取决于（　　）。

A. 客户投诉处理　　B. 感知质量　　C. 客户期望值　　D. 客户忠诚

三、判断题

1. 只有大企业才需要实施客户关系管理。（　　）

2. 客户的满意度高不一定表明客户的忠诚度高。（　　）

3. 客户满意=实际感知效果－期望值。如果可感知效果低于期望值，客户就不会满意。（　　）

4. 四分图模型又称重要因素推导模型，属于定量分析的诊断模型。（　　）

5. 客户服务就是指售后服务。（　　）

四、简答题

1. 客户关系管理的内涵是什么？

2. 客户关系管理系统的类型有哪些？

3. 如何提升客户满意度？

4. 客户忠诚和客户满意之间的关系是怎样的？

5. 为什么金融企业要进行客户忠诚管理？

五、案例分析

银行基层无小事　暖心服务无止境

"小伙子，你真好，我遇到好人了，这可是我半年的工资啊，太谢谢你了。"

"阿姨，这是我们应该做的。"

这通对话来自一位年迈的客户和西安金库秦涛经理，而此前这位客户还因为操作失误没有取到现金愤愤不平，但在建行的暖心服务下，客户的态度彻底改变。

事情还得从 2021 年 6 月 10 日晚 9 点说起，当时，95533 接到客户关于自助柜员机的投诉，一位 70 多岁的老奶奶在北关正街凤凰大厦自助银行通过自助柜员机支取现金，因操作问题导致资金下账未吐钞，因担心钱被别人取走，老人一直不肯离开设备防护舱并拨打建行客服电话求助，老人情绪非常激动，要求银行立即安排工作人员处理，鉴于此种情况，95533 中心立即告知自助设备归属支行。

在这种情况下，西安金库立即启动应急预案，安排负责消保投诉的两位同事直接赶往客户投诉点北关凤凰大厦，安抚客户。西安金库投诉处理人员向客户耐心解释，并协助客户查询确认资金是安全的，最终取得客户的理解和信任，客户才同意离开自助网点。

第二天早上 11 点，5 000 元已入老人账户，西安金库秦涛经理专门给客户打电话，提醒客户查收。

西安金库正是用这样的实际行动和暖心的服务诠释着"不忘初心、服务一线，想客户之所想、急客户之所急"的工作担当，而这只是西安金库日常工作中一个缩影。

资料来源：建行陕西省分行：银行基层无小事，暖心服务无止境［EB/OL］．（2022－01－09）［2022－03－26］．https：//www.163.com/dy/article/GT9CJRAT0552S1NI.html.

阅读材料，回答以下问题：

1. 客户投诉处理对于银行客户关系管理具有什么意义？

2. 银行在处理客户投诉时应注意哪些问题？

职业技能训练

1. 训练目标

（1）培养学生具备良好的客户关系管理思维和实践应用能力。

（2）使学生熟悉客户关系管理的基本内容，掌握客户分级管理的策略。

2. 训练内容

（1）通过对客户关系管理的理解，认识金融企业进行客户分级管理的必要性。

（2）选择一家金融企业进行调研，分析其客户群体的特征，制定客户分级管理的策略。

3. 训练评价

（1）客户关系管理相关知识把握准确。（20 分）

（2）对客户群体的调研全面详尽。（30 分）

（3）客户分级管理策略制定合理。（30 分）

（4）分析思路清晰，逻辑性强。（20 分）

项目十一

互联网金融营销

知识目标

1. 了解互联网金融营销的定义与互联网金融营销的主体。
2. 了解互联网金融营销的功能和特点。
3. 熟悉互联网金融营销的现状和互联网金融营销的新思维。
4. 熟悉互联网金融营销工具。
5. 掌握互联网金融营销的方式。

能力目标

1. 能够把握互联网金融营销环境的特点。
2. 能够针对特定金融产品进行互联网营销方案策划。
3. 具备组合运用互联网金融营销方式的能力。

素养目标

1. 深入了解我国互联网金融营销的现状，合理使用互联网金融营销工具。

2. 树立互联网金融营销理念，培养观察和分析互联网金融市场的能力，提高职业素养水平。

案例导入

民生银行推出业内首个键盘银行，联合百度智能云探索营销智能化

在百度输入法中选择民生银行专属皮肤，就能享受民生银行便捷的金融服务。这就是民生银行在业内首家推出的键盘银行，以百度智能手机输入法为载体，将产品浏览、热门活动、网点查询预约等服务融入客户微信聊天、短信编发、网页浏览等各个场景中，为客户提供了无缝衔接、随用随取的服务体验。

除了键盘银行之外，民生银行携手百度智能云在营销智能化领域还进行了许多探索，将数字人、AR等技术应用于产品服务及营销场景中，拓展营销渠道，创新交互体验，实现“让银行无形可寻，但却无处不在”。

● 打造键盘银行，创新服务形式

民生银行在业内首家推出的“民生键盘银行”，是金融服务与互联网应用的一次破次元壁的合作尝试。民生键盘银行以智能手机输入法为载体，以用户需求为导向，向用户提供金融服务，打造了一条闭环的服务链条。

用户想体验民生键盘银行，只需登录百度输入法皮肤商店，下载民生银行专属皮肤，就能在输入法的键盘区域看到“推荐办卡”“网点服务”“热门活动”等标签栏，点击需要的服务，即可在输入法页面办理民生银行借记卡和信用卡申领、查询并预约最近的民生银行网点、参与或分享热门活动等。更为智能的是，客户注册登录后，民生键盘银行还可识别用户输入信息的关键字，在输入法键盘上显示关联内容，免去用户手工输入更多信息的烦恼。例如，当用户与朋友微信聊天或在浏览器搜索“理财”“信用卡”“基金”等关键词时，民生键盘银行可自动识别，想用户之所想，提供相应的内容供用户点击了解详情，如需购买产品，将跳转民生手机银行进行交易，保障用户账户资金的安全性。键盘银行让用户操作更为流畅，使用户在社交或消息应用场景中即可使用民生银行服务。

● 数字人+AR技术，智能营销创新不断

随着产业数字化的不断发展，持续提升精准化营销水平，是当前包括银行在内的金融行业所面临的一大挑战。

民生银行一直积极探索数字化营销体系的建设与优化，实现营销从数据化到智能化的迭代升级。从记录过程化数据、实现多报表展示，到不断优化数据仓库、完善数据标签，越来越多的营销策略可在海量数据的支持下实现快速部署与迭代优化，形成智能化的营销工具。

除了输入法的模式创新外，民生银行还将百度智能云数字人、AR等先进技术应用于产品服务中，全面提升用户体验，升级智能化水平。例如，民生银行将数字人技术与银行服务场景相融合，在手机银行App、H5、硬件大屏、远程银行机具等不同设备终端上，以数字人“小花”的形象实现迎宾引导、产品推荐、待办事项提醒、财经热点展示、资产配置展示等服务，让用户在更有温度的服务中，更高效地办理业务。再比如，民生银行利用百度智能云的AR技术，与手机银行的实物黄金展示、线上虚拟厅堂巡游等众多场景相结合，充分发挥增强现实技术的视觉的现场感、沉浸式的体验感，让用户身临其境地感受黄金商品，巡游民生银行的智慧银行体验店等。

● 携手合作共赢，加速智能化转型

民生银行与百度智能云充分发挥双方优势，以提升智能化水平为目标，携手合作，为客户打造优质的服务。

民生银行充分借助百度智能云的数字人技术、AI技术、智能输入法工具等，为客户持续拓展全新的交互形式，丰富用户可触及的服务入口，让银行业务融入客户的日常社交中，可随时随地享受高效、便捷的金融服务。

同时，百度智能云的多项智能技术也为民生银行的线上获客能力再添新动力，助推线上客户数、交易量、金融资产、客户活跃度等多项业务增长。

面向未来，民生银行将持续利用新兴技术，为客户提供更多便捷、高效的金融及非金融服务，打造智能化、定制化、更懂你的数字银行。百度智能云也将加大对AI等技术的投入力度，深化与金融业务的场景融合；助力金融行业的数字化变革升级。

资料来源：民生银行推出业内首个键盘银行，联合百度智能云探索营销智能化［EB/OL］.(2021-09-23)［2022-03-26］. http：//news. ikanchai. com/2021/0923/442348. shtml.

【感悟】

民生银行积极探索智能化营销，通过打造“键盘银行”，将百度智能云数字人、AR等先进技术应用于产品服务中，创新了服务形式，提升了客户体验，为客户提供更为高效、便捷的金融服务，同时也拓宽了营销渠道，提升了获客能力。

任务一　互联网金融营销概述

互联网技术、信息通信技术的不断发展，推动互联网与金融快速融合，促进了金融创新，也加剧了金融业的竞争，传统的营销模式已经无法满足金融业的发展，互联网金融营销应运而生，成为金融营销领域的重要应用。

一、互联网金融的定义

互联网与金融的深度融合，对金融产品、业务、组织和服务等方面都产生了深刻的影响，给金融业的发展带来了巨大的变革力量，同时也催生了互联网金融这一概念。

2012年4月7日，在中国金融四十人论坛上，谢平首次提出互联网金融的概念，并指出互联网金融模式能通过提高资源配置效率、降低交易成本来促进经济增长。

《中国金融稳定报告2014》中将互联网金融定义为互联网与金融的结合，是借助互联网和移动通信技术实现资金融通、支付和信息中介功能的新兴金融模式。广义的互联网金融既包括作为非金融机构的互联网企业从事的金融业务，也包括金融机构通过互联网开展的业务。狭义的互联网金融仅指互联网企业开展的、基于互联网技术的金融业务。

2015年，中国人民银行等十部门联合发布的《关于促进互联网金融健康发展的指导意见》中指出，互联网金融是传统金融机构与互联网企业利用互联网技术和信息通信技术实现资金融通、支付、投资和信息中介服务的新型金融业务模式。

互联网金融作为传统金融行业与互联网技术相结合的新兴领域，主要业态包括互联网支付、网络借贷、股权众筹融资、互联网基金销售、互联网保险、互联网信托和互联网消费金融等形式。近年来，伴随着互联网金融快速发展，互联网逐渐成为金融产品营销的重要渠道，商业银行、保险公司、证券公司等金融机构，以及从事金融业务的互联网企业，纷纷借助互联网平台的流量和场景优势开展营销活动。

二、互联网金融营销的内涵

市场营销就是在不断变化的市场环境中满足消费者需要、实现企业目标的商务活动过程。互联网金融营销作为市场营销理论与实践的延伸，在金融业的发展中发挥着越来越重要的作用。

（一）互联网金融营销的定义

互联网金融营销，是指金融企业或从事金融业务的互联网企业通过互联网这一信息传递手段，以金融市场为导向，营造线上金融营销环境，创造并提供满足客户需求的金融产品与服务，并获取收益的一种营销管理过程。

2021 年 12 月 31 日，中国人民银行、工业和信息化部、银保监会等部门就《金融产品网络营销管理办法（征求意见稿）》公开征求意见，对金融机构或受其委托的第三方互联网平台经营者开展金融产品网络营销活动进行了规范。在该征求意见稿中，将互联网金融营销定义为通过互联网平台对金融产品进行商业性宣传推介的活动，包括但不限于展示介绍金融产品相关信息或金融机构业务品牌，为消费者购买金融产品提供转接渠道等。

互联网金融营销是运用互联网媒介和相关技术来实现对金融产品和服务的营销目标。从概念逻辑来看，完整的互联网金融营销内涵包括传统金融产品与服务的网络营销以及互联网金融创新产品与服务的市场营销两方面内容。

（二）互联网金融营销的主体

互联网金融营销的主体是进行金融产品或服务交易的各方，有时还包括第三方交易中介，但不包括金融产品和服务本身。

互联网金融营销的主体包括提供金融产品和服务的金融企业与互联网企业、购买金融产品或服务的金融消费者、第三方交易中介。金融企业与从事金融业务的互联网企业为达成特定的营销目标，通过互联网平台采取多种促销手段开展营销活动。金融消费者是金融产品或服务的使用者，包括企业、个人、政府机构、事业单位等。第三方交易中介是指为开展互联网金融营销提供网络空间经营场所、信息交互、交易撮合等服务的网站、移动互联网应用程序、小程序、自媒体等互联网媒介。

（三）互联网金融营销的特点

在互联网时代，网络营销是金融营销体系中的一个重要组成部分。互联网金融营销打破了传统营销方式所受的时间与空间限制，具有自身的特点。

1. 营销过程的虚拟化

互联网金融营销是利用网络媒介开展营销活动，展示产品和服务，整个营销过程脱离了实际的物理场景，具有虚拟化的特点。

2. 信息资源的丰富性

通过互联网平台可以对多种信息进行传递和展示，包括文字、图像、声音、视频、地理位置、报表、文档等，丰富的信息资源能够让金融产品和服务更加形象生动地呈现出来，从而使消费者对金融产品和服务的了解更加详尽和深入。

3. 受众群体的广泛性

第50次《中国互联网络发展状况统计报告》显示，截至2022年6月，我国网民规模达10.51亿，互联网普及率达74.4%。对互联网金融营销而言，庞大的网民群体是网络营销的潜在客户，只要营销手段得当，这些潜在客户就能够转化为现实客户，从而带来长期的利益。

4. 产品和服务推介的个性化

基于互联网技术和大数据分析，可以实现精准营销，将金融产品和服务向潜在消费者定向推介，从“千人一面”的无差别营销到“千人千面”的个性化营销，能够更好地满足客户的不同需求。

5. 营销成本的经济性

互联网金融营销相较于传统营销方式所投入的成本更低，能够以更加灵活和便捷的方式触达客户，有利于营销成本的合理控制和利润目标的实现。

6. 客户关系维系的局限性

传统的“面对面”线下营销、电话营销或是上门拜访等方式，营销人员能够直接接触到客户，更有利于和客户之间的情感维系。而互联网金融营销在维系客户关系方面具有一定的局限性，在线客服、留言反馈等方式存在一定的沟通和交流障碍，从而使客户产生不满情绪。

（四）互联网金融营销的功能

互联网金融营销的功能具体表现为以下几个方面。

1. 拓宽营销渠道

互联网金融营销有助于拓宽营销渠道，增加金融产品和服务触达客户的路径。企业可以通过自身的网站和微博、微信公众号及头条号、社群、付费网络媒体、电子邮件、搜索引擎等多种网络渠道，向消费者进行产品和服务的营销。

2. 品牌价值推广

让品牌形象被大众所熟知，拥有品牌的优势，意味着能够在市场竞争中占有主动地位。网络媒介有着其他媒体不可比拟的效果和作用，借助互联网平台的优势，为金融企业或从事金融业务的互联网企业打造品牌、增加品牌影响力和推广品牌价值提供了新的机会与手段。

3. 提升服务效率

互联网平台在传播信息时，具有范围广、速度快、交互性、无时间地域限制等特点，能够有效降低金融营销信息传递的成本，增进客户体验，提升金融服务的效率。

❖案例链接

互联网保险中介向综合性、服务性、开放性转变

近年来，保险中介在保险销售过程中发挥了巨大的作用，保险业通过中介实现的收入已经超过了80%。随着保险业的发展从高速度转向高质量，行业对精细化运营的要求也在逐渐提高，对中介机构的发展提出了新的挑战。

“我们希望打造一个综合性、服务性、开放性的保险中介，水滴保险经纪在过去4年实践过程中，积累了诸多保险场景、线上运营、保险科技及系统工具等方面的探索和经验，水滴保也希望能够将这些能力与行业共享。”水滴保险保障事业群总经理杨光在《中国银行保险报》主办的“2021中国保险中介高质量发展峰会”中谈道。

在渠道拓展方面，水滴保探索线上·线下融合的路径。在线上，推出智能化营销系统，并具备对外输出能力，涵盖各种获客方式，包括SEM、信息流、应用商店等多种渠道的广告投放，支持多场景下的获客。数据显示，水滴智能营销系统为互联网渠道RTA（Real Time API）精准获客效率提效60倍。该系统获得了《中国银行保险报》评选的“年度数字化营销卓越案例”。在线下，水滴保布局线下经纪业务，发布“水滴保险经纪2.0战略”，推出两部基本法，配套数字化、产品、培训、行销四大赋能系统，以期打造专业化、职业化、数字化的经纪人团队。

此外，水滴正在搭建一个数字化的开放平台，连接线上和线下渠道。一方面，水滴帮助传统保险机构提升线上获客能力和服务能力；另一方面，建立线上用户与线下代理人匹配、信任和连接通道，实现更高效的供需平衡。

在提高触达效率和业务促成方面，水滴保运用CRM客户关系管理系统、企业微信、OTO模式、人机耦合系统、同屏协作等工具进一步提高团队的整体效率。值得关注的是，水滴保人机耦合AI智能化工具可以在保险销售或服务人员与用户沟通过程中完成用户实时画像分析、语义语音分析、敏感词筛选、智能话术推荐等功能。同屏协作工具在用户授权的基础上，可以实现服务人员远程示范功能，给用户更直观的体验。

在提高服务方面，水滴保希望打造一个综合型、服务型的中介组织，提供包括核保、调查、理赔等方面的全方位服务。目前，基于疾病数据库开发的水滴保智能核保的模型，已经应用于新开发的健康险和寿险的产品中。覆盖1 200多种常见疾病和平台所有线上线下产品，通过3万多条疾病规则交互关联实现产品推荐、预核保等功能。

资料来源：杨光．互联网保险中介向综合性、服务性、开放性转变［EB/OL］．（2021-12-30）［2022-03-26］．https：//www.sohu.com/a/513260924_121118710.

案例评析：作为互联网保险中介，通过线上和线下渠道融合的路径，水滴保险经纪有效拓展了营销渠道，结合客户关系管理系统、企业微信等工具的应用进一步提升了触达效率和获客能力，并为用户提供了更直观的体验。

任务二 互联网金融营销的兴起与发展

一、互联网金融营销的兴起

自互联网诞生以来，以互联网为核心基础的信息技术给社会和经济的发展带来了巨大的冲击。快速发展的网络经济以其特有的规律使金融业的发展产生了深刻的变革，金融产品的形式、金融服务的模式、金融交易的方式、金融风险的管理、金融客户的需求等都发生着前所未有的变化，金融业的竞争也日趋激烈。

与此同时，以商业银行、保险公司等为代表的传统金融机构要适应营销环境的变化，改变营销理念，创新营销方式；以第三方支付平台、互联网银行、网络众筹、网络借贷等为代表的新兴互联网金融业态也在积极通过新的营销技术和营销模式不断推动着金融营销创新。在此背景下，互联网金融营销悄然兴起并获得了快速的发展。

二、互联网金融营销的现状

在互联网与金融科技飞速发展的时代背景下，互联网金融营销的优势得到了充分的体现，各类网络营销“新招式”层出不穷，营销渠道更加丰富，既极大提升了消费者获取金融产品和服务的便捷性，又能够更好地满足金融消费者不断升级的多元化需求，增强了金融的普惠性。

金融营销是金融经营活动的重要环节。在金融营销的实施过程中，应该避免过度依赖互联网渠道，根据金融产品和服务的特性，采取传统营销方式与互联网营销相结合的策略，形成线上营销和线下营销的优势互补与相互促进，从而构建更为完善的金融营销体系。

需要注意的是，在关注互联网金融营销所带来的巨大效益的同时，还要合理看待其发展过程中出现的营销乱象。一些大型互联网平台借助网络效应和流量入口的优势，在金融产品销售上形成“赢家通吃”，进而造成市场垄断和不公平竞争；部分第三方机构借营销之机违规向公众推荐证券投资基金及金融理财产品，片面夸大宣传甚至虚假宣传；一些互联网平台还存在诱导金融消费者购买和其财务状况、风险承担能力不相匹配的金融产品，以及过度采集客户数据、侵犯客户隐私等问题。

为维护金融市场的有序发展和保障金融消费者权益，要遏制金融网络营销乱象，进一步规范金融产品与服务的互联网营销行为，健全金融营销宣传行为的监管机制，加强行业自律意识，在确保客户数据安全和隐私有效保护的前提下，优化客户体验，加快数字化转型，提升互联网金融营销的效率和质量。

❖案例链接

民营银行花式拉新不断

抽红包、拼贷款、招募合伙人……如今，缺少线下网点的民营银行为拉新获客、增强用户黏性，也是绞尽脑汁，花样不断。

5月31日，微众银行狂撒现金红包一事引发关注：根据活动规则，用户只需关注微众银行公众号，在5月29日的日终总资产大于1 000元，即可参与最高516元的现金红包抽奖。针对此活动，微众银行相关负责人在接受《北京商报》记者采访时称："此活动主要是回馈我行忠实客户，邀请忠实客户体验我行新产品以及使用我行新功能，建立与客户更强的联系。"类似微众银行的这类营销活动并不鲜见，包括新网银行、苏宁银行等机构，近期也分别推出"招募合伙人""升级贷拼团"等活动。

受线下网点限制，民营银行各出奇招，打起了客户营销战。在业内人士看来，此举主要是为了获客、拉存款、提升机构品牌知名度。"民营银行因为受网点限制，在获取新用户和产品推广上更加依赖线上渠道。特别是在监管政策规定存款和理财等产品不得通过互联网平台销售之后，民营银行通过自身渠道开展营销活动的必要性进一步提升。"零壹研究院院长于百程告诉《北京商报》记者，抽奖、返现、团购以及合伙人推广等是常规获客和提升活跃度的营销手段，不止是民营银行，其他类银行和互联网公司也都使用过。

不过，需要注意的是，不少民营银行在拉新获客的探索过程中，也有遇到不少小插曲的情况。例如，此前苏宁银行曾推过升级贷合伙人活动，被业内人士直言这类线上拉新模式存在多重营销风险。也有不少地方银行推出"拼多多"式拼团贷款营销模式，而这类营销模式也曾引发监管摸底关注。

银行本身是经营风险机构，风控是生命线，金融机构需要关注这些营销方式是否导致风控要求降低，是否影响机构稳健、可持续经营，是否明显增加金融机构运营成本等。机构需要对金融风险与监管制度保持敬畏，守住不发生局部系统性风险的底线。

金融机构拉新活动一方面是为了开拓新用户，获取业务规模增长，另一方面也是为抵御外部激烈的市场竞争，在提升品牌知名度的同时稳固自身的行业地位。机构需要注意的是，开展金融营销宣传需要遵循相关的监管规范。此外，借助自有渠道还是外部第三方渠道的选择也值得金融机构进一步权衡考量。

资料来源：岳品瑜，刘四红．抽红包、拼贷款！民营银行花式拉新不断，能否解渴互联网流量焦虑［EB/OL］．(2021-06-01)［2022-03-26］．https：//www.bbtnews.com.cn/2021/0601/398128.shtml.

案例评析：通过线上渠道开展各种营销活动，有助于开拓新用户、提升品牌知名度、获取业务规模增长，但是在营销活动中也应注意合规性和营销风险问题，要考虑营销方案的适配性和合理性，不能夸大宣传。

三、互联网金融营销的新思维

互联网金融营销以全新的理念和思想改变了传统金融营销的思维方式，丰富了金融营销的内涵。

（一）互联网思维

互联网思维方式是互联网金融营销的一种重要思维模式。互联网思维弱化了传统营销渠道的物理属性和人为因素，运用互联网的特性，直接触达客户，实现去中心化，使营销渠道向扁平化转变，提高了金融营销的效率。

（二）大数据思维

大数据思维是互联网时代的一个重要特征。借助互联网平台，所有的客户行为和交易记录都能够被记录下来，通过对这些巨量数据的挖掘和分析，可以更清晰地了解金融消费者的习惯特征和产品偏好，定位潜在的目标客户群体，实现精准营销，此外还能够根据客户需求变化来动态调整营销策略，不断提升营销效果。

（三）客户思维

在互联网金融营销中，更加强调客户思维，赋予“以客户为中心”的营销理念以新的内涵。在互联网时代，客户通过网络能够便捷地搜索和掌握更多的关于金融产品和服务的功能、价格、风险、品牌、口碑等信息，有一定能力甄别出更适合自己的产品，加剧了金融行业的竞争。因此，从某种意义上来说，客户在金融市场中居于主导地位，营销活动的开展一定要围绕“客户视角”，深度了解客户，以满足客户需求、提升客户体验为前提。

（四）跨界思维

互联网金融使得市场主体可以跨越时间和空间限制，在不同领域开展多元化金融业务，跨界发展和混业趋势更加明显。一些互联网企业通过技术手段将金融服务覆盖到长尾客户和弱势群体，而这些客户是传统金融机构不愿意或者投入较少精力关注的群体。例如，蚂蚁集团旗下的余额宝产品，其本质是货币投资基金，将客户基金账户开户隐含在系统内完成，方便客户操作，并降低投资门槛，将客户收益可视化，让客户有良好的体验感，获得了广大客户的青睐。当然，跨界思维的运用要注意合规性，要在相关法规政策允许的范围内合理开展。

（五）整体思维

“不谋全局者，不足谋一域。”在互联网金融营销中，互联网平台是多渠道、开放性的信息交流中心，基于此特性，面对复杂多变的营销环境，在组织营销活动时，要从整体性角度出发，综合考虑各种资源的整合和配置，从目标客户的角度出发，做好顶层设计，才能统筹兼顾，取得好的营销效果。

任务三　互联网金融营销方法

随着互联网与金融业之间的关系日益密切，互联网平台已经成为金融企业和互联网企业开展金融营销活动不可或缺的重要渠道。互联网金融营销方法是指金融企业和互联网企业将金融产品和服务推广给客户所采取的一系列方式和工具的总和。

一、互联网金融营销工具

（一）网站

在互联网时代，网站是一种普遍的信息沟通工具。金融企业和互联网企业可以通过网站发布金融产品和服务的资讯，充分展示产品的内容、特点、操作指南等。客户可以通过浏览网站寻找符合自己需求的金融产品，并通过网站的业务入口直接办理相关业务。这些网站一般还提供在线客服，帮助客户解决各种问题。金融行业产品同质化现象严重，网站成为企业品牌传播的窗口，是提供金融服务、开展金融营销的重要平台，也是吸引客户、提高客户满意度的有力工具。

（二）网络广告

网络广告是指企业利用网络媒体进行广告宣传，向目标群体推销产品和服务。与报纸、杂志、电视、广播等传统媒体广告相比，网络广告具有灵活便捷、传播范围广泛、交互性强、受众数量可精确统计的优势。网络广告的形式包括展示类广告、搜索引擎排名广告、视频广告、文本链接广告、电子邮件广告等。网络广告的投放一般集中在社交门户网站、财经网站、电商平台网站等用户黏性较高和浏览量较大的平台。

（三）新媒体

新媒体是指相对于传统媒体之外的利用数字技术，通过计算机网络、无线通信网络、卫星等渠道，以电脑、手机、数字电视、户外液晶屏、电子阅读器等终端，向用户提供信息和服务的媒体形态。作为社会公众了解外部信息的重要手段，新媒体也逐渐成为开展金融营销的重要工具之一。

二、互联网金融营销的方式

（一）应用市场营销

应用市场诞生的初衷，是向智能手机用户提供办公软件、游戏、电子书籍等手机应用软件下载的服务平台。手机应用开发商在应用市场平台发布各种应用软件，用户可以在该平台下载免费或付费的应用。应用市场包括手机厂商预装的应用市场、第三方应用商店（如百度手机助手）、运营商的应用市场（如联通沃商店）等。

通过应用市场开展金融营销的着力点在于当手机用户使用应用市场搜索并下载目标软件时所呈现的内容是否有足够的吸引力，促使用户去使用金融企业或互联网企业提供的应用程序。

（二）搜索引擎营销

搜索引擎营销就是基于搜索引擎平台的互联网营销，利用用户对搜索引擎的依赖和使用习惯，在用户检索信息的时候将相关的营销信息尽可能传递给目标用户。搜索引擎营销的基本思想是让用户发现金融营销信息，吸引用户关注，并通过用户点击进入网页，将网页浏览者转化为金融产品和服务的购买者。

（三）移动应用效果广告营销

移动应用效果广告是指通过移动互联网络将广告宣传信息投放至用户手机等移动通

信终端设备的广告方式。移动应用效果广告能够实现精准定位及长尾覆盖，逐渐成为网络营销的主流方式之一。

移动应用效果广告营销按照展示类型，可以分为以下三种。

1. 弹出式广告

弹出式广告是用户在浏览或登录网页时，强制弹出的广告页面或广告对话框。弹出式广告是一种强迫用户观看的营销方式，具有互动性的特点，但有时会引起用户的反感。

2. 文本链接广告

文本链接广告是以文字链接形式提供的广告，用户点击该文字即可通过链接进入相应的广告页面。文本链接广告对用户浏览信息造成的干扰较小，是一种比较有效的网络营销方式。文本链接广告所面临的挑战在于怎样通过有限的文字信息吸引用户的点击从而达到宣传的效果。

3. 软文广告

软文广告是相对于硬性广告而言的，由专门的策划人员撰写文案，在网络等媒体投放，以达到宣传产品或树立企业品牌形象等目的。软文广告从表面来看，更像是一篇情感故事、一则幽默笑话或是一段产品的使用心得等，其最大的特点就是具有隐蔽性，阅读者不知不觉被带入其中，对相关产品产生兴趣。软文广告对于文案的内容质量和创意要求较高。

（四）内容营销

内容营销是指以文字、图片、视频等形式通过微博、微信、百度贴吧、论坛、门户网站等网络媒介或传统媒体向用户传达企业的信息，通过合理的内容创建、发布及传播，达到促进销售的营销方式。内容营销的精髓在于内容是否能够吸引用户、打动用户，而不是外在的载体。内容营销的投入成本一般较低，如果内容具有吸引力，就能够取得比较好的营销效果。

（五）口碑营销

口碑是指公众或某个群体对某个企业或者企业的某类产品或服务的相关信息所形成的认识、态度、评价，并在公众或群体间进行相互传播。良好的口碑往往基于客户对某类产品或服务的良好使用体验。口碑营销则是指企业在充分调查市场需求的基础上，为客户提供其所需的产品或服务，并借助一定的渠道和途径让客户自发进行口碑传播的营销方式。

营销学者菲利普·科特勒将 21 世纪的口碑传播定义为：由生产者以外的个人通过明示或暗示的方法，不经过第三方处理、加工，传递关于某一特定或某一种类的产品、品牌、厂商、销售者，以及能够使人联想到上述对象的任何组织或个人信息，从而导致受众获得信息、改变态度，甚至影响购买行为的一种双向互动传播行为。

❖案例链接

打入圈层，重获新生——银行机构品牌年轻化策略

当前，以年轻群体为代表的消费主力军逐渐崛起，巨大的消费潜力冲击着现有的市场格局。面对新的消费群体与更加灵活的营销环境，银行传统上严肃理性的刻板形象与新生代消费者产生了距离，面临品牌老化的危机。在互联网新一代人群中树立新的品牌形象、与年轻人进行沟通，是当下传统银行的重要课题。

在社会化媒体时代，“人以圈居”逐渐成为主流生活形态，特别是在年轻人中形成了各式各样的社群圈层，这为银行机构实现品牌年轻化开辟了新的思路。

● 选圈：确立形象，引发情感共鸣

共鸣阶段，银行机构应对年轻用户的特征加以把握，关注到用户痛点，输出能够激起用户共鸣的优质内容，以充分表达自我，建立情感联系，进而实现进一步的交流和互动。

近年来，多家银行机构为拥抱年轻群体，在表达品牌理念时，不再过于强调品牌的金融专业高度，而是通过紧贴年轻用户价值观的创意内容，进行真实诚恳的情感营销。光大银行联手腾讯新闻出品的《1068魂考》，对当下“扎心”话题进行探讨，直击年轻用户的情感诉求，无缝渗透品牌形象，实现年轻用户的圈层营销及精神感召。

● 入圈：精准定位，呼唤价值认同

确认阶段的用户会对引发共鸣的产品价值进行判断，进而消除对产品的不信任。因此，在吸引了用户的关注后，更应结合目标用户群体的需求对功能与服务加以完善，以获得年轻用户群体对产品的价值认同。

首先，银行机构可依据圈层兴趣开创产品新样态。结合年轻人喜爱高颜值、有创意的产品这一特征，银行机构在银行卡片上不断输出巧思。动漫、电竞、国潮等是银行机构在设计卡面图案时最常使用到的元素。

其次，银行机构应结合圈层需求开拓产品新功能。年轻群体热爱新鲜事物，追求便捷生活，这些都倒逼传统金融机构在金融科技领域发力。最早试水的平安银行推出了针对年轻客群、实现线上一分钟开户的橙子银行。

最后，银行机构也可针对圈层喜好开发产品新品类。中原银行瞄准追剧党，与爱奇艺共同推出“追剧专属卡”；长沙银行联名当地备受年轻人喜爱的饮品店“茶颜悦色”推出“喝呗卡”。

● 造圈：多元互动，实现价值共创

参与阶段，是吸引用户参与到企业搭建的交流互动之中，通过多种互动方式参与讨论，并最终实施消费行为。

针对年轻群体千人千面的产品需求，银行机构可打破传统封闭式的内部设计，吸引用户参与产品设计。民生银行联合万事达卡等推出首个开发前端消费者卡面UGC与后端制卡工艺结合的制卡系统，150万种趣味组合为用户个性化自我定制提供可能，实现了用户思维与创意打造的无缝衔接，满足了年轻群体个性创造的需求。

此外，在品牌社群中，成员的自我身份认同与社会身份认同等聚合机制交叉发挥作用，有利于实现社群商业价值的最大化。因此，银行机构可通过多种互动方式，与用户共创共建属于自己的品牌社群，实现与用户持久、深度的联结。

● 出圈：口碑营销，促进扩散共享

在共享和扩散阶段，良好的体验能够促使消费者自发进行社交化分享，产生二次推广。社会化媒体时代下，圈层信息传播有着强烈变性的特征，目标用户群体对银行品牌形象的口碑对于品牌形象的树立与传播有着重要的影响，因此，银行机构还应注重其内在价值与用户评价，通过优化用户的体验与参与，获得目标消费群体的长期认可，促进品牌年轻化形象的推广与保持。

早在2014年，平安银行所属的平安集团就瞄准新富人群，以"一站式综合金融服务"为定位，积极通过线下活动与线上业务的联动帮助客户树立健康的财富观。平安银行私人银行品牌团队更是针对用户年轻化、金融知识难懂的现象，以原创短视频为切入口，推出了覆盖银保年金险、私募投资、MGM 等 13 大主题的 33 集短视频"平安财红·张阿姨小剧场"，通过泛娱乐化的短视频内容，将晦涩难懂的金融知识进行趣味解读，使用户在娱乐过程中学习到金融知识，进而形成独具特色的原创短视频类 IP。该视频在微博、抖音等社交媒体中累计曝光过亿，播放量超 3 000 万，强势出圈。

但不可忽视的是，当前银行机构品牌年轻化的打造中，仍存在定位热门文化圈层导致的雷同、互动缺乏持效性、实现品牌出圈发力不足等问题。如何运用好圈层文化，形成持效长久、忠诚稳固的差异化竞争优势还需要银行机构结合现有经验进行进一步努力与探索。

资料来源：打入圈层，重获新生——银行机构品牌年轻化策略 [EB/OL]. (2021-12-21) [2022-03-21]. https://www.sohu.com/a/510443302_121123908.

案例评析： 好的营销效果取决于对客户特征和需求的准确把握，在此基础上设计合理的营销方案，取得客户的认同，进而打造良好的品牌形象，并借助口碑营销获得目标客户群体的长期认可。

（六）网络事件营销

网络事件营销，是指主要以网络为传播平台，通过精心策划、实施可以让公众直接参与并享受乐趣的事件，达到吸引或转移公众注意力，改善、增进与公众的关系，从而塑造良好的企业形象的营销方式。网络事件营销具有受众广泛、时效性强、社会影响力大的特点，运用得当就能快速提升企业的品牌知名度。

❖素养提升

近年来，随着大数据、云计算、移动互联网等新型信息技术的发展与应用，互联网成为金融产品营销的重要渠道，相关业务模式发生深刻变化。为规范金融产品网络营销，保障金融消费者的合法权益，人民银行会同相关部门，深入开展调研、广泛征求意见，起草了《金融产品网络营销管理办法（征求意见稿）》（以下简称《办法》）。

《办法》聚焦非法金融产品营销、虚假和误导宣传、违背社会公序良俗、适当性管理缺失、不正当竞争等五方面突出问题，注重发挥各管理部门的工作合力，与现有监管制度有效衔接，从基本原则和资质要求、内容和行为规范、合作行为管理、监管措施和法律责任等方面提出了34条具体要求。

《办法》的主要内容包括以下方面：

一是提出网络营销的基本原则和业务资质要求。明确金融产品网络营销应当遵循依法合规、公序良俗、诚实守信、公平竞争等基本原则。要求金融机构自行开展或委托互联网平台企业开展金融产品网络营销，必须在金融管理部门许可的业务范围内进行。禁止任何机构或个人为非法集资等非法金融活动提供网络营销。禁止通过互联网面向不特定对象营销私募类金融产品。

二是明确营销宣传内容和行为的具体规范。要求金融机构对网络营销宣传内容的合法合规性负责，建立审核工作机制。营销宣传内容应使用准确、通俗的语言全面披露金融产品的关键信息，不含有虚假、欺诈或引人误解的内容。开展金融产品网络营销时要分区展示各类金融产品，不得进行骚扰性营销和嵌套销售。另外，明确精准营销、直播等新型营销、组合销售的基本行为规范。

三是加强对营销合作行为的管理。明确金融机构与合作互联网平台企业的业务边界和管理责任划分。要求金融机构作为业务主体承担对营销合作行为的管理责任，与合作互联网平台企业签订书面协议，建立合作互联网平台企业准入和退出管理机制。要求互联网平台企业按照合同约定开展营销活动，不得介入或变相介入金融产品的销售业务环节，同时要加强对入驻金融机构的管理，不得与金融机构产生品牌混同，不得违规在网站、App名称和商标中使用金融类字样。

四是提出监管措施，明确违规行为的法律责任。明确金融管理、网信、电信主管、市场监管、知识产权等部门对金融产品网络营销活动的监管职责，以及金融机构、互联网平台企业违反《办法》规定的法律责任和处罚依据。

资料来源：http：//www.pbc.gov.cn/tiaofasi/144941/144979/3941920/4436989/index.html.

项目小结

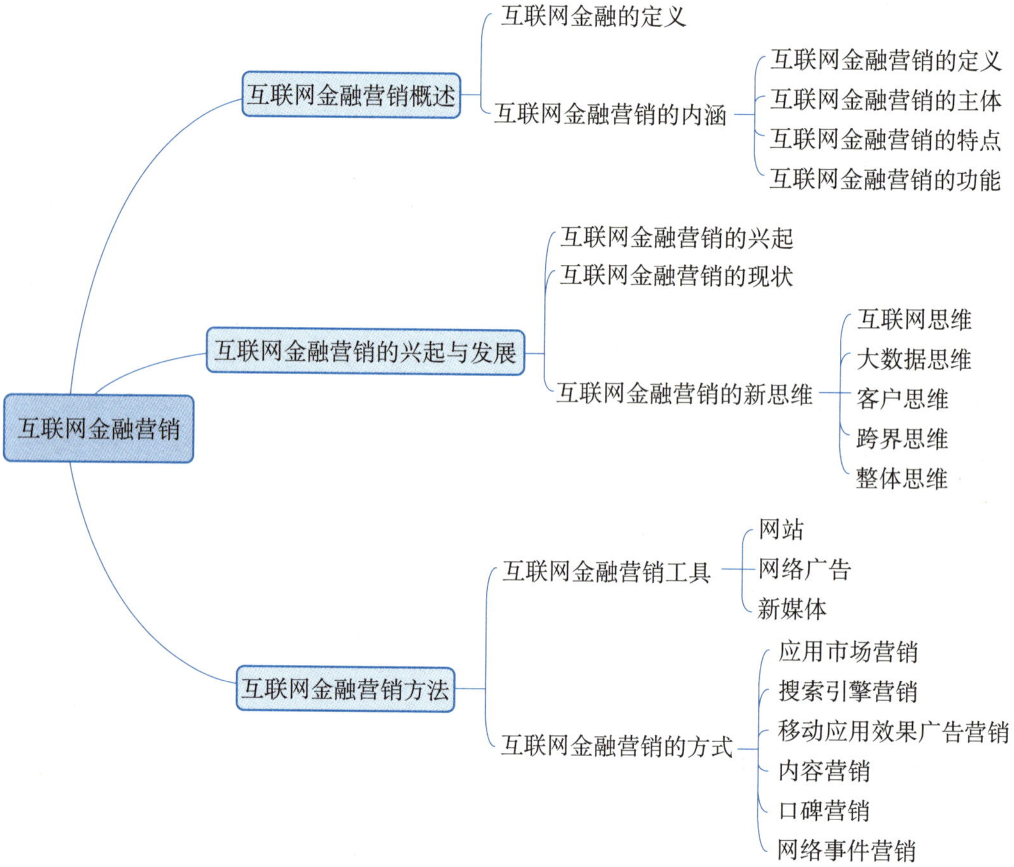

教学一体化训练

【重要概念】

互联网金融　互联网金融营销　互联网思维　新媒体　应用市场营销　搜索引擎营销　移动应用效果广告营销　内容营销　口碑营销　网络事件营销

【课后自测】

一、单项选择题

1. 以下关于互联网金融营销的说法，正确的是（　　）。

A. 互联网金融营销不需要进行监管

B. 互联网金融营销的内涵包括传统金融产品与服务的网络营销

C. 互联网金融营销的主体不包括传统金融机构

D. 互联网金融营销的主体包括金融产品和服务

2. 互联网金融营销工具不包括（　　）。

A. 网站　　B. 网络广告　　C. 报纸　　D. 新媒体

3. 与传统媒体广告相比，网络广告（　　）。

A. 灵活性差　　B. 传播范围局限

C. 不具有交互性　　D. 受众数量能够精确统计

4. 以下关于口碑营销的理解，错误的是（　　）。

A. 具有强制性的特点　　B. 需要对市场需求进行充分调研

C. 与用户体验密切相关　　D. 客户是自发进行口碑传播的

二、多项选择题

1. 互联网金融营销的特点包括（　　）。

A. 营销过程的虚拟化　　B. 信息资源的丰富性

C. 受众群体的广泛性　　D. 营销成本的经济性

2. 下列属于互联网金融营销功能的是（　　）。

A. 拓宽营销渠道　　B. 品牌价值推广

C. 提升服务效率　　D. 打击竞争对手

3. 互联网金融营销的方式包括（　　）。

A. 应用市场营销　　B. 电话营销　　C. 搜索引擎营销　　D. 内容营销

4. 移动应用效果广告营销按照展示类型可分为（　　）。

A. 弹出式广告　　B. 文本链接广告　　C. 户外电子屏　　D. 软文广告

5. 下列不属于新媒体营销的是（　　）。

A. 电视营销　　B. 微博营销

C. 微信公众号营销　　D. 在报纸上刊登广告

三、判断题

1. 互联网金融能够通过提高资源配置效率、降低交易成本来促进经济增长。（　　）

2. 网络广告的投放具有交互性强的特点。（　　）

3. 软文广告营销就是指内容营销。（　　）

4. 软文广告对于文案的内容质量和创意要求较高。（　　）

5. 第三方支付平台不属于互联网金融业态。（　　）

四、简答题

1. 与传统的营销方式相比，互联网金融营销具有哪些特点？

2. 简述常用的互联网金融营销工具。

3. 如何理解互联网金融的概念？

4. 互联网金融营销的方式有哪些？

5. 互联网金融营销具有哪些功能？

五、案例分析

中国平安推主题互联网金融营销活动

炎炎夏日，拯救不开心，拯救不赚钱！即日起至7月24日，中国平安旗下的平安金融旗舰店将推出为期两周的《煎饼侠》大电影主题互联网金融营销活动。用户不仅能选择适合自己的理财、保险产品，还有机会获得《煎饼侠》主创人员见面会名额、电影票、衍生品等，赚钱、玩乐两不误。

据悉，本次活动的平安好戏线上平台主要分为专属理财、保险、活动三大专区。专属理财方面，平安壹钱包年化收益率7.3%的任性理财、平安银行和盈计划年化收益率5%特供理财产品、平安金融旗舰店逆袭神基、平安财富新亮点、财富宝活期盈等，针对互联网用户投资门槛低、收益高、需求多样化的特点，提供了全面周到的理财产品。专属保险方面，平安好车主App注册即送200元车险红包、个人账户资产损失险资金保障必备神器、康寿宝高龄可保，无需体检，确诊即赔。专属活动方面，平安人寿App在线抢票专区、平安信用卡10元看电影、万里通煎饼侠积分活动，让用户可有更多与电影亲密接触的好玩体验。

平安好戏方面介绍，作为平安集团孵化的娱乐金融产品平台，平安好戏平台涵盖了中国平安旗下的寿险、产险、银行、金融科技、平安付壹钱包、万里通、信托、直通等众多金融产品及服务。围绕用户体验，寓金融产品销售于电影等娱乐产品消费中，平安好戏以用户在线“看戏”，线下“玩赚”的娱乐方式来增加用户的黏性和忠诚度，同时结合平安集团综合性的资源整合、内部协作，聚拢海量优质商户，构建了一个平安集团独有的娱乐行销大平台。

资料来源：钟奕勇，戴乾锋．中国平安推主题互联网金融营销活动［N］．金融投资报，2015-07-15（2）．

阅读材料，回答以下问题：

1．平安银行开展的主题互联网金融营销活动怎样提升用户的忠诚度？

2．与传统营销方式相比，互联网金融营销有哪些优势？

职业技能训练

1．训练目标

（1）培养学生的互联网金融营销思维。

（2）使学生能够把握互联网金融营销的特点和方法。

2．训练内容

（1）选择一家互联网银行作为调研对象，了解互联网银行与传统银行的区别。

（2）对这家互联网银行的产品营销方式进行调研，分析其优劣，撰写分析报告。

3．训练评价

（1）对于互联网银行与传统银行的区别把握准确。（20分）

（2）对互联网银行产品营销方式的调研全面细致。（30分）

（3）能够把握互联网银行产品营销方式的优劣。（30分）

（4）分析报告表达流畅，逻辑性强。（20分）

参考文献

[1] 刘磊．金融营销学［M］．北京：清华大学出版社，2020.

[2] 梁昭．金融产品营销与管理［M］．3 版．北京：中国人民大学出版社，2019.

[3] 叶伟春，金融营销［M］．3 版．北京：首都经济贸易大学出版社，2019.

[4] 赵占波．金融营销学［M］．2 版．北京：北京大学出版社，2018.

[5] 司凯，彭明唱．市场营销［M］．西安：西安电子科技大学出版社，2018.

[6] 张青辉．市场营销实务［M］．2 版．北京：北京理工大学出版社，2018.

[7] 杨米沙．金融营销［M］．3 版．北京：中国人民大学出版社，2018.

[8] 熊建宇．互联网金融营销［M］．北京：中国金融出版社，2017.

[9] 周伟，陈晖．金融营销实务［M］．北京：清华大学出版，2017.

[10] 陆剑清．金融营销学［M］．2 版．北京：清华大学出版社，2021.

[11] 安贺新，张宏彦．金融服务营销［M］．北京：清华大学出版社，2017.

[12] 杜朝运．金融营销学［M］．厦门：厦门大学出版社，2015.

[13] 范云峰．客户开发营销［M］．北京：中国经济出版社，2003.

[14] 林江鹏．金融营销学［M］．北京：中国金融出版社，2011.

[15] 李山赓．金融营销理论与实务［M］．北京：北京理工大学出版社，2016.

[16] 齐美东．金融产品和服务营销学［M］．合肥：合肥工业大学出版社，2016.

[17] 邢乐．商务沟通与谈判［M］．北京：中国财富出版社，2016.

[18] 陆剑清，黄溥君笑．金融营销学精讲［M］．3 版．大连：东北财经大学出版社，2017.

[19] 韩宗英，伏琳娜．金融营销［M］．北京：清华大学出版社，2016.

[20] 万后芬．金融营销学［M］．北京：中国金融出版社，2003.

[21] 李锋，葛静．银行外拓营销［M］．北京：中国财富出版社，2017.

[22] 付晓蓉．金融业客户关系管理［M］．北京：机械工业出版社，2010.

[23] 杨敬舒．金融客户关系管理［M］．北京：中国财富出版社，2017.

[24] 李志刚．客户关系管理原理与应用［M］．北京：电子工业出版社，2011.

［25］刘宇佳．汇丰银行金融理财产品营销策略案例研究［D］．大连：大连理工大学，2018.

［26］李越．金融机构灵活性存款产品营销策略的研究［D］．青岛：青岛科技大学，2019.

［27］王黎杨．中信保诚公司保险金信托产品营销策略研究［D］．成都：西南民族大学，2018.

［28］胡睿智．商业银行金融产品定价与利率风险管理探讨［J］．商场现代化，2019（4）：102－103.

［29］于忠义．金融产品价值哲学与定价策略［J］．金融电子化，2017（5）：84－85.

［30］王永贵，洪傲然．营销战略研究：现状、问题与未来展望［J］．外国经济与管理，2019，41（12）：74－93.

［31］张世琪，宝贡敏．国外感知服务质量理论研究述评［J］．技术经济，2008（9）：118－124.

［32］陈静．客户满意度研究综述［J］．社会科学动态，2021（12）：44－50.

［33］杜征征．互联网金融营销的兴起与发展［J］．银行家，2012（11）：17－20.